现代经济与管理类系列教材

会计学基础

主　编　高丹桂　李　军

副主编　刘淑伟

清华大学出版社

北京交通大学出版社

·北京·

内 容 简 介

本书采取"情景"＋"项目"＋"任务"＋"工作"的编写模式，全书共设立了4个情景，分别是建立会计账簿、日常业务处理、期末业务处理、财务报告。在4个情景下设立了8个项目，在8个项目下设置了29个任务。通过一个个具体任务的完成，使学生将整个会计学的基础知识内化。

本书适合作为经济管理类各专业学生会计学课程的教材，还可作为会计从业资格考试学员的辅助教材，以及相关领域实务工作者的参考书。

图书在版编目（CIP）数据

会计学基础/高丹桂，李军主编. —北京：清华大学出版社：北京交通大学出版社，2018.8（2023.7重印）

（现代经济与管理类系列教材）

ISBN 978 - 7 - 5121 - 3576 - 5

Ⅰ.① 会…　Ⅱ.① 高…　② 李…　Ⅲ.① 会计学-高等学校-教材　Ⅳ.① F230

中国版本图书馆 CIP 数据核字（2018）第 132818 号

会计学基础

KUAIJIXUE JICHU

责任编辑：黎　丹

出版发行：清 华 大 学 出 版 社　　邮编：100084　　电话：010 - 62776969　　http://www.tup.com.cn

北京交通大学出版社　　邮编：100044　　电话：010 - 51686414　　http://www.bjtup.com.cn

印　刷　者：北京虎彩文化传播有限公司

经　　销：全国新华书店

开　　本：185 mm×260 mm　　印张：20.75　　字数：518 千字

版　　次：2018 年 8 月第 1 版　　2023 年 7 月第 4 次印刷

书　　号：ISBN 978 - 7 - 5121 - 3576 - 5/F · 1777

定　　价：48.00 元

前　言

随着社会经济的发展，会计这种国际通用的商业语言，已经成为经济生活中不可或缺的工具。本书的对象是没有任何会计学知识的初学者，本书要传递的不仅仅是专业知识，还包括会计学的一些基本原理和思想，让学生理解会计的精髓，激发学习的兴趣和热情，为后续学习、商业应用打好坚实的基础。

本书在编写过程中本着"以人为本，能力为先"的原则，力求为会计专业、经济管理其他专业提供一本实用性强、操作性强的会计学教材。本书的编写特色如下。

1. 内容设置紧密围绕培养目标

本书根据经济管理类专业培养目标的要求，按照知识、素质、态度、职业准备的培养定位来设置教学内容，体现了知识把握、理论认知和专业实践能力训练相结合的教学要求；根据应用型本科的教学特点和要求，明确知识教学体系和能力教学训练体系，使教学内容具有可读性、趣味性、实践性。此外，本书形成了综合化或模块化的教学内容结构，具有层次性，同时也体现了学生学习的主体地位，便于学生自学。

2. 情境模拟，实操性强

本书在编写过程中改变了以往会计只是具体解释会计准则的做法，以会计的基本理论为基础，着重论述了各要素确认、计量的基本原则，从理论上讲解各项业务的会计处理方法。本书从头至尾以一个公司的会计处理为例设置情境，根据情境设置项目，根据项目分解任务，根据任务完成工作，即情境—项目—任务—工作。

3. 形式设计丰富，趣味性强

在形式设计上，本书合理地使用图片和各种字体，既有理论又有案例，既有严肃的论述又有现实的实例，信息量大，实践性强，便于教学及学生的自学。

本书配有教学课件和相关的教学资源，有需要的读者可以从网站 http://www. bjtup. com. cn 下载或者与 cbsld@jg. bjtu. edu. cn 联系。

由于作者经验、学识水平有限，书中内容安排与语言表述可能存在不妥之处，敬请读者提出宝贵意见。

编　者
2018 年 6 月

目　录

学习情境一　建立会计账簿

学习情境一

建立会计账簿

项目 1

认识会计基础

任务 1　走进会计

【任务目标】
认知目标：了解会计产生与发展的历史，理解并掌握会计的性质，以及会计在企业决策中的作用；理解会计的目标、会计核算的方法。

技能目标：培养学生形成初步的会计思维方式。

情感目标：激发学生学习会计的热情。

【会计故事】

副处长的会计成长路

这是广西梧州农业学校计财处副处长的故事，虽然没有什么惊天动地的经历，但却是一位普通会计人对现代会计的追求——将会计考试作为一种鞭策，自强不息、勇于进取，通过个人职业生涯的描绘创造了中国会计事业的辉煌。

小时候，大人们常问我：长大以后你想做什么？我的回答是记者、科学家、医生……唯独没有会计。不过，我与会计就像是前世结缘，想解也解不开。

我的母亲做了一辈子的出纳。很小的时候，我经常去母亲办公室去玩，看着身穿深蓝色中山装的老爷爷鼻梁上架着老花镜，一天到晚埋首案前，左手噼噼啪啪地打着算盘，右手不停地写着数字。看着他们在办公桌前写写算算度过一天又一天，当时我曾想：长大后我可不能干这苦差事。

我读中学时，做财务科长的叔叔多次给我打预防针：财务工作太难做了，以后你可不要做财务工作。这似乎更坚定了我不做财会工作的信念。

造化弄人，高考的时候因服从入学调配，我还是进入了财经学校学会计。只能说，我与会计前世有缘。

到学校后，随着对会计的深入了解，我对会计工作有了一个全新的认识。我认识到会计工作在经济领域中发挥着不可替代的重要作用，从事会计工作是大有作为的。我所在的学校是一所省级财经院校。每年5月，我校作为一个考点都要承办全国会计专业技术资格考试，有男有女、有年轻有年长，甚至还有一些准妈妈。在他们的脸上我发现了一种共同的东西：奋发向上的进取精神。看着他们来去匆匆的身影，当时我想，工作以后我也要像他们那样参加全国会计专业技术资格考试，成为受人尊敬的助理会计师、会计师。

大学毕业后，我进入了一家国有企业从事会计工作。面对日复一日重复式的记账、算账工作，我没有忘记成为会计师的梦想。揣着这个梦想，我在参加工作的第三年参加了助理会计师资格全国统一考试。

当年考的是会计、经济法、成本会计，经过充分备考，我一次全部通过并取得了助理会计师资格，同年被单位聘为助理会计师。也是在那一年，我调入了一家事业单位财务部门从事财务工作。

会计师自然成了下一个奋斗目标。有了这个目标，我有意识地将会计资格考试的有关理论知识运用到实际工作中。这时，我发现自己发自内心地喜欢上了这一职业。

2001年，我报名参加了中级会计师资格考试。当时需要考会计实务一、会计实务二、经济法、财务管理4门，报考时，我4门全报了。

就在我满怀希望日夜奋战时，一个噩耗让我痛苦不已：我父亲的病情突然恶化。我只能放下手中的书本，将精力全部放在了照顾父亲身上。由于没有充足的时间备考，当年我只通过了会计实务一、财务管理两门，虽然没有达到预期目标，但在父亲离开的最后时刻，我尽到了一个做女儿应尽的义务，我没有遗憾。

2002年，我又报考了余下的会计实务二、经济法两门。当我信心满满地等待着5月份考试的到来时，考试却因"非典"的爆发而推迟到9月份，这无形中将备考的时间延长了。考试顺利通过，我终于取得了会计师资格。我着实高兴了一番，毕竟当时在我们当地通过考试取得会计师资格的人为数不多。

2008年我取得了高级会计师证书。同年，我通过了高级会计师资格评审并取得了高级会计师资格。

随着会计师资格的不断提升，我的会计职业生涯规划也在考试的过程中渐渐明晰起来——通过各种形式的学习和实践把自己打造成高端的会计管理人才，为会计事业的发展贡献自己的一分力量。

2008年，我成为广西壮族自治区"十百千"拔尖会计人才（行政事业类）的首期培养对象。2009年，我被广西壮族自治区财政厅聘为广西省会计咨询专家。2010年10月底，我被上海财经大学与上海国家会计学院联合举办的会计硕士专业学位项目录取为2011级MPAcc学员。同年，我被广西壮族自治区财政厅聘为广西壮族自治区会计咨询专家。

这就是我的会计故事，虽然没有什么惊天动地的经历，但却是一位普通会计人对现代会计的追求——将会计考试作为一种鞭策，自强不息、勇于进取，通过个人职业生涯的描绘创造中国会计事业的辉煌。

资料来源：根据互联网资料整理。

一、会计的产生和发展

随着社会生产活动的开展，经济活动也应运而生。人们在进行物质资料的生产过程中取得劳动成果，积累财富，同时也需要不断地进行投入和对劳动成果进行分配。在生产活动过程中人们对劳动消耗和劳动成果进行详细的记录，并认真计算、分析，尽可能通过最少的消耗获得最大的劳动成果。这种原始的记录、计算、分析为会计的产生和发展奠定了基础。

（一）会计的产生

会计的产生要从原始社会的"结绳记事""刻木记事""刻竹作书"谈起。原始社会的"结绳记事"反映了人们对生产过程和生产结果进行记录的情况，可以说是会计的萌芽。

（二）会计的发展

西周时期是我国奴隶社会的鼎盛时期。在这一时期出现了"会计"二字连用，除了有计算和记录的含义外，还有管理和考核之意。同时，还设置了专职监督、检查会计工作的官员——宰夫。

在《史记·夏本纪》中对"会计"一词进行了明确的定义：零星算之为"计"，总和算之为"会"。

进入封建社会，我国的会计得到了较快的发展。秦汉时期出现的"簿书"、南北朝出现的"账簿"等会计账册，唐、宋时期出现的"流水账"和"誊清账"组成的账务体系均为现代会计账簿的雏形。

唐、宋时期，农业、手工业和商业呈现空前的繁荣，会计也得到了较快的发展，其突出成就是发明了"四柱清册"的结账与报账方法。"四柱"是指"旧管""新收""开除""实在"，相当于现代会计的期初结存、本期收入、本期支出和期末结存，它们之间存在"旧管＋新收－开除＝实在"的恒等关系。

明末清初，随着手工业、商业的进一步发展和资本主义经济关系的萌芽，我国商人进一步设计了"龙门账"，把会计科目划分为"进（各项收入）""缴（各项支出）""存（各项资产）""该（各项负债及资本）"，其相互关系为"进－缴＝存－该"，分别编制"进缴表"和"存该表"，双轨计算盈亏，并在办理结算时验证两方差额是否相等。这种检查账目平衡的方法形象地称为"合龙门"，"龙门账"也由此而来。

清末，资本主义经济关系逐步萌芽，又出现了"天地合账"。在这种方法下，一切账项，都要在"来"账和"去"账上分别登记，以反映账项的来龙去脉。账簿采用垂直书写，分上下两格，上格记收，为"天"，下格记付，为"地"，上下两格所记金额必须相等，称之为"天地合"。四柱清册、龙门账、天地合账反映了我国历史上传统中式簿记的特色。

在世界的其他地方，随着商品经济的产生和发展，以核算和监督私人资本运动为主要内容的"民间会计"得到迅速发展。1494年，在意大利北方城市产生的借贷记账法基本定型，并由数学家卢卡·帕乔利在《算术、几何、比及比例概要》一书中进行了详尽的介绍和理论总结，为复式记账在全世界的传播奠定了基础。

自20世纪以来，科学技术突飞猛进，生产力空前提高，企业规模不断扩大，联合企业、跨国公司不断出现，对会计的要求也不断提高，不仅要求记账、算账、报账，正确计算经营成果，还要进行计划管理，参与预测、决策、分析和考核等。因此，现代会计分化为财务会计和管理会计。

财务会计主要是对已发生的经济业务，按照一定的程序和会计原则、会计准则、会计制度的规定，进行事后的反映和监督，并定期地编制财务报表，为有关各方提供财务信息。管理会计则不同于财务会计，它不受财务会计法规的约束，而是通过运用数学、统计等方法，对未来的生产经营活动进行预测和决策，为企业内部管理服务。

会计是随着人类社会生产和经营管理的需要而发展的，生产越发展，会计越重要。

二、会计的含义

会计是以货币为主要计量单位，运用专门的程序和方法，对企业、行政事业单位的经济活动进行连续、系统、全面、综合的核算和监督，为有关各方提供经济信息和提高经济效益的一项管理活动。

【小整理】

从会计的概念中你知道了什么

① 会计的本质。

② 会计的基本职能。

③ 会计的主体。

④ 会计的对象。

⑤ 会计的目标和会计的最终目标。

⑥ 会计的计量单位。

⑦ 会计的核算特点。

⑧ 会计的程序和方法。

三、会计的职能

所谓职能，就是事物本身所具备的功能和应该发挥的作用。会计的职能就是会计在经济管理中应该具备的客观功能和作用。现代会计的基本职能是核算和监督。

（一）会计的基本职能

1. 核算职能

会计的核算职能，也称会计的反映职能，是会计的最基本职能。会计核算的过程就是把大量经济活动的数据转换为会计信息的过程，它是全部会计工作的基础。

会计的核算职能是指会计以货币为主要计量单位，通过确认、计量、记录和报告等会计核算方法，从价值上反映各单位已经发生或完成的经济活动，为经济管理提供完整、连续和系统的会计信息。会计工作中的记账、算账、报账是会计核算职能的具体表现。

（1）会计核算的主要内容

会计核算的内容主要包括：款项和有价证券的收付；财物的收发、增减和使用；债权、债务的发生和结算；资本、基金的增减；收入、支出、费用、成本的计算；财务成果的计算和处理；需要办理会计手续、进行会计核算的其他事项。

（2）会计核算的主要特点

① 会计核算主要从价值量上反映各单位的经济活动情况。从数量方面反映经济活动，可以采用三种量度：实物量度、劳动量度和货币量度。在市场经济条件下，由于经济活动的复杂性，要综合反映经济活动的过程和结果并对经济活动进行有效管理，就必须广泛地利用货币量度，从价值量方面综合反映各单位的经济活动情况。此外，根据需要，会计有时也利用实物量度和劳动量度作为辅助量度。

② 会计核算具有完整性、连续性和系统性。会计核算的完整性，是指对凡属会计核算的经济活动都必须加以确认、计量、记录和报告，不能有任何遗漏。会计核算的连续性，是指对各种经济活动的确认、计量和记录应当按照其发生的时间顺序连续进行，而不能有任何中断。会计核算的系统性，是指对会计信息必须进行科学的分类、整理和汇总，使之形成一个相互联系的有机整体。只有依据完整、连续和系统的会计信息，才能全面、系统地反映各单位的经济活动情况。

随着计算机在会计信息处理中的应用，会计的传统工艺同现代信息技术相结合，使会计核算的方式从手工簿记系统逐步发展为电子数据处理系统，极大地加强了会计获取信息和传递信息的能力，从而使会计信息变得更加广泛和完善，更加及时、灵敏和准确，更能满足多方面、多层次信息使用者的需求。

【小整理】

会计核算职能的具体表现：记账、算账、报账。

会计核算的程序：确认、计量、记录、报告。

2. 监督职能

会计的监督职能也称控制职能，是指会计人员在进行会计核算的同时，对特定主体经济业务的真实性、合法性和合理性进行审查。会计监督是会计的基本职能之一，是我国经济监督体系的重要组成部分。

履行会计监督职能的最终结果是对社会经济产生一定的影响或后果，这就是会计监督的作用。会计监督的作用是实现会计监督职能的最重要的体现形式，也是检验会计监督实施效果并借以评价会计监督机制优劣的根本标准。不同的经济环境及不同的企业组织形式和类型等，会计的监督职能都是相同的，而发挥会计监督的作用则各有不同。

会计监督就是以一定的标准和要求，利用会计所提供的信息对各单位的经济活动进行有效的指导、控制和调节，以达到预期的目的。

会计监督的内容包括：监督经济业务的真实性；监督财务收支的合法性；监督公共财产的完整性。会计监督应贯穿会计工作的全过程，包括事前监督、事中监督和事后监督。

3. 会计核算和会计监督的关系

会计核算和会计监督是相辅相成、不可分割、辩证统一的整体。核算职能是会计最基本的职能，是监督职能的基础，没有会计核算提供的信息，会计监督就没有了依据。与此同时，会计监督又是会计核算的质量保证，是会计核算职能的灵魂，没有监督，会计核算就失去了存在的意义和价值。

（二）会计的派生职能

随着社会经济的发展和管理水平的提高，会计的基本职能也得到了不断的完善和发展。其派生出如下职能：预测经营前景、参与经济决策、控制经济活动、分析评价经营业绩等。因为这些职能是在会计核算和监督的基础上延伸和提高的，且更好地体现了会计是一项管理活动这一会计本质，所以也被称之为"管理职能。"

会计的基本职能不是一成不变的，它的发展变化既取决于会计所处环境的变化，也取决于人们的思想认识水平。

四、会计目标

（一）会计目标

会计目标亦称会计目的，是指要求会计工作完成的任务或达到的标准。会计目标是沟通会计系统与会计环境的桥梁，是连接会计理论与会计实践的纽带。在不同历史阶段，会计的具体目标是不同的，会计目标受环境因素的影响，随环境因素的变化而变化。

在单式簿记时代，企业会计主要是自给自足，满足自己需要。这一时期的会计目标是核算收支，以便在收支相抵中实现"收大于支"这一结果。

12—15世纪，随着地中海沿岸资本主义经济关系的萌芽，会计逐渐由单式簿记发展到复式簿记阶段。这一时期会计的具体目标可概括为：为经营者提供所有财产和交易情况的信息。这一时期，会计是为经营者的经营活动服务的。

18世纪60年代至19世纪产业革命后，股份有限公司出现并成为企业基本的经营组织形式。在这一组织形式下，资产所有权与经营权发生分离，会计目标也随之发生改变。会计目标演变成为所有者提供公司的财务状况和经营成果，以评价经营者受托责任的履行情况。随着证券市场的发展，股东变得越来越分散，委托与受托关系也进一步复杂化。此时，会计除实现上述目标外，还为潜在的投资者、债权人及其他利益关系人提供各种不同的信息。

> 【小提问】
> 会计信息使用者包括哪些？

（二）会计目标的两种观点

有关会计目标存在两种观点：一种是受托责任观，另一种是决策有用观。

1. 受托责任观

受托责任观产生的经济背景是企业所有权与经营权相分离，并且投资人与经营者之间有明确的委托与受托关系。受托责任观认为，财务会计的主要目标是管理者向投资者、债权人等报告资源的运用情况，即评价受托经济责任。由于所有权和经营权分离，资源的受托者就有了对资源的委托者解释、说明其活动及结果的义务。因此，会计的目标就是向资源的提供者报告资源受托管理情况。

2. 决策有用观

决策有用观是20世纪70年代美国注册会计师协会出资成立的以特鲁彼拉特为首的会计目标研究委员会对会计信息使用者进行了大量的实证调查研究后得出的结论。该委员会在

1973 年提出的研究报告中，明确提出了十二项财务报表的目标，其基本目标是"提供据以进行经济决策所需的信息"。决策有用观的主要观点是：根据美国会计学会发表的《基本会计理论报告》，会计的目标是为"做出关于利用有限资源的决策，包括确定重要的决策领域及确定目的和目标"而提供有关的信息。1978 年，美国财务会计准则委员会在其《财务会计概念公告》中，对财务报表的目标做出了进一步的阐述：财务报告应提供对现在和可能的投资者、债权人及其他使用者做出合理的投资、信贷及类似决策有用的信息；财务报告应提供有助于现在和可能的投资者、债权人及其他使用者评估来自销售、偿付到期证券或借款等的实得收入的金额、时间分布和不确定的信息；财务报告应能提供关于企业的经济资源、对这些经济资源的要求权（企业把资源转移给其他主体的责任及业主权益），以及使资源和对这些资源要求权发生变动的交易、事项和情况影响的信息。

从上述介绍可以看出，受托责任观重在向委托者报告受托者的受托管理情况，主要是从企业内部来谈的，而决策有用观是从企业会计信息的外部使用者来谈的。实际上，两者并不矛盾，都涵盖了"会计信息观"，即会计目标是提供信息。在受托责任观下，会计目标是向资源委托者提供信息；在决策有用观下，会计的目标是向信息使用者提供有用的信息，不仅是向资源委托者，还包括债权人、政府等和企业有密切关系的信息使用者。此外，两者侧重的角度不同：受托责任观是从监督角度考虑，主要是为了监督受托者的受托责任；决策有用观侧重于信号角度，即会计信息能够传递信号，即向信息使用者提供对决策有用的信息，相互联系、相互补充。

【小整理】
　　我国《企业会计准则——基本准则》中所确定的会计目标："财务会计报告的目标是向财务会计报告使用者提供与企业财务状况、经营成果和现金流量等有关的会计信息，反映企业管理层受托责任履行情况，有助于财务会计报告使用者做出经济决策。"

五、会计方法

会计方法，是指用来核算和监督会计对象，执行和完成会计任务的手段。其主要包括会计核算方法、会计分析方法、会计检查方法（见图 1-1）。下面主要介绍会计核算方法。

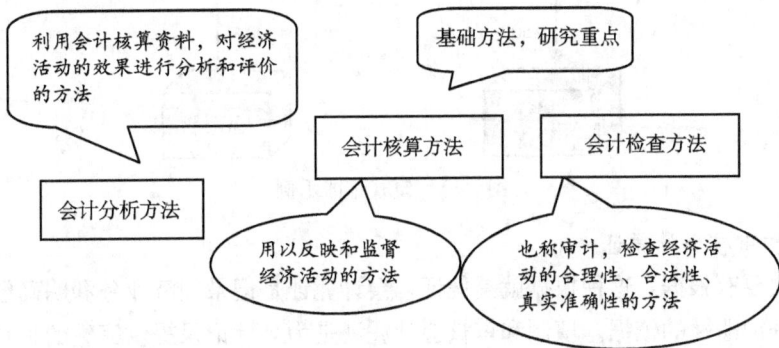

图 1-1　会计方法体系图

会计核算方法包括以下几种。

1. 设置账户

账户是对会计对象的具体内容进行分门别类记录、反映的工具。设置账户就是根据会计对象的特点和经济管理的要求，科学地确定会计对象分类项目，是分类核算和监督会计对象的专门方法。每个会计账户只能反映一定数量的经济内容。将会计对象的具体内容划分为若干项，就是会计科目。会计科目是设置会计账户的基础，如图1-2所示。

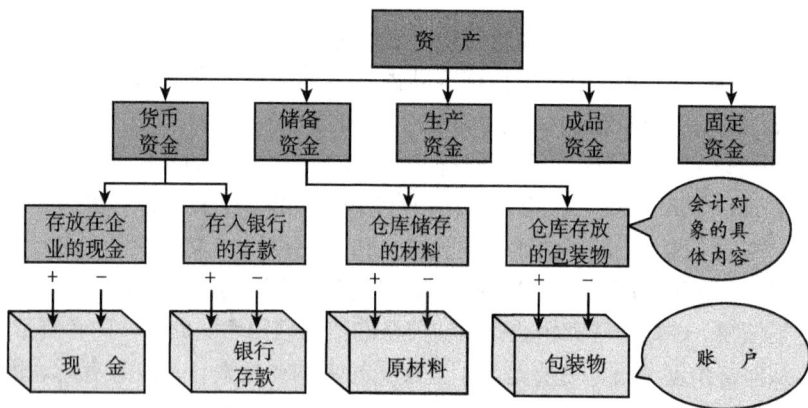

图1-2 会计账户图

2. 复式记账

复式记账是相对于单式记账而言的。复式记账是对发生的每笔经济业务以相等的金额在相互关联的两个或两个以上的账户中进行登记的一种专门方法。这种记账方法有利于反映经济活动的来龙去脉，能完整、系统地记录资金运动的过程和结果，有利于看清各账户之间的相互联系，同时还可以检查、监督经济业务的收支活动。例如用银行存款500元购买材料，一方面引起企业的银行存款减少500元，另一方面引起企业材料增加500元，这两种形态都需要在账户中登记入账，这样才能完整地反映资金的来龙去脉，如图1-3所示。

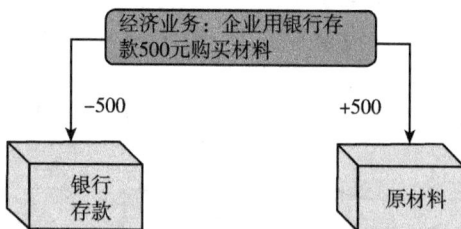

图1-3 复式记账示例

3. 填制和审核会计凭证

记账必须要有根据，这种根据就是凭证。会计凭证是记录经济业务和明确经济责任的书面证明，是登记账簿的依据。填制和审核会计凭证是为会计记录提供完整的、真实的原始资料。对于已经发生的经济业务，必须由经办人或单位填制原始凭证并签名盖章。所有原始凭证都要经过会计部门和其他有关部门的审核。只有通过审核，并认为是正确无误的原始凭证，才能作为填制记账凭证和登记账簿的依据。所以，填制和审核凭证是保证会计资料真实性、正确性的有效手段，是会计核算的开始（见图1-4）。

图1-4　会计凭证、账户关系图

4. 登记账簿

账簿是用来记录经济业务的簿籍。登记账簿是根据审核无误的会计凭证，在账簿上进行全面、连续、系统的记录。登记账簿应以会计凭证为依据，利用账户和复式记账的方法，将经济业务分门别类地登记到账簿中，并定期进行结账和对账，为编制会计报表提供完整、系统的会计数据。

5. 成本计算

成本计算是指在生产经营过程中，按照一定的成本计算对象归集和分配各种费用支出，以确定各成本计算对象的总成本和单位成本的一种专门方法。生产过程同时也是消耗过程，通过成本计算可以确定材料采购成本，产品的具体生产成本、销售成本等，可以监督所发生的各项成本费用是否合理，从而不断地降低企业成本，提高经济效益。成本计算示例如图1-5所示。

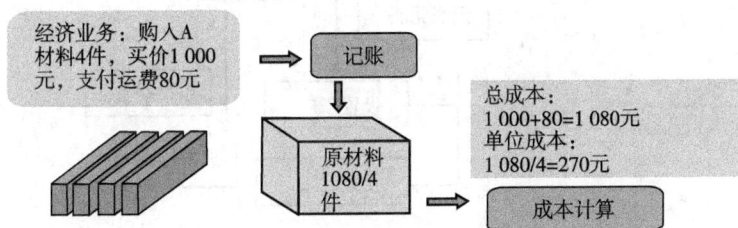

图1-5　成本计算示例

6. 财产清查

财产清查是指通过盘点实物、核对往来款项检查并确定各种财产物资账实是否相符。在财产清查中若发现财产、资金账面数额与实存数额不符合，应及时调整账簿记录，使账存数与实存数保持一致，并查明账实不符的原因，以明确责任。财产清查示例如图1-6所示。

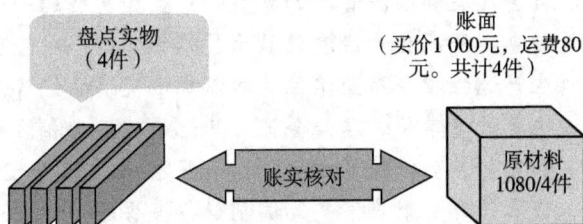

图1-6　财产清查示例

7. 编制财务报告

编制财务报告是指根据账簿记录，按照规定的表格形式，集中反映企业在一定会计期间的经济活动过程和结果。通过编制财务报告，既能为企业的管理当局及与企业有经济利益关系的各方提供所需要的会计信息，又能为国家利用会计信息进行国民经济综合平衡提供依据。一套完整的财务报告至少应当包括资产负债表、利润表、现金流量表、所有者权益变动表及附注。财务报告的形成过程如图1-7所示。

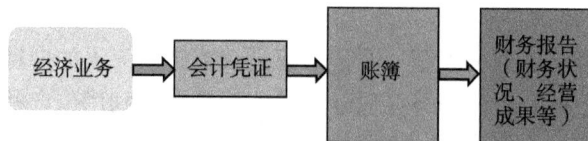

图1-7 财务报告形成过程

【小整理】

会计核算方法的应用程序如图1-8所示。

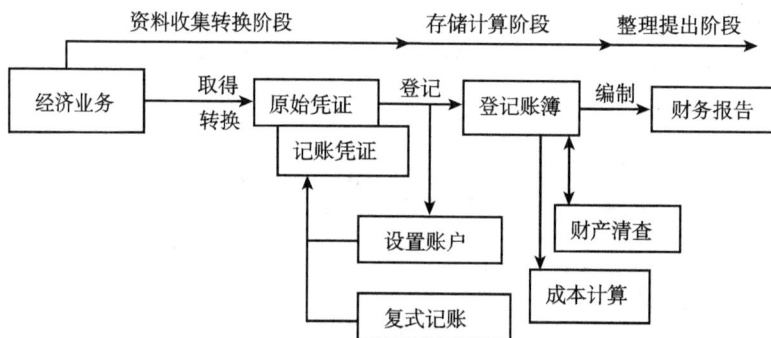

图1-8 会计核算方法的应用程序

小　结

会计是适应经济社会发展和经济管理的需要而产生和发展的一门管理类学科。它是以为企业提供会计信息，提高企业经济效益为最终目标的一种管理活动。会计工作的对象是社会扩大再生产过程中企事业单位的能以货币反映的经济活动。因此会计的基本特征是以货币为主要计量单位，这是会计与其他管理活动相区别的重要标志。会计的基本职能是核算和监督。会计核算方法包括设置账户、复式记账、填制和审核会计凭证、登记账簿、成本计算、财产清查、编制财务报告等。

职业能力训练

一、单选题

1. 会计的基本职能是（　　）。

    A. 记录和计算　　　　B. 确认和计量　　　　C. 核算和监督　　　　D. 分析和考核

2. 会计的目标是（　　）。

    A. 为信息使用者提供对决策有用的信息　　B. 保证国家财经政策的落实

    C. 监督企业经营者依法行事　　　　　　　D. 记录企业的会计业务

3. 下列不属于会计核算方法的是（　　）。

    A. 成本计算　　　　　B. 设置账户　　　　　C. 会计分析　　　　　D. 财产清查

4. 我国"会计"一词最早出现在（　　）。

    A. 春秋　　　　　　　B. 秦国　　　　　　　C. 西周　　　　　　　D. 唐朝

5. 借贷记账法起源于13世纪的（　　）。

    A. 德国　　　　　　　B. 意大利　　　　　　C. 法国　　　　　　　D. 英国

二、多选题

1. 会计的方法有（　　）。

    A. 会计核算方法　　　B. 会计检查方法　　　C. 会计分析方法　　　D. 会计监督方法

2. 下列项目中属于会计核算方法的有（　　）。

    A. 成本计算　　　　　B. 财产清查　　　　　C. 复式记账　　　　　D. 对比分析

3. 会计核算是指会计工作收集、加工、存储和揭示会计信息的过程。这个过程主要由（　　）过程构成。

    A. 确认　　　　　　　B. 记录　　　　　　　C. 报告　　　　　　　D. 披露

4. 下列各项中，会计监督的内容有（　　）。

    A. 真实性　　　　　　B. 合理性　　　　　　C. 合法性　　　　　　D. 完整性

5. 会计的具体目标是向会计信息使用者提供与企业财务状况、经营成果和现金流量等有关的会计信息，反映企业管理层受托责任的履行情况，以便会计信息使用者做出经济决策。以下体现其主要内容的有（　　）。

    A. 向会计信息使用者提供决策有用的信息　B. 进行会计处理

    C. 反映企业管理层受托责任的履行情况　　D. 进行会计监督以保证经济活动的合法

三、判断题

1. 会计的基本职能是核算和监督，而核算职能则是会计最基本的职能。（　　）

2. 会计方法就是指会计核算的方法。（　　）

3. 会计是以货币为主要计量单位，反映和核算一个单位经济活动的一种经济管理工作。（　　）

4. 会计的最终目的就是提高企业的经济效益。（　　）

5. 分析财务报告是企业会计核算的方法之一。（　　）

任务2 会计核算基础

【任务目标】

认知目标：掌握会计四大假设、会计核算基础。

技能目标：具有更新知识的自学能力和适应会计改革发展需要的能力。

情感目标：激发学生学习会计的热情，形成严谨的工作作风、实事求是的学风和创新意识。

【会计故事】

会计中的假设

老王原来是一个个体户，经营状况不错，在创业创新大潮的推动下成立了一家公司，但是老王自身对公司管理一窍不通。他教导员工说："工作中我们需要保持乐观的态度，要相信只要有信心，任何事情都能稳定地持续发展下去。"有一天，老王发现某种配件需求量很大、很紧俏、客户要货急并且资金回笼速度快，但公司有时候进不到货。在这样的情况下，老王萌生了自己公司生产这种配件的想法，可是要生产就要购进相应的机器设备，设备本身比较贵，使用周期长。思考之后，老王让公司会计算算：到这个设备不能正常使用时，公司买入这个设备的钱到底能不能赚得回来？买设备的钱赚回来后还能有多少盈余？会计告诉老王，他们会用专门的方法解决这个问题，但是这些方法使用的前提就是：假设可以在预见的将来，公司将会按当前的规模和状态持续下去，不会停业，不会大规模地削减业务，也不会面临破产清算。老王听了之后转念一想，又继续问道："有了这个假设，公司到底是挣钱还是赔钱呢？是不是要等到公司不干了才知道？"会计笑着说："这正是我要让你知道的下一个游戏规则。持续经营的乐观思想能带给人工作动力，但是在工作中，会计人员需要定期的总结。很明显，这样的定期总结发挥的作用是不可忽视的。公司的会计人员会通过总结把他们的工作成果展示给相关人员，让其了解公司的财务状况、发展潜力等。管理者也就知道公司是挣钱了还是赔钱了。定期总结的时间分为年度、半年度、季度、月度。起止日期采用公历日期，一般是从1月1日开始到12月31日为止。也就是说，会计工作时，先要假设公司一直经营下去，然后再将这种经营活动划分为一个月、一个季度、半年、一年的期间，这种期间叫会计期间。"老王听了之后满意地点了点头。

一、会计假设

会计假设（又称为会计核算的基本前提）这一名词是在1922年佩顿所著的《会计理论》一书中首次提出来的。1961年美国的坎宁在《会计的基本假设》一书中对这个词进行了具体的解释，认为会计假设是会计赖以存在的经济、政治和社会环境的基本前提，是会计人员面对变化不定的社会环境做出的合理推论，是会计核算的前提条件；依据这些假设收集和加工出来的会计信息，就可以帮助会计信息使用者做出经济决策。

企业组织会计核算工作需要具备一定的前提条件，即在组织核算工作之前，首先要解决和确立与核算主体有关的一系列重要问题。这是全部会计工作的基础，具有非常重要的作用。关于会计假设，迄今为止学术界尚未取得共识，国内外会计界多数人公认的会计假设是：会计主体假设、持续经营假设、会计分期假设、货币计量假设。

（一）会计主体（会计实体、会计个体）假设

会计主体指的是会计核算服务的对象或者说是会计人员进行核算（确认、计量、记录、报告）采取的立场及空间活动范围界定。

组织核算工作首先应明确为谁核算的问题，这是因为会计的各种要素，如资产、负债、收入、费用等，核算都是在特定的经济实体下进行的。一切核算工作都是站在特定会计主体立场上进行的。如果主体不明确，资产和负债就难以界定，收入和费用便无法衡量，以划清经济责任为准绳而建立的各种会计核算方法的应用便无从谈起。因此，在会计核算中必须将该主体所有者的财务活动、其他经济实体的财务活动与该主体自身的财务活动严格区分开，会计核算的对象是该主体自身的财务活动。

应该指出的是，会计主体与经济上的法人不是同一个概念。作为一个法人，其经济必然是独立的，因而法人一般应该是会计主体，但是构成会计主体的并不一定都是法人。比如，从法律上看，独资企业及合伙企业所有的财产和债务，在法律上应视为所有者个人财产延伸的一部分，独资企业及合伙企业在业务上的种种行为仍视为其个人行为，企业的利益与行为和个人的利益与行为是一致的，独资企业与合伙企业都因此而不具备法人资格。但是，独资企业、合伙企业都是经济实体、会计主体，在会计处理上都要把企业的财务活动与所有者个人的财务活动截然分开。例如，企业在经营中得到的收入不应记为其所有者的收入，发生的支出和损失也不应记为其所有者的支出和损失。

以会计主体作为会计核算的基本前提条件，对会计核算范围从空间上进行了有效的界定，有利于正确地反映一个经济实体所拥有的财产及承担的债务，从而提供准确的财务信息。

【知识链接】

法人主体

企业法人是指具有符合国家法律规定的资金数额、企业名称、组织章程、组织机构、住所等法定条件，能够独立承担民事责任，经主管机关核准登记取得法人资格的社会经济组织。

具备法人条件的下列企业，应当依照《中华人民共和国企业法人登记管理条例》的规定办理企业法人登记：

① 全民所有制企业；

② 集体所有制企业；

③ 联营企业；

④ 在中华人民共和国境内设立的中外合资经营企业、中外合作经营企业和外资企业；

⑤ 私营企业；

⑥ 依法需要办理企业法人登记的其他企业。

【小整理】

法人主体一定是会计主体，会计主体不一定是法人主体。

（二）持续经营假设

如果说会计主体作为基本前提条件是一种空间界定，那么持续经营则是一种时间上的界定。将持续经营作为基本前提条件，是指企业在可以预见的将来，不会面临破产和清算，而是持续不断地经营下去。既然不会破产和清算，企业拥有的各项资产就在正常的经营过程中耗用、出售或转换，承担的债务也在正常的经营过程中清偿，经营成果就会不断形成，这样核算的必要性是不言而喻的。这是从会计主体基本前提条件引申出来的，也就是说，组织会计核算工作，首先必须明确核算的主体，即解决为谁核算的问题；其次还必须明确时间范围，核算主体是持续不断地经营的，否则组织核算工作的必要性就不存在了。

持续经营假设十分重要，它为正确地确定财产计价、收益、计量等提供了理论依据。只有具备了这一基本前提条件，才能够以历史成本作为企业资产的计价基础，才能够认为资产在未来的经营活动中可以给企业带来经济效益，固定资产的价值才能够按照使用年限的长短以折旧的方式分期转为费用。对一个企业来说，如果持续经营这一基本前提条件都不存在，那么一系列的会计准则和会计方法也相应地会丧失其存在的基础。所以，会计主体必须以持续经营作为基本前提条件。

（三）会计分期假设

会计分期这一基本前提条件是从持续经营这个基本前提条件引申出来的，也可以说是持续经营的客观条件。

企业的经营活动从时间上来看是持续不断的，但为了编制财务报表，定期为使用者提供信息，就必须将持续不断的经营过程划分成若干期间。会计期间一般按照日历时间划分，分为年、季、月。会计期间的划分是一种人为的划分，实际的经济活动周期可能与这个期间不一致，有的经济活动可以持续在多个会计期间。但是，与企业有利益关系的单位或个人都需要在一个期间结束之后随时掌握企业的财务状况和经营成果，而不可能等全部经营过程完结之后再考察企业经营成果。所以，将会计期间作为会计的基本前提条件是由持续经营和及时提供信息的要求决定的。

会计期间划分的长短会影响损益的确定。一般来说，会计期间划分得越短，反映经济活动的会计信息质量就越不可靠。当然，会计期间的划分也不可能太长，否则会影响会计信息使用者及时使用会计信息需要的满足程度。因此，必须恰当地划分会计期间。

（四）货币计量假设

用货币来反映一切经济业务是会计核算的基本特征，因而也是会计核算的一个重要前提条件。选择货币作为共同尺度，以数量的形式反映会计实体的经营状况及经营成果，是商品经济发展的产物。会计计量是会计核算的关键环节，是会计记录和会计报告的前提，货币则是会计计量的统一尺度。企业经济活动中凡是能够用这一尺度计量的，就可以进行会计反映，凡是不能用这一尺度计量的，则不必进行会计反映。

货币计量实际上是对经济活动进行货币估价，而货币估价的习惯做法是以历史成本计价。不言而喻，采用历史成本计价，就必须假定货币本身的价值稳定不变或者变动的幅度不大，可以忽略不计。也就是说货币计量实际上还包括另一个重要前提，即币值稳定。在以币值稳定为前提的条件下，对财产物资采用历史成本原则进行计价是目前通行的一种做法。我国的会计核算还规定以人民币为记账本位币，在有多种货币存在的条件下，要将有关外币用某种汇率折算为记账本位币，以此登记账簿，编制财务报表。在境外设立的中国企业向国内报送财务报告，应该折算为人民币。

二、会计核算基础

企业的生产经营活动在时间上是持续不断的，它不断地发生各种成本、费用，将收入和相关的费用相匹配，就可以计算和确定企业生产经营活动所产生的利润或亏损。会计核算基础有权责发生制和收付实现制两种。正确地应用权责发生制是会计核算中非常重要的一条规范。《企业会计准则——基本准则》第9条规定："企业应当以权责发生制为基础进行会计确认、计量和报告。"

（一）收付实现制

收付实现制又称现金收付实现制或现金制，是以款项实际收付作为标准来确认本期收入和费用的一种方法。凡是在本期内实际收到款项和实际支出款项，都应作为本期的收入和费用处理；凡是在本期内尚未实际收到款项和实际支出款项，即使是由于本期业务实际发生的，也不作为本期的收入和费用处理。例如，和美公司在5月10日销售商品一批，价款6 000元，款项尚未收到，在8月10日收到该批货物的货款。在收付实现制条件下，货款6 000元应该计入8月份的收入。同时和美公司在5月份支付6月、7月、8月的保险费，因为是在5月份实际支付的，所以该笔费用应计入5月份的费用，具体如图1-9所示。

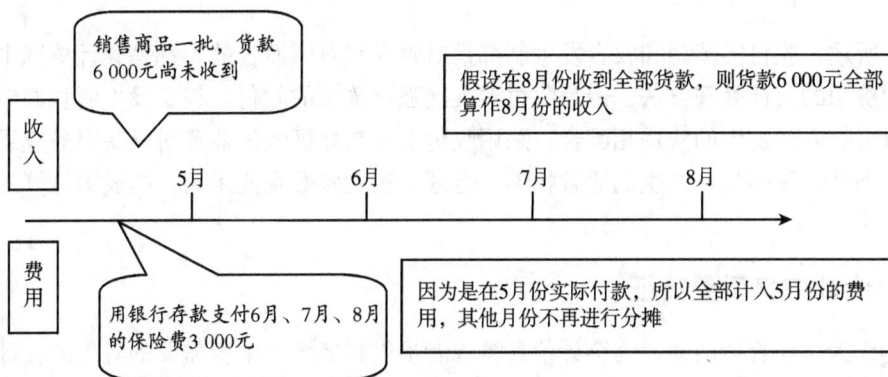

图1-9 收付实现制下收入、费用确认方法

【注意】收付实现制下，收入和费用的确认均以货币资金的实际收到或支付为标准。

从图1-9可以看出，无论收入的权利和支出的义务归属于哪一个时期，只要款项的收入和支出发生在本期，就应当确认为本期的收入和费用，不考虑预收款项和预付费用，以及应收款项和应付款项的问题，因为只要实际收到和付出款项，就已经登记入账。这种会计处理方法手续简便，但是缺乏真实性和准确性，一般只适应于行政事业单位。

（二）权责发生制

权责发生制又称应收应付制，是以收入、费用是否应计入本期为标准来确认本期收入和费用的一种方法。凡是当期已经实现的收入和已经发生或应当负担的费用，不论款项是否收付，都应作为当期的收入和费用处理；凡是不属于当期的收入和费用，即使款项已经在当期收付，也不应作为当期的收入和费用。权责发生制下收入、费用的确认方法如图 1－10 所示。

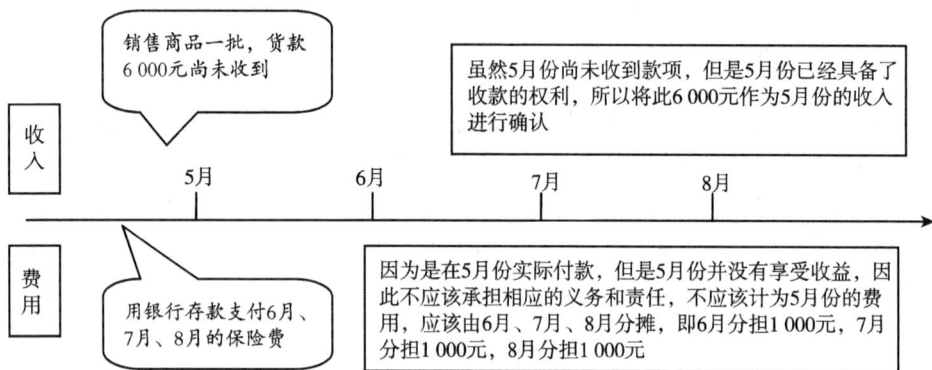

图 1－10　权责发生制下收入、费用的确认方法

【注意】收入和费用的确认，均以权利已经形成或费用已经发生为标准。

在权责发生制下，必须考虑预收款项、预付款项、应收款项、应付款项。因为企业日常的账簿记录不能完全反映本期的收入和费用，需要在会计期末对账簿记录进行调账，使尚未收到的应收款项和尚未支付的应付费用，以及收到的款项不完全归属于本期的收入、付出的款项不完全应该由本期来进行负担的费用，归属于相应的会计期间，以便正确计算本期的经营成果。

综上所述，收付实现制和权责发生制都是对收入和费用而言的，都是会计核算中确定本期收入和费用的会计处理方法。但是收付实现制强调款项的收付，权责发生制强调应计的收入与为取得收入而发生的费用相配合。采用收付实现制处理经济业务对反映财务成果欠缺真实性、准确性；采用权责发生制比较科学、合理，被大多数企业采用，是成本计算的会计处理基础。

三、会计信息质量特征

会计作为一项管理活动，为会计信息需求者提供其经营决策所需要的有效的会计信息是其主要目的之一。所谓有效的会计信息，是指会计信息具有一定的质量特征。根据《企业会计准则——基本准则》的规定，会计信息质量特征包括可靠性、相关性、可理解性、可比性、实质重于形式、重要性、谨慎性、及时性 8 个方面。会计从业人员在实际工作中，只有严格遵照会计信息质量特征的要求，才能真正为企业的利益相关者提供有效的会计信息，从而提高企业经济决策的科学性。

（一）可靠性

可靠性又称真实性，是指会计核算应该以实际发生的交易或事项为依据，如实反映企业的财务状况、经营成果和现金流量情况。也就是说会计信息必须是客观的和可验证的。而可靠性又取决于真实性、可核性和中立性。

所谓真实性，就是要如实表达。所谓可核性，是指信息经得住复核和验证。所谓中立性，是指会计信息应不偏不倚、不带有主观成分，将真相如实地和盘托出，结论让用户自己去判断。

在会计工作实践中，有些数据只能根据会计从业人员的经验或对客观情况的预测来加以确定。例如，在制造费用分配过程中，分配率计算标准的选择（是按产品产量比例划分还是按劳动工时数划分等）会受到从业人员主观意识的影响，不同的处理方法会得出不同的计量结果，这是在所难免的，但是只要会计人员在统一的标准下将可能发生的误差降为最低，那么就可以保证会计信息的真实可靠。

（二）相关性

相关性是指会计信息与信息使用者所要解决的问题相关联，即与使用者进行的决策有关，并具有影响决策的能力。相关性的核心是对决策有用。一项信息是否具有相关性取决于该信息是否具有预测价值和反馈价值。

如果一项信息能够帮助决策者对事项的可能结果进行预测，则此项信息就具有预测价值。如果一项信息有助于决策者验证或修正过去的决策和实施方案，则此项信息就具有反馈价值。

图1－11是相关性示意图。

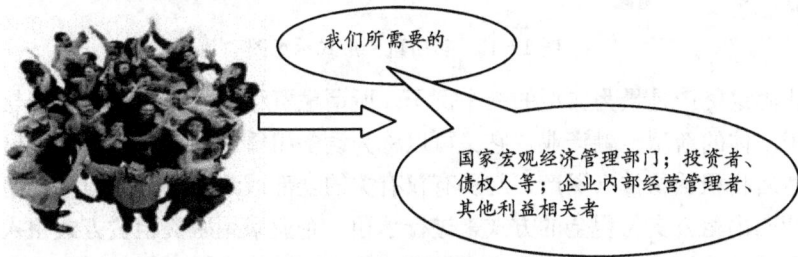

图1－11 相关性示意图

（三）可理解性

可理解性是指会计信息能够被使用者所理解，即会计信息必须清晰易懂。提供会计信息的目的在于使用，要使用会计信息就必须先了解会计信息的内涵，弄懂会计信息的内容。这就要求会计核算和财务会计报告清晰明了，包括会计记录应当准确、清晰，填制会计凭证、登记会计账簿必须合法，账户对应关系要清楚，文字摘要要完整；在编制财务报表时，应保证项目完整、数字准确、项目逻辑关系清楚。如果提供的会计信息不能被会计信息使用者所理解，那么这种信息是毫无用处的。

（四）可比性

可比性是指一个企业的会计信息与其他企业的同类会计信息尽量做到口径一致、相互可比。可比性包含两层含义：一是同一企业不同时期可比，即同一企业不同时期发生的相同或者相似的交易或事项，应该采取一致的会计政策，不得随意改变，确实需要变更的应当在附录中加以说明；二是不同企业，发生相同或相似的交易或事项，应采取一致的会计政策。图 1-12 是可比性示意图。

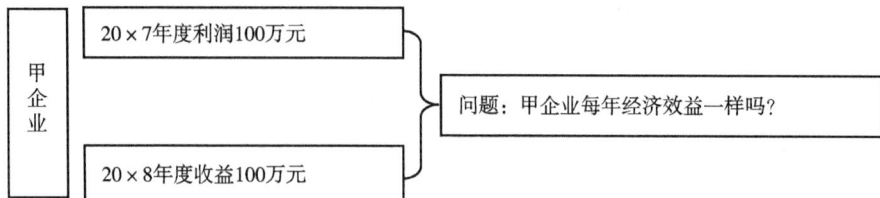

图 1-12　可比性示意图

（五）实质重于形式

实质重于形式要求"企业应当按照交易或事项的经济实质进行会计确认、计量和报告，而不应当仅仅按照它们的法律形式作为会计确认、计量的依据"。交易或其他事项的经济实质并非与其法律形式的外在表现相一致。在会计处理中，对会计要素进行确认和计量时要重视交易的实质，不要受其采取的形式所影响。图 1-13 是实质重于形式示意图。

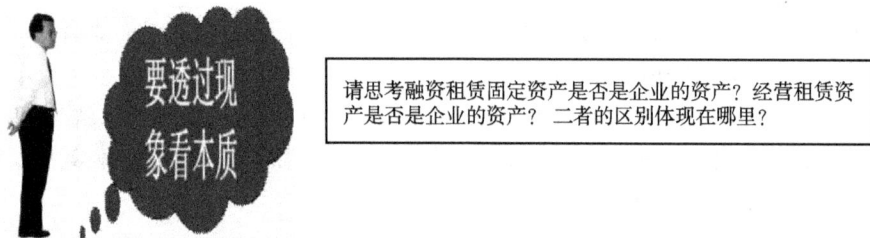

图 1-13　实质重于形式示意图

融资租赁固定资产是最为典型的一个例子。所谓融资租赁，是一种集融资与融物、贸易与技术更新于一体的新型金融产业。它又可以称为设备租赁或现代租赁，是指出租方购买租赁的物件，然后将租赁物件（资产）与所有权有关的全部或绝大部分风险转移给承租方，承租方采取分期向出租方支付租金的方式来进行承租。企业采用融资租赁方式租入的资产，在租赁期间，虽然从法律形式上看企业并未拥有这个资产的所有权，但是从经济实质来看，企业能够控制其创造的未来的经济利益，拥有租赁物件的使用权。企业租赁的期限越长，该项资产的租期越接近其使用寿命，并且融资租赁方具有优先购买权，租期内企业有权支配并从中获益。因此，在会计核算过程中，将融资租赁固定资产视为企业的资产。

（六）重要性

《企业会计准则——基本准则》第 17 条规定："企业提供的会计信息应当反映企业财务状况、经营成果和现金流量等有关的所有重要交易和事项。"

重要性要求企业"在会计确认、计量过程中对交易或事项应当区别其重要程度，采用不同的核算方式"。具体来说，对于重要的经济业务，应当单独核算，分项反映，力求准确，并在财务报告中做重点说明；对于不重要的经济业务，在不影响会计信息真实性和不至于误导财务会计报告使用者的前提下，可以适当简化处理。当然重要性是一个相对概念。在评价某些项目的重要性时，很大程度上取决于会计人员的职业判断、数量金额及会计准则的要求。一般来说，要从质和量两个层面分析重要性。从性质方面来说，如果某项会计事项发生可能对经营决策产生重大影响，则该会计事项属于具有重要性的事项。从数量方面来说，如果某会计事项单一发生不会对经营决策产生重大影响，但是当它的发生达到一定数量时可能会对经营决策产生重大影响，那么该事项就应该作为具有重要性的事项进行处理。图 1-14 是重要性示意图。

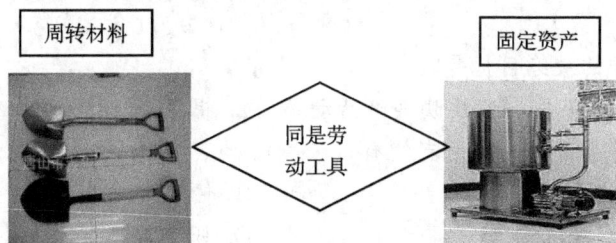

图 1-14　重要性示意图

【小思考】

图 1-14 中同是劳动工具，为什么一个叫周转材料，一个叫固定资产？这体现了什么原则？判断的主要依据是什么？

（七）谨慎性

《企业会计准则——基本准则》第 18 条规定："企业对交易或者事项进行会计确认、计量和报告应当保持应有的谨慎，不应高估资产或者收益、低估负债或者费用。"

谨慎性又称稳健性，是指在处理不确定性经济业务时，应保持谨慎态度。如果一项经济业务有多种处理方法可供选择，应选择不导致夸大资产、虚增利润的方法。在进行会计核算时，应当合理预计可能发生的损失和费用，而不应预计可能发生的收入和过高估计资产的价值。

谨慎性要求体现在会计核算的全过程中，在会计上的应用也是多方面的，如对应收款项计提坏账准备、对存货计提跌价准备、对固定资产计提减值准备、对无形资产计提减值准备、对固定资产采用加速折旧法等。

（八）及时性

所谓及时性，是指信息应在对用户失效之前提供给用户。也就是说企业对于已经发生的交易或事项，应当及时进行会计确认、计量和报告，不得提前或延后。会计信息是否有用，取决于信息的相关性及及时性。如果提供的信息与有关人士的决策相关，但提供得不及时，则可能造成重大的损失。一方面，信息提供过早，可能影响信息的可靠性；另一方面，信息提供过晚，可能导致企业错失商机。因此，保证信息的及时性是保证会计信息质量的基本要求。

小　　结

会计核算的基本前提是会计主体、持续经营、会计分期和货币计量。会计核算的基础分为权责发生制和收付实现制两种，大部分企业采用的是权责发生制。会计信息质量特征包括可靠性、相关性、可理解性、实质重于形式、重要性、谨慎性和及时性 8 个方面。

职业能力训练

一、单选题

1. 会计管理工作的最终目标是（　　）。

    A. 提高经济效益　　　B. 反映经济活动　　　C. 提供会计信息　　　D. 监督经济活动

2. 属于企业内部会计信息使用者的有（　　）。

    A. 投资者和潜在的投资者　　　　　　　　B. 债权人

    C. 政府及其职能机构　　　　　　　　　　D. 职工与工会

3. 在会计核算的基本前提中，为会计的正常活动做出时间上规定的是（　　）。

    A. 会计主体　　　　　B. 持续经营　　　　　C. 会计期间　　　　　D. 货币计量

4. 为会计核算工作确定空间范围的基本前提是（　　）。

    A. 货币计量　　　　　B. 会计期间　　　　　C. 持续经营　　　　　D. 会计主体

5. 大多数企业会计的确认、计量和报告以（　　）为基础。

    A. 权责发生制　　　　B. 收付实现制　　　　C. 复式记账　　　　　D. 单式记账

6. 权责发生制主要强调的是（　　）。

    A. 财务状况的切实性　　　　　　　　　　B. 经营成果的计算

    C. 资产的合理计价　　　　　　　　　　　D. 收入和费用的合理计价

7. 属于会计信息质量特征的是（　　）。

    A. 持续经营　　　　　B. 权责发生制　　　　C. 会计分期　　　　　D. 实质重于形式

8. 按权责发生制原则的要求，下列货款应确认为本月收入的是（　　）。

    A. 本月销售产品，但款项尚未收到　　　B. 收到上月的销售货款

    C. 收到下一年厂房租金，存入银行　　　D. 本月预收下月货款，存入银行

9. 20×7 年 8 月 20 日，某企业采用赊销方式销售产品 50 000 元，12 月 20 日收到货款存入银行，按收付实现制核算，该项收入应该属于（　　）。

    A. 20×7 年 8 月　　　B. 20×7 年 9 月　　　C. 20×7 年 11 月　　　D. 20×7 年 12 月

10. 20×7 年 9 月 20 日，某企业支付下一季度的保险费 50 000 元，按权责发生制核算，该项支出应该属于（　　）。

    A. 20×7 年 9 月　　　　　　　　　　　　B. 20×7 年 10 月

    C. 20×7 年 11 月　　　　　　　　　　　D. 20×7 年 10 月、11 月、12 月

二、多选题

1. 按权责发生制，下列经济业务中应该计入本期收入或费用的有（　　）。

    A. 预收货款，存入银行　　　　　　　　B. 预收财产保险费

    C. 摊销固定资产修理费　　　　　　　　D. 提取短期借款利息

2. 在下列各项中，可以作为会计主体存在的有（　　）。

    A. 企业集团　　　　　B. 母公司　　　　　　C. 分公司　　　　　　D. 车间

3. 下列属于会计信息质量特征的有（　　）。

    A. 收付实现制　　　　B. 实质重于形式　　　C. 货币计量　　　　　D. 谨慎性

4. 会计核算的基本前提是（　　）。

    A. 会计主体　　　　B. 持续经营　　　　C. 会计分期　　　　D. 货币计量

5. 确定会计核算时间的基本前提是（　　）。

    A. 会计主体　　　　B. 持续经营　　　　C. 会计分期　　　　D. 货币会计主体

三、业务题

某企业 20×7 年 12 月份发生如下经济业务，请按照收付实现制和权责发生制确认当期的收入和费用。

① 企业销售商品 85 000 元，其中 45 000 元已经存入银行，其他货款尚未收到。

② 企业收到购货方支付的上个月的购货款 32 000 元。

③ 企业用银行存款支付本月水电费 4 360 元。

④ 企业预交下年度的保险费 12 000 元。

⑤ 企业预收某企业购货款 13 000 元。

⑥ 企业负担年初已经支付的本月的报刊费 270 元。

⑦ 企业收到现金 560 元，是上个月销售剩余材料的收入。

⑧ 本月负担将在下个月支付的修理费 1 200 元。

任务3　会计要素

【任务目标】

认知目标：了解会计要素的概念，能熟练地说出会计要素的构成和具体内容。

技能目标：具备根据情境灵活判断会计要素的能力，形成初步的会计思维方式。

情感目标：培养学生团队协作精神和实事求是的作风。

【会计故事】

美丽人生如会计

会计小刚要结婚了，他从多年的积蓄里拿出 10 万元（所有者权益），又在开公司的叔叔那里借来 15 万元（负债），买了一栋价值 25 万元的楼房（资产）。等他搬进新居后，未婚妻又送来 8 万元（所有者权益）用于装修和购置家具（资产），因为这个家是他们的共同财产。

结婚一个月后，小刚和妻子坐在一起总结家庭开支情况。俩人的工资总额是 5 000 元（收入），一个月花掉水电费 200 元，电视、电话费 300 元，油米酱醋茶 800 元，其他杂费 500 元，支出总计 1 800 元（费用）。本月剩余达 3 200 元（利润）。

小刚是会计哦。算账可是他的本行！他掰着手指头算：我的资产就是 25 万元的房子和 8 万元的装修及家具，共 33 万元，负债是 15 万元，所有者权益就出来了，33－15＝18 万元。真正属于我的只有这 18 万元哪。

一、会计对象

会计对象是会计核算和监督的内容，是能够用货币表现的企业经济业务，即企业资金的运动过程。各单位在日常生产经营和业务活动过程中的资金运动称为经济业务事项。经济业务事项包括经济业务和经济事项两大类，而以货币表现的经济活动，通常又称为价值运动或资金运动。资金运动包括资金的投入、资金的循环和周转、资金的退出等过程，而具体到企事业单位又有较大的差异。

（一）工业企业的资金运动过程

首先，资金的投入。工业企业要进行生产经营，必须拥有一定的资金，这些资金的来源包括所有者投入的资金和债权人投入的资金两部分。前者属于企业所有者权益，后者属于企业债权人权益——企业负债。投入企业的资金要用于购买机器设备和原材料并支付职工的工资等。这样投入的资金最终构成企业流动资产、非流动资产和费用。

其次，资金的循环和周转。工业企业的经营过程包括供应、生产和销售三个阶段。在供应过程中企业要购买原材料等劳动对象，发生各种材料采购成本，与供应单位发生货款结算关系。在生产过程中，劳动者借助于各种劳动手段将劳动对象加工成特定的产成品，同时发生原材料消耗、固定资产磨损、生产工人劳动耗费等方面的费用，使企业与职工之间发生工资结算关系、有关单位之间发生劳务结算关系等。在销售过程中将生产的产品销售出去，发生支付销售费用、收回货款、缴纳税金等业务活动，并同购货方发生货款结算关系、同税务机关发生税务计算关系。综上所述，资金的循环就是从货币资金开始，依次转化为储备资金、生产资金、产品资金，最后又回到货币资金的过程。

最后，资金的退出。包括偿还债务、上缴各项税金、向所有者分配利润等，使得这部分资金离开本企业，退出企业的资金循环与周转。

上述资金运用的三个阶段是相互支持、相互制约的统一体，没有资金的投入，就没有资金的循环与周转，就不会有债务的偿还、税金的上缴和利润的分配等；没有资金的退出，就不会有新一轮的资金投入，更不会有企业的进步和发展。图 1-15 是制造业企业资金循环与周转图。

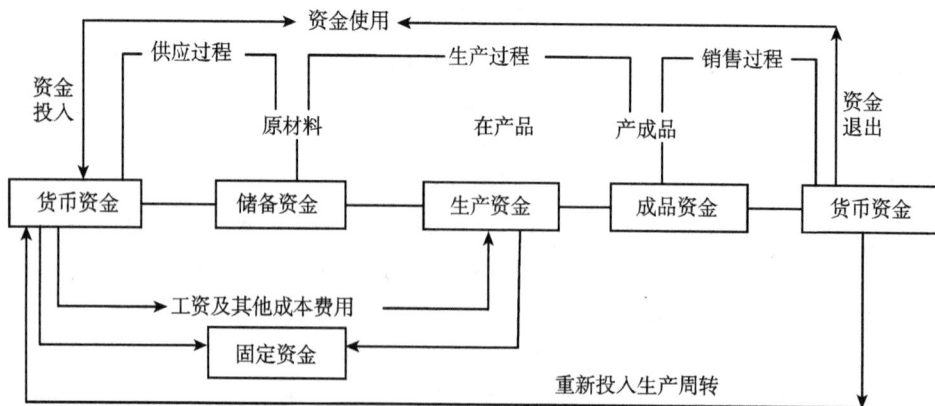

图 1-15 制造业企业资金循环与周转

（二）商业企业的资金运动过程

商业企业的会计对象，就是商业企业在商品流通过程中的资金运动，即商业企业资金的取得、占用、耗费、收回、补偿和分配。

商业企业的经济活动主要是组织商品流通，从事商品购销的活动。商品的购销，从实物形态看，它表现为各种商品的买进和卖出，即商品流通的两个阶段。从价值形态看，它表现为资金运动，即在商品购进阶段，表现为货币资金转化为商品资金；在商品销售阶段，表现为商品资金又转化为货币资金。随着商品购销活动的不断进行，这两种资金在购、销两个阶段上依次转换其形态，形成周而复始的循环。这两种资金的循环又是交叉进行的，即当一部分货币资金转化为商品资金的同时，另一部分商品资金转化为货币资金；这两种资金在购、销两个阶段上的循环周转，在时间上是连续的，在空间上是并列存在的。

商业企业的资金周转过程，不仅表现为资金形态的交替转化，同时还发生了各项收入和各项支出，前者称为经营收入，主要是商品销售所获得的收入；后者称为经营支出，如销售商品的购进价、商品流通费支出等。企业已实现的商品销售收入扣除销售商品进价后的剩余就是销售毛利，销售毛利扣除商品流通费、销售税金及其他支出后的余额就是商业企业的利润。商业企业的利润应按照国家的有关规定进行分配。商业企业资金循环与周转如图1-16所示。

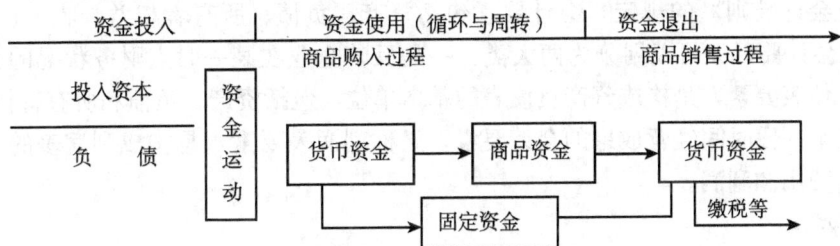

图1-16 商业企业资金循环与周转

（三）行政事业单位的资金运动过程

行政事业单位的会计对象是预算资金的运动，即预算资金的领拨、使用及其结果。各单位为了开展各项事业活动和执行国家机关工作任务所需要的资金，由财政部门或主管部门从国家预算资金中予以分配和拨付。

各单位一方面要向财政部门或上级主管部门按照核定的预算领取经费，同时在国家规定的范围内取得业务收入，形成单位的资金来源；另一方面，要按照国家规定的用途和开支标准，支付人员经费、工会经费等，并拨付下级所需经费，形成单位的资金运用；其尚未使用的货币资金、库存材料及购置的固定资产，形成单位的资金结存。概括地说，在预算资金的活动上，反映为资金来源、资金运用和资金结存三个阶段。行政事业单资金循环与周转如图1-17所示。

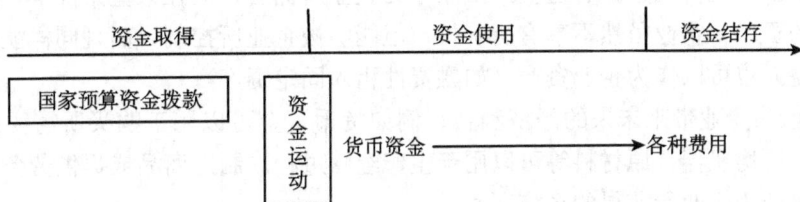

图1-17 行政事业单位资金循环与周转

【小提问】

　　知道了会计核算对象的内涵，就能详细反映不同经济业务给企业带来的影响吗？

二、会计要素

　　会计要素是对会计对象所做的基本分类，是会计核算对象的具体化，是反映会计主体财务状况和经营成果的基本单位。会计要素将产生两方面的作用：一是可以按照会计要素的分类提供会计数据和会计信息，这使得相关的投资决策和经营决策对于经济管理来说是切实可行的；二是可以按照会计要素的分类，分别进行会计确认和会计计量。经济业务与会计对象、会计要素的关系如图 1-18 所示。

图 1-18　经济业务与会计对象、会计要素的关系

　　会计要素是与会计对象紧密相关的一个概念。会计对象的具体分类就是会计要素。根据我国《企业会计准则》的规定，会计要素包括资产、负债、所有者权益、收入、费用和利润。这六大会计要素又可以划分为两大类：一是反映企业在某一时点财务状况的会计要素，又称资产负债表要素，是构成资产负债表的基本单位，包括资产、负债和所有者权益；二是反映企业在某一段时间经营成果的会计要素，又称利润表要素，是构成利润表的基本单位，包括收入、费用和利润。

（一）资产

（1）资产的概念

　　资产是指企业过去的交易或者事项形成的、由企业拥有或者控制的、预期会给企业带来经济利益的资源。

　　拥有或控制一定数量的资产，是企业进行生产经营的前提条件。从资产的定义可以看出，其具有以下几个基本特征，也就是说，作为会计意义上的资产，需满足以下几个条件。

　　① 资产是由过去的交易或事项所引起的现时权利。这就是说，作为企业资产，必须是现实的而不是预期的资产，它是企业过去已经发生的交易或事项所产生的结果，包括购置、生产、建造等行为或其他交易或事项。预期在未来发生的交易或事项不形成资产，如计划购入的机器设备等。

　　② 资产必须为某一特定主体（这里指企业）所拥有或者控制。企业拥有资产，从而就能够从资产中获得经济利益；有些资产虽然不为企业所拥有，但在某些条件下，对一些以特殊方式形成的资产，企业虽然不享有所有权，但能够被企业所控制，而且同样能够从资产中获得经济利益，也可以作为企业资产（如融资性租入固定资产）。

　　③ 资产能为企业带来未来的经济利益。例如货币资金可以用于购买所需要的商品或用于利润分配，厂房机器、原材料等可以用于生产经营过程。制造商品或提供劳务，出售后回收货款，货款即为企业所获得的经济利益。

　　资产可以具有实物形态，如机器设备、房屋、商品等，也可以不具有实物形态，如应收账款、待摊费用、无形资产等。

【小思考】

新兴公司有甲、乙、丙三台设备：甲设备是本企业购入的；乙设备是从某公司租入的；丙设备是从北山公司借入的。甲、乙、丙设备是否是企业的资产？

（2）资产的分类

按照流动性，资产可以分为流动资产和非流动资产，见图1-19。

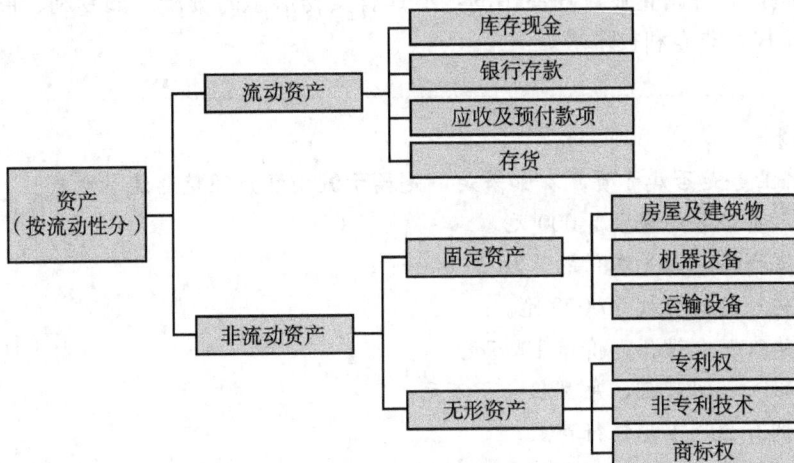

图1-19　资产分类简图

流动资产是指企业可以在一年或者超过一年的一个营业周期内变现或者运用的资产，是企业资产中必不可少的组成部分。流动资产在周转过程中，从货币形态开始，依次改变其形态，最后又回到货币形态（货币资金→储备资金、固定资金→生产资金→成品资金→货币资金），各种形态的资金与生产流通紧密结合，周转速度快，变现能力强。

流动资产通常包括库存现金、银行存款、交易性金融资产、应收票据、应收账款、存货等。

① 库存现金。库存现金是流动性最强的资产，可以充当交换媒介，自由流通、自由运用。

② 银行存款。是指企业存放在银行或其他金融机构，可以自由提取、使用的各种性质存款。

③ 交易性金融资产。是指企业为了在近期内出售而持有的金融资产，如企业以获取买卖差价为目的从市场上购入的股票、基金、债券等。

④ 应收票据。应收票据是指出票人或付款人在某一特定日期或某一特定期间无条件支付一定金额给收款人或持票人的书面证明，如商业汇票等。

⑤ 应收账款。是指因销售商品或提供劳务而发生的应该从客户那收取款项的权利。其他原因所发生的应收款项，如应收的各种赔款、罚款等可以计入其他应收款。

⑥ 存货。存货是指企业拥有的，可供正常营业或备作生产制造过程中将要消耗、待制

造完成后再出售的各种货物，包括库存商品、半成品、在产品及各类材料。

非流动资产是指除流动资产以外的资产，主要包括长期股权投资、固定资产、在建工程、无形资产等。

① 长期股权投资。是指企业持有的对其子公司、合营企业及联营企业的权益性投资，以及企业持有的对被投资单位不具有控制、共同控制或重大影响，并且在活跃市场中没有报价、公允价值不能可靠计量的权益性投资。

② 固定资产。是指企业生产经营中使用的不以出售为目的的，使用年限超过一年，并在使用过程中能够保持原有形态的资产，包括房屋及建筑物、机器设备、工具器具等。

③ 无形资产。是指企业营业使用的，不具有实物形态的资产，如专利、商标权、土地使用权、著作权、非专利技术等。

【小练习】

下列经济业务是否属于资产？如果是，是属于流动资产还是非流动资产？

① 出纳人员经管的现金 5 000 元。

② 因购买商品而预先支付的货款 59 000 元。

③ 企业购入的商标权 50 000 元。

④ 企业购入一台设备，价值 10 万元。

⑤ 企业租入一间厂房，每月租金 1 万元。

⑥ 企业拥有 200 万元银行存款。

【知识链接】

商誉是无形资产吗?

商誉是现代企业的一种重要资产。随着当今企业不断地拓宽生产经营渠道、开拓新的市场，作为企业迅速发展壮大途径之一的合并活动发挥着举足轻重的作用。对大多数企业而言，合并商誉是一种越来越重要的经济资源，它在企业全部资产中所占的比重不断加大，发挥的作用也在不断加强，越来越为企业内外部所瞩目。但由于商誉所具有的特殊性质，其会计处理一直是会计理论与实务中研究的热点。

所谓商誉，是指能在未来期间为企业经营带来超额利润的潜在经济价值，或一家企业预期的获利能力超过可辨认资产正常获利能力（如社会平均投资回报率）的资本化价值。商誉是企业整体价值的组成部分。在企业合并时，它是购买企业投资成本超过被合并企业净资产公允价值的差额。《企业会计准则》规定：无形资产是企业拥有或者控制的没有实物形态的可辨认非货币性资产。据此，由于它的不可辨认性，商誉从无形资产中分离出来而独立确认为一项资产。从理论上讲，只要企业有获得超额收益的能力，即可确认商誉的存在，并且可将其创立过程中所发生的一切支出作为成本入账。然而这种确定商誉存在的方法及对它做出的会计计量实施起来是相当困难的。因为商誉是由各种因素相互影响、相互作用而产生的，没有任何一笔支出能够确认是专为创造商誉而支出的。因此，也很难决定该笔支出创造了多少商誉，这些支出的受益期是多少。因而在会计实务中，一般只对企业外购商誉即合并商誉加以确认入账，自行创造的商誉不予入账。

按照《企业会计准则》，涉及企业合并的会计处理首先应区分是同一控制下的企业合并还是非同一控制下的企业合并。对于同一控制下的企业合并，《企业会计准则》规定采用权益集合法，相关资产和负债按照在被合并方的原账面价值入账，合并溢价只能调整资本公积和留存收益，并不确认商誉。在企业会计准则体系下，只有对非同一控制下的企业合并采用购买法，才涉及商誉的会计处理，而非同一控制下的企业合并在控股合并和吸收合并时确认商誉又稍有不同。控股合并中产生的商誉体现在购买日编制的合并资产负债表中，吸收合并中产生的商誉则作为购买方账簿和个别报表中的资产列示。

商誉与无形资产表面上相似，二者却有着本质的区别，其特殊性主要表现在以下几个方面。

（1）不可辨认性

人们往往认为，商誉的形成原因有：企业信誉良好，赢得了客户的信任；经营管理人员能力超群；企业技术先进，掌握了生产的诀窍等。具体到某个企业，其商誉由哪些因素组成，往往很难确定。

（2）形成过程的复杂性

商誉的形成是建立在企业长期经营不断积累的过程中，人们对企业的好感并不是一下子获得的，社会公众对这种好感的认同有一个过程。即使是同一事件，不同的人有不同的感受，这又增加了商誉形成过程的复杂性。企业商誉绝非是一朝一夕能够形成的，它需要企业在经营过程中慢慢培育。培育过程中，有各种各样的因素对商誉的形成产生影响，有些是积极的，有些是消极的，只有当积极因素的影响超过了消极因素的影响，商誉的形成才有了量的积累。这其中的过程是极其复杂的，几乎难以进行量化。

（3）不能单独出售

商誉的存在，需要以企业作为载体，它不能脱离企业而单独存在，这是商誉不同于企业其他无形资产的一个鲜明特征。因为商誉不能与企业分开而单独出售，这也就决定了自创商誉不能确认，因为自创商誉没有经过市场的检验。

（4）价值存在的不确定性

企业经营过程中，受到各种因素的影响，有些因素产生正面影响，会有利于商誉的形成，有些因素产生负面影响，则会使企业商誉受到减损。例如企业信誉，若企业信誉良好，会增强企业的商誉；相反，若某段时期，企业信誉因某个偶然因素而受到损害，则社会公众对企业的好感就会降低，这会直接影响企业产品的销售，进而影响财务状况、企业价值等，企业商誉就会下降。因而商誉价值的存在具有不稳定性，企业要想维持商誉的保值增值，必须在经营管理、产品更新、企业创新上不断努力，以维持或增强社会公众对企业的期望。

（5）价值实现的隐蔽性

商誉价值虽然不易确定，企业自创商誉在会计上也不予以确认。但企业在经营过程中，由于商誉是顾客对企业的一种主观上的认同，商誉的存在，无疑会提升产品的销量和单位价格，从而使企业获得超出一般企业的利润水平，这便在一定程度上实现了商誉的超额收益。然而，人们在计算企业的利润时，往往会忽略商誉的这种价值实现过程，而将这种超额收益归于销售人员的销售能力、广告效应等。当然广告投入有助于商誉的形成，但这是另外一回事。虽然将商誉在企业获取超额收益中的份额大小确定下来比较困难，但不应因此而抹杀商誉的功劳。

（二）负债

1. 负债的内涵

（1）负债的概念

负债是指企业过去的交易或事项形成的，预期会导致经济利益流出企业的现时义务。负债实质上是企业在一定时期之后必须偿还的经济债务，其偿还期或具体金额在它们发生或成立之时就已由合同、法规所规定与制约，是企业必须履行的一种义务。

（2）负债的特征

负债具有以下特征。

① 负债是由过去的交易或事项形成。潜在的义务或预期在将来要发生的交易、事项等可能产生的债务不能确认为负债。

② 负债是企业承担的现时义务。负债是企业目前实实在在的偿还义务，企业要在未来某个时日加以偿还。

③ 负债的清偿预期会导致经济利益流出企业。一般来说，企业履行偿还义务时，企业会有经济利益流出，如支付现金、提供劳务、转让其他财产等。

④ 流出的经济利益的金额能够可靠计量。

2. 负债的分类

负债按其偿还速度或偿还期长短可分为流动负债和非流动负债，如图 1-20 所示。

流动负债是指将在 1 年或超过 1 年的一个营业周期内偿还的债务，主要包括短期借款、应付票据、应付账款、预收货款、应付工资、应交税金、应付利润、其他应付款、预提费用等。

非流动负债是指偿还期在 1 年或超过 1 年的一个营业周期以上的债务，包括长期借款、应付债券、长期应付款等。

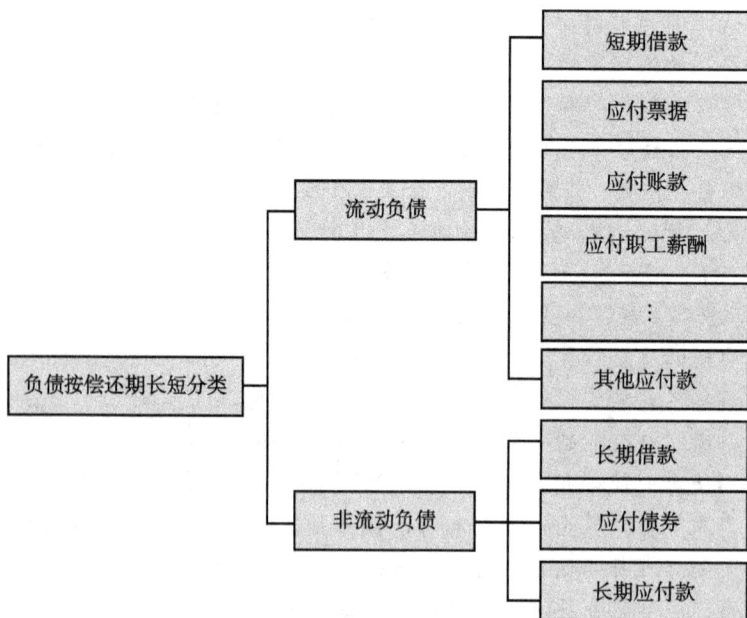

图 1-20　负债分类简图

（三）所有者权益

1. 所有者权益的概念

所有者权益是指企业资产扣除负债后由所有者享有的剩余权益。所有者权益包括实收资本（或股本）、资本公积、盈余公积和未分配利润。在股份制企业，所有者权益又称为股东权益。

所有者权益是企业投资人对企业净资产的所有权，它受总资产和总负债变动的影响而发生增减变动。所有者权益包括所有者以其出资额比例分享的企业利润。与此同时，所有者也必须以其出资额承担企业的经营风险。所有者权益还意味着所有者有法定的管理企业和委托他人管理企业的权利。

2. 所有者权益的分类

所有者权益按其构成，可分为实收资本、资本公积和留存收益三类。

（1）实收资本

实收资本（投入资本）是指所有者在企业注册资本的范围内实际投入的资本。所谓注册资本，是指企业在设立时向工商行政管理部门登记的资本总额，也就是全部出资者设定的出资额之和。企业对资本的筹集，应该按照法律、法规、合同和章程的规定及时进行。如果是一次筹集，投入资本应等于注册资本；如果是分期筹集，在所有者最后一次缴入资本以后，投入资本应等于注册资本。注册资本是企业的法定资本，是企业承担民事责任的财力保证。

在不同类型的企业中，投入资本的表现形式有所不同。在股份制企业，投入资本表现为实际发行股票的面值，也称为股本；在其他企业，投入资本表现为所有者在注册资本范围内的实际出资额，也称为实收资本。

投入资本按照所有者的性质不同，可分为国家投入资本、法人投入资本、个人投入资本和外方投入资本。国家投入资本是指有权代表国家投资的政府部门或者机构以国有资产投入企业所形成的资本；法人投入资本是指我国具有法人资格的单位以其依法可以支配的资产投入企业所形成的资本；个人投入资本是指我国公民以其合法财产投入企业所形成的资本；外方投入资本是指外国投资者及我国香港、澳门和台湾地区的投资者将资产投入企业所形成的资本。

投入资本按照投入资产的形式不同，可以分为货币投资、实物投资和无形资产投资。

（2）资本公积

资本公积是指归所有者所共有的、非收益转化而形成的资本，主要包括资本溢价（股本溢价）和其他资本公积等。资本公积主要用于转增资本。

（3）留存收益

留存收益是指归所有者所共有的、由收益转化而形成的所有者权益，主要包括法定盈余公积、任意盈余公积和未分配利润。

① 法定盈余公积。法定盈余公积是指企业按照《公司法》规定的比例从净利润中提取的盈余公积。它的提取比例一般为净利润的 10%。当法定盈余公积累计金额达到企业注册资本的 50% 以上时，可以不再提取。法定盈余公积主要用于企业扩大再生产，也可用于弥补亏损或转增资本、发放现金股利或利润。

② 任意盈余公积。企业在计提了法定盈余公积之后，还可以根据企业政策的需要计提

任意盈余公积。任意盈余公积的用途除与法定盈余公积用途相同之外，还可以用于集体福利设施建设。

法定盈余公积和任意盈余公积的区别在于各自计提的依据不同，前者以国家的法律或行政规章为依据计提，后者则由企业自行决定提取。

③ 未分配利润。未分配利润是指企业留待以后年度分配的利润。

【小思考】

请问所有者权益和负债（债权人权益）有何区别？

所有者权益和负债虽然同是企业的权益，都体现了企业的资金来源，但是二者却有着本质上的区别。

第一，在是否偿还上的区别。负债是企业对债权人所承担的经济责任，企业对债权人负有偿还的义务；所有者权益是企业对投资人所承担的经济责任，一般不需要归还。

第二，在享有权利上的区别。债权人只有按期收回本息的权利，所有者具有参与利润分配和企业经营管理的双重权利。

第三，在清算时求偿权上的区别。企业清算时，负债往往优先清偿，而所有者权益只有在清偿所有的负债之后才返还给所有者。

【例1-1】 麦迪轩是一家面包店，20×7年取得20万元的销售收入，同时为制作面包和蛋糕支付了12万元的成本费用（其中消耗面粉、鸡蛋等原材料5万元；支付面点师工资3万元、水电费等1万元；另外支付管理人员工资、办公费、修理费等2万元；还有广告宣传费1万元），请问这20万元是什么？12万元呢？这家面包店20×7年赚了多少钱？

（四）收入

1. 收入的概念

收入是指企业在日常活动中形成的、会导致所有者权益增加的、与所有者投入资本无关的经济利益的总流入。例1-1中的20万元即为该企业的收入。

（1）收入是企业日常活动所形成的

对于一个企业来说，从日常活动范畴出发，收入来源的渠道主要有以下三种。

① 对外销售商品取得的收入，如工业企业销售产品、流通企业销售商品等。

② 服务企业提供劳务取得的收入。

③ 让渡资产的使用权所获取的收入，如对外出租、对外投资，金融企业对外贷款等。

企业要正确区分让渡资产的使用权形成的利益流入。对于存货而言，其属于一次性消耗物质，让渡资产的使用权实质上就是让渡资产的所有权，相当于将资产销售出去，形成的利益流入属于收入的一部分。对于固定资产而言，转移其使用权并没有转移其所有权，形成的利益仍旧属于收入的一部分，如果是转移了固定资产的所有权，也就是将固定资产出售，那么所获取的收益不属于收入，应该计入利得。图1-21是收入的示意图。

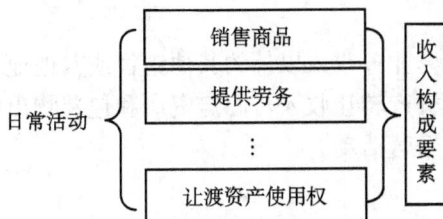

图1-21 收入示意图

（2）经济利益总流入

首先，经济利益是指现金或最终能转让为现金的非现金资产。收入只有在经济利益流入，从而导致资产增加或者负债减少，且经济利益的流入额能可靠计量时才予以确认。经济利益总流入是指本企业经济利益的流入，包括销售商品收入、劳务收入、使用费收入、租金收入、股利收入等主营业务收入和其他业务收入，不包括为第三方或客户代收的款项。

会计上的收入并不一定与现金有关。例如企业收到客户预交的货款，企业的现金虽然增加了，但企业尚未提供商品或服务，因此不符合企业收入确认的条件，不能作为收入加以确认。相应地，增加的预收款项是一种负债，代表企业应该提供商品或劳务的义务。只有等商品或服务提供了以后，该预收款项才能转为实现的收入。相反，企业提供了产品或服务，虽然暂时没有收到货款，但是企业的收入已经实现。

【相关链接】

营业外收入

企业的偶发活动所带来的经济利益流入量称为营业外收入。这里的偶发活动主要是指除销售商品、提供劳务和让渡资产使用权以外的其他活动，如现金的盘盈、固定资产盘盈、接受捐赠、罚款收入等。

2. 收入的分类

（1）主营业务收入

主营业务收入是指企业所从事的基本的、主营的经济业务所取得的收入，又可以称为基本业务收入。不同企业、企业的不同时期其主营业务收入可能是不相同的，制造业企业的主营业务收入一般是产品销售收入。主营业务收入来源如图1-22所示。

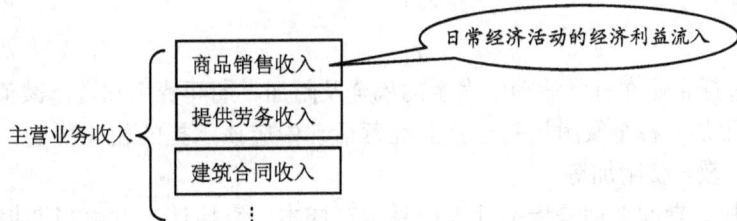

图1-22 主营业务收入来源

（2）其他业务收入

其他业务收入是指除主营业务收入以外的其他销售或其他业务的收入，如制造业企业的材料销售、代购代销、无形资产转让收入，固定资产和包装物出租收入等。其他业务收入的实现主要派生于正常的生产经营活动。

（五）费用

1. 费用的概念

费用是指企业为销售商品、提供劳务等日常活动所发生的会导致所有者权益减少，与向所有者分配利润无关的经济利益的总流出。狭义的费用概念将费用限定于获取收入过程中发生的资源耗费；广义的费用概念则同时包括了经营成本和非经营成本。我国现行制度采用的是狭义的费用概念，即企业为销售商品、提供劳务等日常活动所发生的经济利益的流出，包括计入生产经营成本的费用和计入当期损益的期间费用。

企业发生费用的形式是资产流出企业、资产损耗或负债增加而引起所有者权益减少。但也有例外，例如企业所有者抽回投资或企业向所有者分配利润，虽然会引起资产减少或负债增加，并使所有者权益减少，但不属于企业发生费用的经济业务。

2. 费用的分类

费用按经济用途分类，能够明确反映直接用于产品生产的材料费用、工人工资，以及耗用于组织和管理生产经营活动上的各项支出，从而有助于企业了解费用计划、定额、预算等的执行情况，进而控制成本支出，加强成本管理和成本分析。

（1）成本

成本，是指企业为生产产品、提供劳务所发生的各种耗费，包括直接材料费、直接人工费和各种间接费用。

① 生产成本。生产成本是指企业为生产一定种类和数量的产品所发生的费用，即产品成本项目直接材料、直接人工和分配结转的制造费用的总和。

例如，例1-1中消耗面粉、鸡蛋等原材料5万元属于直接材料；支付面点师工资3万元，属于直接人工。

② 制造费用。企业一定期间所发生的不能直接归属于某个特定产品的生产成本费用，归属于制造费用，也就是用于生产产品所发生的各种间接费用。例如，例1-1中水电费支出1万元。

注意：生产成本和制造费用核算的都是产品的成本项目，但是二者有本质区别，能够直接计入产品成本的直接生产费用，称为生产成本，不能直接计入产品成本，需要分配后计入产品成本的各项间接生产费用，称为制造费用。在具体使用时，应注意二者的不同。

（2）费用

费用主要包括企业在日常活动中发生的税金及附加、期间费用和资产减值损失等。

① 税金及附加。税金及附加是指企业经营活动中应该承担的相关税费，如消费税、城市维护建设费、教育费附加等。

② 期间费用。期间费用是指不计入产品生产成本、直接计入发生当期损益的费用，包括管理费用、财务费用和销售费用。

管理费用是指企业行政管理部门为组织和管理生产经营活动所发生的各种费用。例如，例1-1中管理人员工资、办公费、修理费2万元就属于管理费用。

销售费用是指企业在销售产品、提供劳务等日常活动中发生的除营业成本以外的各项费用及专设销售机构的经营费用。例如，例1-1中支付广告宣传费1万元就属于销售费用。

财务费用是指企业为筹集生产经营所需资金而发生的费用，包括应当作为当期费用的利益支出、汇兑损失及相关的手续费。

③ 资产减值损失。资产减值损失是指企业计提的坏账准备、存货跌价准备和固定资产减值准备等所形成的损失。

3. 成本与费用的关系

（1）成本和费用的联系

成本和费用都是企业除偿债性支出和分配性支出以外的支出的构成部分；成本和费用都是企业经济资源的耗费；期末应将当期已销产品的成本转入当期的费用。

（2）成本与费用的区别

成本是对象化的费用，它所针对的是一定的成本计算对象；费用则是针对一定的期间而言的。

（六）利润

利润也称净利润或净收益，是企业在一定会计期间的经营成果。从狭义的收入、费用来讲，利润包括收入和费用的差额，以及其他直接计入损益的利得、损失。从广义的收入、费用来讲，利润是收入和费用的差额。

利润按其形成过程，可分为税前利润和税后利润。税前利润也称利润总额；税前利润减去所得税费用，即为税后利润，也称净利润。

（1）营业利润

营业利润是企业利润的主要来源，是指企业在销售商品、提供劳务等日常活动中所产生的利润。其内容为主营业务利润和其他业务利润扣除期间费用之后的余额。其中主营业务利润等于主营业务收入减去主营业务成本和主营业务应负担的流转税，通常也称为毛利。其他业务利润是其他业务收入减去其他业务支出后的差额。

（2）利润总额

利润总额是营业利润加上营业外收入，减去营业外支出后的金额。

（3）净利润

净利润是指利润总额减去所得税费用后的余额。

三、任务设计实例

【例1-2】假设你决定开设一家婚纱摄影公司，请用图例描述一下该企业的资金活动过程。

婚纱摄影公司资金活动简图如图1-23所示。

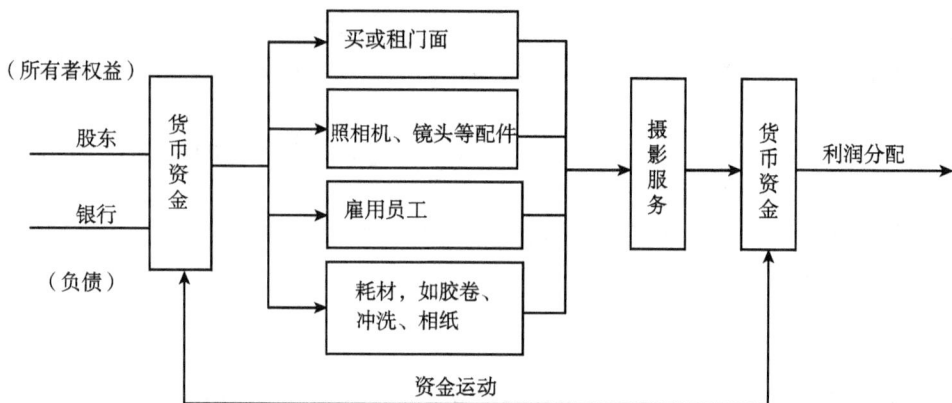

图1-23 婚纱摄影公司资金活动简图

【例1-3】（练习会计要素分类，并熟练掌握它们之间的相互关系）

（1）划分各项目的类别（资产、负债或所有者权益），并将各项目金额填入表1-1中。

（2）计算资产、负债、所有者权益各要素金额合计。

和美公司某月末各项目余额如下。

① 出纳员处存放现金1 700元。

② 存入银行的存款2 939 300元。

③ 投资者投入的资本金13 130 000元。

④ 向银行借入三年期的借款500 000元。

⑤ 向银行借入半年期的借款300 000元。

⑥ 原材料库存417 000元。

⑦ 生产车间正在加工的产品584 000元。

⑧ 产成品库存520 000元。

⑨ 应收外单位产品货款430 00元。

⑩ 应付外单位材料货款45 000元。

⑪ 对外短期投资60 000元。

⑫ 公司办公楼价值5 700 000元。

⑬ 公司机器设备价值4 200 000元。

⑭ 公司运输设备价值530 000元。

⑮ 公司的资本公积金共960 000元。

⑯ 盈余公积金共440 000元。

⑰ 外欠某企业设备款200 000元。

⑱ 拥有某企业发行的三年期公司债券650 000元。

⑲ 上年尚未分配的利润70 000元。

表1-1　和美公司资产、负债、所有者权益状况表

单位：元

项目序号	金　额		
	资　产	负　债	所有者权益
合　计			

（1）分析各个经济业务所涉及的要素

① 出纳员处存放现金1 700元，该项属于企业资产中的流动资产——库存现金。

② 存入银行的存款2 939 300元，该项属于企业资产中的流动资产——银行存款。

③ 投资者投入的资本金13 130 000元，该项属于企业所有者权益中的实收资本。

④ 向银行借入三年期的借款500 000元，该项属于负债中的非流动负债——长期借款。

⑤ 向银行借入半年期的借款300 000元，该项属于负债中的流动负债——短期借款。

⑥ 原材料库存417 000元，该项属于资产中的流动资产——原材料。

⑦ 生产车间正在加工的产品584 000元，该项属于资产中的流动资产——存货。

⑧ 产成品库存520 000元，该项属于资产中的流动资产——库存商品。

⑨ 应收外单位产品货款43 000元，该项属于资产中的流动资产——应收账款。

⑩ 应付外单位材料货款45 000元，该项属于负债中的流动负债——应付账款。

⑪ 对外短期投资60 000元，该项属于资产中的流动资产——交易性金融资产。

⑫ 公司办公楼价值5 700 000元，该项属于资产中的非流动资产——固定资产。

⑬ 公司机器设备价值4 200 000元，该项属于资产中的非流动资产——固定资产。

⑭ 公司运输设备价值530 000元，该项属于资产中的非流动资产——固定资产。

⑮ 公司的资本公积金共960 000元，该项属于所有者权益中的资本公积。

⑯ 盈余公积金共440 000元，该项属于所有者权益中的盈余公积。

⑰ 外欠某企业设备款200 000元，该项属于负债中的流动负债——应付账款。

⑱ 拥有某企业发行的三年期公司债券650 000元，该项属于资产中的非流动资产。

⑲ 上年尚未分配的利润70 000元，该项属于所有者权益中的未分配利润。

（2）按照题目要求填表（见表1-2）。

表1-2　资产、负债、所有者权益状况表

单位：元

项目序号	金　额		
	资　产	负　债	所有者权益
①	1 700		
②	2 939 300		
③			13 130 000

续表

项目序号	金　额		
	资　产	负　债	所有者权益
④		500 000	
⑤		300 000	
⑥	417 000		
⑦	584 000		
⑧	520 000		
⑨	43 000		
⑩		45 000	
⑪	60 000		
⑫	5 700 000		
⑬	4 200 000		
⑭	530 000		
⑮			960 000
⑯			440 000
⑰		200 000	
⑱	650 000		
⑲			70 000
合　计	15 645 000	1 045 000	14 600 000

小　结

> 会计对象是能够用货币表现的经济业务，其具体化后被称为会计要素。会计要素分为反映企业财务状况的静态会计要素（资产、负债、所有者权益）和反映企业经营成果的动态会计要素（收入、费用、利润）。

职业能力训练

一、单选题

1. 企业的应收账款属于会计要素中的（　　）。

　　A. 资产　　　　　　B. 负债　　　　　　C. 所有者权益　　　　D. 权益

2. 资本公积属于何种会计要素？（　　）

　　A. 资产　　　　　　B. 负债　　　　　　C. 所有者权益　　　　D. 费用

3. 企业所拥有的资产从财产归属来看，一部分属于投资者，另一部分属于（　　）。

　　A. 企业职工　　　　B. 债权人　　　　　C. 债务人　　　　　　D. 企业法人

4. 企业生产的产品属于（　　）。

    A. 长期资产　　　　B. 流动资产　　　　C. 固定资产　　　　　　D. 长期摊费用

5. 以下各项属于固定资产的是（　　）。

    A. 已购入但未安装完毕的机床　　　　B. 正在生产中的机床

    C. 已生产完工验收入库的机床　　　　D. 为生产产品所使用的机床

6. 费用是由过去的交易或事项产生的，它可以表现为（　　）。

    A. 资产的增加或负债的减少　　　　B. 资产的减少或负债的增加

    C. 所有者权益的增加或负债的增加　　　　D. 所有者权益的减少或负债的减少

二、多选题

1. 属于流动资产的有（　　）。

    A. 存放在银行的存款　　　　B. 存放在仓库的材料

    C. 厂房和机器　　　　D. 企业的办公楼

    E. 企业的办公用品

2. 期间费用一般包括（　　）。

    A. 财务费用　　　　B. 管理费用

    C. 制造费用　　　　D. 销售费用

    E. 待摊费用

3. 企业的收入具体表现为一定期间（　　）。

    A. 现金的收入　　　　B. 银行存款的流入

    C. 企业其他资产的增加　　　　D. 企业负债的增加

    E. 企业负债的减少

4. 企业费用具体表现为一定期间（　　）。

    A. 现金的流出　　　　B. 企业其他资产的减少

    C. 企业负债的减少　　　　D. 银行存款的流出

    E. 企业负债的增加

5. 下列各项属于静态会计要素的有（　　）。

    A. 资产　　　　B. 收入　　　　C. 费用　　　　D. 负债

    E. 所有者权益

三、判断题

1. 资产是企业拥有的能以货币计量的经济资源。（　　）

2. 应收账款、预收账款、其他应收款均为资产。（　　）

3. 待摊费用、预提费用均属于费用要素。（　　）

4. 会计要素中既有反映财务状况的要素，又有反映经营成果的要素。（　　）

5. 所有者权益是指企业投资者对企业的资产所有权。（　　）

四、业务题

目的：练习会计要素之间的相互关系。

资料：假设某企业12月31日的资产、负债和所有者权益的情况如表1-3所示。

表 1 - 3   某企业有关账户情况

单位：元

资产	金额	负债及所有者权益	金额
库存现金	1 000	短期借款	10 000
银行存款	27 000	应付账款	32 000
应收账款	35 000	应交税费	9 000
原材料	52 000	长期借款	B
长期投资	A	实收资本	240 000
固定资产	200 000	资本公积	23 000
合　　计	375 000	合　　计	C

要求：（1）计算表中的 A、B、C；

（2）计算该企业的流动资产总额；

（3）计算该企业的流动负债总额。

任务 4　会计等式

【会计故事】

农村相亲与会计等式

在 30 多年前，特别是改革开放前，绝大多数农村青年找对象的方式是依靠媒婆牵线。如果男、女方距离较远，互相不熟悉，那么双方都要先看照片。要是对照片上的人满意了，媒婆介绍的情况尤其是男方的家庭情况还可以，那女方的母亲会要求媒婆带着母女俩去男方家里相亲。相亲的目的一是看看男方究竟长得怎样，二是看看对方家里的房子如何。在很大程度上，相亲能否成功主要看房子是否令女方的母亲满意。假如男方有三间大瓦房，而且盖这房子一分钱也没有借或者只借少量的外债，那么房子这一关就算过了。而假如女方的母亲经过打听，男方盖这三间大瓦房，总共花费 10 000 元，但外债借了 9 000 元，那么这门"亲事"就算结束了。也许女方的母亲没有学过会计，但是在她心目中，对会计等式十分清楚，也就是男方的资产 10 000 元，负债 9 000 元，剩下的所有者权益为 1 000 元。如此高的资产负债率，她怎么可能将自己的宝贝闺女嫁给他呢？其实，企业也是如此，只不过企业的资产种类较多，负债渠道和方式较多，所有者权益的内容也不止一项，但总是符合"资产＝负债＋所有者权益"或"资产－负债＝所有者权益"这一基本等式的。

一、会计等式的含义及种类

(一) 会计等式的含义

会计等式也称会计平衡公式或会计恒等式，是指表明各会计要素之间基本关系的恒等式。

(二) 会计等式的种类

1. 静态会计等式

静态会计等式是指由静态会计要素——资产、负债、所有者权益组合而成的反映企业一定时点财务状况的等式。从会计要素的内容可知，向外部借的债，即负债；投资者的投入及其增值部分，即所有者权益。可以认为债权人和投资者将其拥有的资本供给企业使用，他们对企业运用这些资本所获得的各项资产就相应享有一种权益，即为"相应的权益"。由此可见，资产与权益是相互依存的，有一定数额的资产，必然有相应数额的权益；反之亦然。由此可以推出其表达式为

资产＝权益 ⇨ 资产＝债权人权益＋所有者权益 ⇨ 资产＝负债＋所有者权益

这一会计等式是基本的会计等式，也称为静态会计等式、存量等式。该等式既表明了企业在某一定时点所拥有的各种资产，同时也表明了这些资产之间的归属关系。这一基本会计等式是设置账户、复式记账及编制资产负债表等的理论基础，在会计核算体系中起着至关重要的作用。资产、负债、所有者权益之间的关系如图1-24所示。

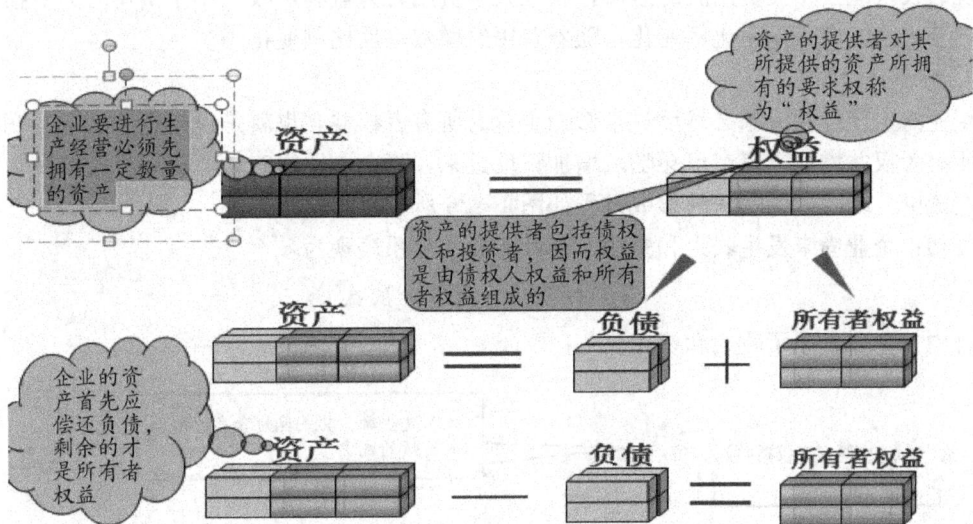

图1-24 资产、负债、所有者权益关系图

在理解资产和权益的平衡关系时，必须明确以下两点。

① 资产和权益虽然存在相互对应的关系，但这种对应关系是综合对应，而不是逐项一一对应。

② "资产＝权益"或"资产＝负债＋所有者权益"这两个公式在习惯上不能任意颠倒，必须先描述资产，再描述权益。不能写作"权益＝资产"或"负债＋所有者权益＝资产"及其他任何形式。这是基于惯例的一种做法，初学者一定要注意。

2. 动态会计等式

企业在经营之初，既无收入也无费用，因此会计要素只表示为资产、负债、所有者权益三者之间的关系。但是企业经营之后，获取利润就成为企业经营的主要目的，利润是企业最终的经营成果。它可能表现为亏损也有可能表现为盈利。利润是企业生产经营过程中收入和费用相抵后所产生的，这是一个动态的过程。

动态会计等式正是由动态会计要素——收入、费用、利润组合而成的反映企业一定会计期间经营成果的会计等式，它们之间的关系如图 1-25 所示。

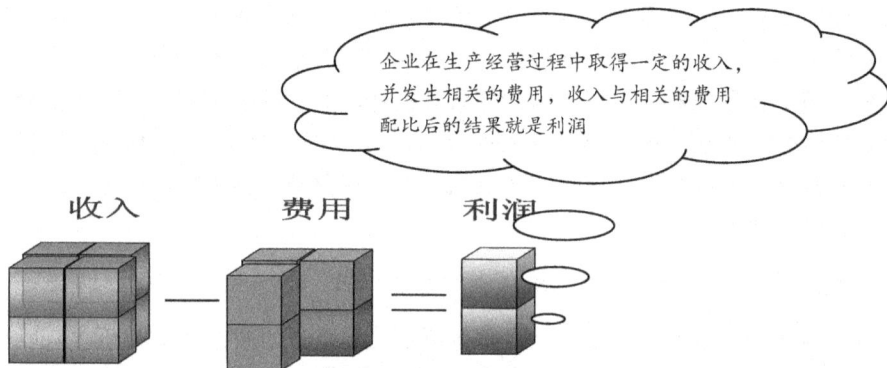

图 1-25　收入、费用、利润关系图

动态会计等式揭示了在某一特定期间内，企业收入、费用、利润之间的相互关系：利润是实现的收入减去相关费用后的差额，收入大于费用时为盈利，收入小于费用时为亏损。利润会随着收入的增减呈正比例变化，随着费用的增减呈反比例变化。

3. 综合会计等式

企业的生产经营成果必然反过来影响企业的所有者权益，也就是说当企业获取利润时必然使所有者权益增加，资产也会随之增加；反过来，当企业亏损时，所有者权益减少，资产也随之减少。综合会计等式的形成过程如图 1-26 所示。

月初：企业尚未发生收入和费用，会计要素的关系表现为

$$资产＝负债＋所有者权益$$

月中：企业发生了收入和费用。

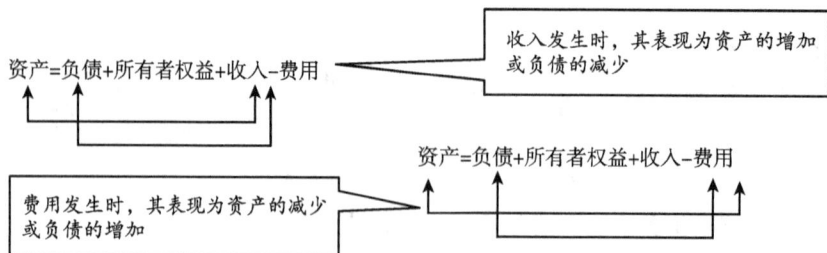

图 1-26　综合会计等式的形成过程

月末：本期发生的收入和费用结转利润，会计要素关系变形为静态会计等式：

$$资产＝负债＋所有者权益$$

综合会计等式是由会计六要素——资产、负债、所有者权益、收入、费用、利润组合而成的、全面反映企业财务状况和经营成果的会计等式。其表达式为

$$资产＝负债＋所有者权益＋利润$$
$$资产＝负债＋所有者权益＋（收入－费用）$$
$$资产＋费用＝负债＋所有者权益＋收入$$

二、经济业务对会计等式的影响

（一）经济业务

经济业务是指企业在生产经营过程中发生的能以货币计量的，并能够引起会计要素发生增减变化的事项。

企业在生产经营过程中发生的经济业务主要有两种：一种是外部经济业务，即企业对外经济往来所产生的经济业务，如所有者投入资本、向金融机构取得借款、向供货单位购买原材料、为客户提供产品或服务等；另一种是内部经济业务，如生产车间领用各种材料物质、发放工人工资等。任何一笔经济业务的发生都会引起会计等式中相关要素发生增减变化。

（二）经济业务对会计等式的影响

企业的经济业务多种多样，并且是不断变化的。随着经济业务的发生，企业的资产、负债和所有者权益不断发生增减变化，但无论怎样变化，都不会破坏基本会计等式的平衡关系。

【例1-4】假设和美公司201×年7月初的资产负债情况如表1-4所示。

表1-4　和美公司201×年7月初的资产负债情况

资产项目	金额	负债及所有者权益项目	金额
库存现金	2 000	短期借款	300 000
银行存款	500 000	实收资本	462 000
库存商品	80 000		
固定资产	180 000		
合　　计	762 000	合　　计	762 000

本月发生的经济业务如下。

①7月8日，该公司以银行存款购入原材料一批，价值3万元，材料已验收入库。

分析：该笔经济业务发生后，使公司的一项资产——原材料增加了3万元，使另一项资产——银行存款减少了3万元。这笔经济业务的发生使公司资产发生一增一减变化，金额相等。这笔经济业务用会计等式表示如下。

资产	＝	负债	＋	所有者权益
762 000＋30 000－30 000	＝	300 000	＋	462 000
（762 000）	＝	300 000	＋	462 000

②7月10日，和美公司向银行借入短期借款偿还前欠A单位的货款12万元。

分析：这笔经济业务的发生，使和美公司的一项负债——欠银行的短期借款增加，另一

项负债——欠 A 单位的购货款减少，两者都是 12 万元。即负债的一增一减，金额相等。这笔经济业务用会计等式表示如下。

资产	=	负债	+	所有者权益
762 000	=	300 000－120 000＋120 000	+	462 000
762 000	=	（300 000）	+	462 000

③ 7 月 11 日，和美公司向 B 单位赊购原材料一批，货款为 2 万元。

分析：这笔经济业务的发生，使和美公司的资产——原材料增加 2 万元，同时也使公司的负债——应付账款增加 2 万元，因此是一项资产和一项负债同时增加，金额相等，等式不变。这笔经济业务用会计等式表示如下。

资产	=	负债	+	所有者权益
762 000＋20 000	=	300 000＋20 000	+	462 000
（782 000）	=	（320 000）	+	462 000

④ 7 月 15 日，和美公司用银行存款归还银行短期借款 6 万元。

分析：这笔经济业务的发生，一方面使公司的一项资产——银行存款减少 6 万元，另一方面使公司的一项负债——短期借款减少 6 万元，即一项资产和一项负债同时减少，金额相等，等式不变。这笔经济业务用会计等式表示如下。

资产	=	负债	+	所有者权益
782 000－60 000	=	320 000－60 000	+	462 000
（722 000）	=	（260 000）	+	462 000

⑤ 7 月 16 日，和美公司收到投资者投入的固定资产 10 万元。

分析：这笔经济业务的发生，一方面使公司的一项资产——固定资产增加 10 万元，另一方面使所有者权益中的实收资本增加 10 万元，即资产和所有者权益同时增加，金额相等，等式关系不变。这笔经济业务用会计等式表示如下。

资产	=	负债	+	所有者权益
722 000＋100 000	=	260 000	+	462 000＋100 000
（822 0000）	=			（562 000）

⑥ 7 月 19 日，智略公司将长期借款 5 万元转作对和美公司的投入资本。

分析：这笔经济业务的发生，一方面使公司的一项负债——长期借款减少 5 万元，同时将长期借款转为投入资本，相当于对企业进行了投资，所以所有者权益中的实收资本增加了 5 万元。即一项负债减少，同时一项所有者权益增加，金额相等，等式关系不变。这笔经济业务用会计等式表示如下。

资产	=	负债	+	所有者权益
822 000	=	260 000－50 000	+	562 000＋50 000
		（210 000）	+	（612 000）

⑦ 7 月 21 日，和美公司用盈余公积 9 万元转作资本。

分析：这笔经济业务的发生，一方面使公司所有者权益中的盈余公积减少 9 万元，另一方面使所有者权益中的实收资本增加 9 万元，即所有者权益一增一减，金额相等，等式关系不变。这笔经济业务用会计等式表示如下。

资产	=	负债	+	所有者权益
822 000	=	210 000	+	612 000＋90 000－90 000
				（612 000）

⑧ 7 月 26 日，经批准，和美公司用银行存款归还李成的股金 10 万元。

分析：这笔经济业务的发生，首先使公司的银行存款减少了 10 万元，同时相当于李成撤出投入资金，对于和美公司而言就是所有者权益中的实收资本减少 10 万元，即资产和所有者权益同时减少，金额相等，等式关系不变。这笔经济业务用会计等式表示如下。

资产	=	负债	+	所有者权益
822 000－100 000	=	210 000	+	612 000－100 000
（722 000）				（512 000）

⑨ 12 月 30 日，和美公司决定向股东发放现金股利 3 万元。

分析：这笔经济业务的发生，一方面使和美公司所有者权益中的利润分配减少 3 万元，另一方面使负债——应付股利增加 3 万元，即一项负债增加，同时一项所有者权益减少，金额相等，等式关系不变。这笔经济业务用会计等式表示如下。

资产	=	负债	+	所有者权益
722 000	=	210 000＋30 000	+	512 000－30 000
		（240 000）		（482 000）

由此可见，企业在正常的生产经营过程中所发生的具体经济业务，都会引起各个会计要素数额的增减变化：或者是会计等式的左方（资产方）内部要素的增减变化，或者是会计等式右方（负债和所有者权益）内部要素发生增减变化，或者是会计等式左、右两方同时发生增减变化，这些变化都不会影响会计等式的平衡关系。据此可以将经济业务引起会计要素的变化进行具体化（见表 1-5）：

① 一项资产增加，一项负债增加，增加金额相等；

② 一项资产增加，一项所有者权益增加，增加金额相等；

③ 一项资产增加，另一项资产减少，增、减金额相等；

④ 一项负债减少，一项资产减少，减少金额相等；

⑤ 一项负债减少，另一项负债增加，增、减金额相等；

⑥ 一项负债减少，一项所有者权益增加，增、减金额相等；

⑦ 一项所有者权益减少，一项资产减少，减少金额相等；

⑧ 一项所有者权益减少，一项负债增加，增、减金额相等；

⑨ 一项所有者权益减少，另一项所有者权益增加，增、减金额相等。

把握资产和权益的平衡关系这一理论依据，对于我们正确理解和运用复式记账法具有重要作用。

表1-5　经济业务变化类型表

序号	资产	负债	所有者权益
①	＋	＋	不变
②	＋	不变	＋
③	＋－	不变	不变
④	－	－	不变
⑤	不变	－＋	不变
⑥	不变	－	＋
⑦	－	不变	－
⑧	不变	＋	－
⑨	不变	不变	－＋

小　结

　　会计要素是对会计对象的分类，是会计内容的具体化，是反映会计主体财务状况和经营成果的基本单位。会计要素是设置账户，进行复式记账的基础。会计要素分为两大类：反映财务状况的会计要素（资产、负债、所有者权益）和反映经营成果的会计要素（收入、费用、利润）。

　　会计等式表明了会计要素之间的关系。会计等式按照企业的经营过程可分为静态会计等式和动态会计等式。经济业务的发生会引起会计要素的变化，但不管怎么变化，都不会改变各要素之间的恒等关系。

职业能力训练

一、单选题

1. 下列会计科目中属于债权人权益类的是（　　）。

　　A. 股本　　　　B. 资本公积　　　C. 利润分配　　　　D. 预收账款

2. 以银行存款买一台设备，这种经济业务属于（　　）。

　　A. 资产项目之间此增彼减　　　　　　B. 引起资产项目与权益项目同时增加

　　C. 引起资产项目与权益项目同时减少　　D. 引起权益项目之间此增彼减

3. 引起资产内部两个项目此增彼减而资产总额不变的经济业务是（　　）。

　　A. 用银行存款偿还借款　　　　B. 收到投资者货币投资

　　C. 收到外单位前欠货款　　　　D. 用银行存款支付投资者利益

4. 收入表现为一定期间（　　）。

　　A. 产品流入　　　　　　　　　B. 净资产的流出

    C. 经济利益的流入　　　　　　　　D. 劳务增加

5. 下列业务中，属于资产与负债同时增加的是（　　）。

    A. 收到投资者出资 30 000 元存入银行

    B. 以银行存款 4 000 元支付前欠货款

    C. 购买原材料 20 000 元，货款暂欠

    D. 收到某企业购货款 5 500 元，存入银行

二、判断题

1. 每一笔经济业务的发生必然引起会计等式左、右两边同时发生增减变化。（　　）

2. 企业购入原材料一批，引起资产自身一增一减，等式不变。（　　）

3. 企业的经济业务是指企业与外部相关单位发生的可以用货币计量的经济活动。（　　）

4. 经济业务可以分为内部经济业务和外部经济业务两种。（　　）

5. 收入、费用、利润是静态的会计要素，因此由收入、费用、利润所组成的会计等式称为静态会计等式。（　　）

三、下列经济业务属于哪类会计要素的哪个具体内容？

① 接受外单位投入资本 90 000 元。

② 企业的厂房，价值 1 000 000 元。

③ 出借包装物收取押金 100 元。

④ 采购员小王预借差旅费 1 000 元。

⑤ 企业本月应支付员工工资 80 000 元。

⑥ 已完工入库的产成品 54 000 元。

⑦ 销售商品应收款项 20 000 元。

⑧ 购买材料一批，价款 4 000 元。

⑨ 从利润中提取盈余公积 7 000 元。

⑩ 仓库里存有机器用润滑油 1 900 元。

四、下列经济业务导致哪些会计要素发生变化？对会计等式产生何种影响？企业在下列经济业务发生后的资产总额是多少？

20×7 年 7 月 31 日有关资产、负债、所有者权益的情况如下（单位：元）。

库存现金 2 000　　　应付账款 600 000　　短期借款 131 000　　银行存款 600 000

实收资本 700 000　　库存商品 80 000　　应收账款 49 000　　固定资产 700 000

8 月发生如下经济业务。

① 8 月 5 日，收到兴盛公司投资 60 万元，其中房屋投资 40 万元，现金投资 20 万元，已存入银行。

② 8 月 15 日，用银行存款 10 万元归还银行短期借款。

③ 8 月 28 日，购入设备一台，价值 5 万元，以银行存款支付，设备已经交付使用。

④ 8 月 28 日，向银行借入短期借款 20 万元，存入银行。

⑤ 8 月 30 日，从银行提取现金 2 000 元。

⑥ 8 月 30 日，收回应收账款 3 万元，存入银行。

任务5　会计科目与会计账户

【会计故事】

药房抽屉与会计账户

　　去过中药房的人都会对中药房有很深的印象，那就是中药房的柜台背后有很多的抽屉，抽屉上面都有标签。中药房为什么要有那么多抽屉？那是为了分类摆放药材；抽屉上的标签写的什么？标签上写的是药材名称。如果没有抽屉，药材胡乱堆放，没有分类，要找药材就非常麻烦；如果仅有抽屉，上面没有标签，不写药名，那么就不知道抽屉里放的什么药，要找一种需要的药材同样非常麻烦。在会计核算中，设置会计科目和会计账户的目的与中药房设置抽屉与抽屉上面的标签相类似。会计账户如同抽屉，是为了分类"摆放"会计信息；而会计科目如同抽屉上面的标签，写明会计信息的名称。如果仅有会计科目而没有会计账户，就如同中药房仅有药名的标签而没有抽屉一样，会计信息无法分类"摆放"；如果仅有会计账户而没有会计科目，也如同中药房仅有抽屉而没有药名的标签一样，无法知道会计账户中"摆放"的是什么会计信息。

工作1　会计科目

一、会计科目的概念

　　为了连续、系统、全面地核算和监督经济活动所引起的各项会计要素的增减变化，有必要对会计对象的具体内容按照其不同的特点和经济管理要求进行分类，并事先确定分类核算的项目名称，规定其核算内容。这种对会计要素的具体内容进行分类核算的项目，称为会计科目。

　　设置会计科目是任何一家企业开展会计核算之前应进行的一项基础性、规范性工作，它包括三个连续的具体工作：第一，按照会计要素具体项目分类后的名称设置会计科目；第二，对每一个会计科目按照业务类别进行编号；第三，规范每一个会计科目的核算内容、业务范围和核算要求。

二、会计科目设置的原则

　　会计科目作为向投资者、债权人、企业经营管理者等提供会计信息的重要手段，在其设置过程中应努力做到科学、合理、适用，并遵循下列原则。

（一）全面性原则

在会计要素的基础上对会计对象的具体内容做进一步分类时，为了全面概括地反映企业的生产经营活动情况，会计科目的设置要保持会计指标体系的完整，企业所有能用货币表现的经济业务，都能通过所设置的会计科目进行核算，并形成一个完整的体系。

（二）合法性原则

合法性原则，是指设置会计科目要符合国家会计法规体系的规定。国家会计法规体系体现了国家对财务会计工作的要求，因此设计会计科目首先要以此为依据，设置的会计科目应尽量符合《中华人民共和国会计法》及《企业会计准则》等的规定。

（三）灵活性原则

设置会计科目要结合所反映会计要素的特点，具有一定的灵活性。设置会计科目时必须对会计要素的具体内容进行分类，以分门别类地反映和监督各项经营业务，不能有任何遗漏，即所设置的会计科目应能覆盖企业所有的要素。例如，制造业工业企业，必须设置反映和监督其经营情况和生产过程的会计科目，如"主营业务收入""生产成本"；而农业企业就可以设置"消耗性生物资产""生产性生物资产"；金融企业则应设置反映和监督吸收和贷出存款相关业务，可以设置"利息收入""利息支出"等科目。此外为了便于发挥会计的管理作用，企业可以根据实际情况自行增设、减少或合并某些会计科目的明细科目。

（四）相关性原则

相关性原则，是指所设置的会计科目应当为提供有关各方所需要的会计信息服务，满足对外报告与对内管理的要求。根据《企业会计准则》的规定，企业财务报告提供的信息必须满足对内对外各方面的需要，而设置会计科目必须服务于会计信息的提供，必须与财务报告的编制相协调、相关联。

（五）清晰性原则

会计科目作为对会计要素分类核算的项目，要求简单明确，字义相符，通俗易懂。同时，企业对每个会计科目所反映的经济内容也必须做到界限明确，既要避免不同会计科目所反映的内容重叠，也要防止全部会计科目未能涵盖企业某些经济内容。

（六）简要性原则

会计科目设置应该简单明了、通俗易懂、突出重点，对于不重要的信息要合并或删减，要尽量使读者一目了然，便于理解。

三、会计科目的分类

（一）会计科目按其反映的经济内容分类

企业会计要素分为六大方面，即资产、负债、所有者权益、收入、费用和利润，会计科目按照所反映的经济内容可分为6个大类：资产类、负债类、所有者权益类、共同类、成本类和损益类。把会计科目按其经济内容分为六大方面，其原因在于：将利润这一要素的内容并入所有者权益，形成所有者权益类科目；同时，将费用要素中反映企业产品生产成本的内容单列为一类，形成成本类科目；再将收入和费用要素中的非成本内容合并，形成损益类科目。需要说明的是，因为第三类共同类是金融企业使用的科目，所以后续内容中不再对其进行说明。企业实际工作中需要使用的会计科目如表 1-6 所示。

表 1-6　常用会计科目表

编号	名称	编号	名称
	资产类	2241	其他应付款
1001	库存现金	2501	长期借款
1002	银行存款	2502	应付债券
1012	其他货币资金		共同类
1101	交易性金融资产	3001	清算资金往来
1121	应收票据	3002	货币兑换
1122	应收账款	3101	衍生工具
1123	预付账款	3201	套期工具
1131	应收股利	3202	被套期项目
1132	应收利息		所有者权益类
1221	其他应收款	4001	实收资本
1231	坏账准备	4002	资本公积
1401	材料采购	4101	盈余公积
1403	原材料	4103	本年利润
1404	材料成本差异	4104	利润分配
1405	库存商品		成本类
1411	周转材料	5001	生产成本
1471	存货跌价准备	5101	制造费用
1511	长期股权投资		损益类
1601	固定资产	6001	主营业务收入
1602	累计折旧	6051	其他业务收入
1604	在建工程	6111	投资收益
1701	无形资产	6301	营业外收入
1801	长期待摊费用	6401	主营业务收入
1901	待处理财产损溢	6402	税金及附加
	负债类	6403	其他业务成本
2001	短期借款	6601	销售费用
2201	应付票据	6602	管理费用
2202	应付账款	6603	财务费用
2203	预收账款	6701	财产减值损失
2211	应付职工薪酬	6711	营业外支出
2221	应交税费	6801	所得税费用
2231	应付利息	6901	以前年度损益调整
2232	应付股利		

（二）会计科目按其隶属关系分类

各个会计科目并不是彼此孤立存在的，它们之间相互联系，组成了一个完整的会计科目体系。通过这些会计科目，可以全面、系统地核算和监督会计要素的增减变动及其结果，为经济管理提供所需要的一系列核算指标。在生产经营过程中，由于经济管理的要求不同，因此所需要的核算指标的详尽程度也不尽相同。根据经济管理要求，会计科目按照其隶属关系可分为总分类科目和明细分类科目。

1. 总分类科目

总分类科目又称一级科目或总账科目，它是对会计要素进行总括核算的项目，它提供总括核算指标，如原材料、应付账款等。

2. 明细分类科目

明细分类科目又称明细科目，它是对总分类科目进一步分类核算的项目，它提供的是明细核算指标。明细分类指标还可以进一步分为子目和细目。例如在"原材料"科目下，按材料类别开设"原料及主要材料""辅助材料""燃料"等二级科目。明细科目的设置，除了要符合财政部的统一规定外，一般根据经营管理需要，由企业自行设置。对于明细科目较多的科目，可以在总分类科目和明细分类科目下设置二级或多级科目。例如在"原料及主要材料"下，再根据材料规格、型号等开设三级明细科目。总分类科目与明细分类科目的关系如图1-27所示。

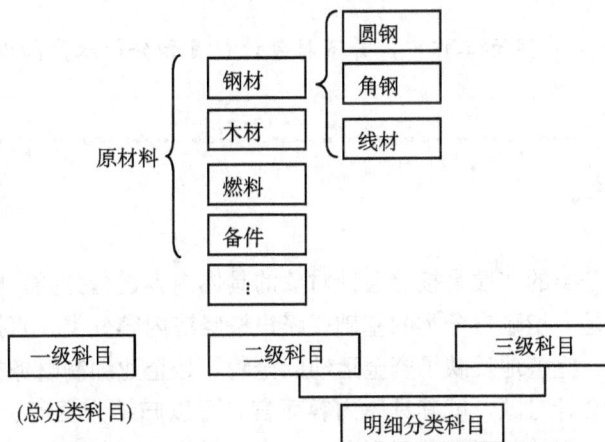

图1-27　总分类科目与明细分类科目的关系

实际工作中，并不是所有的总分类科目都需要开设二级明细科目和三级明细科目，根据会计信息使用者所需不同信息的详细程度，有些只需设一级总分类科目，有些只需要设一级总分类科目和二级明细科目，不需要设置三级科目等。

工作2　会计账户

一、账户的含义及分类

账户是指根据会计科目开设的、具有一定的结构和格式，用来连续、系统地记录会计要素的增减变动情况及其结果的载体。设置会计账户是会计核算系统中的一个专门方法。会计科目是对会计要素具体项目进行再分类后冠以的名称，在进行经济业务核算时，不能直接用来记录经济业务的内容。如何把经济业务连续、系统、全面地按照要求记录下来？还必须依靠一定的记账实体或载体，而这个记账的实体或载体就是会计账户。

每一个账户都有一个名称，用以说明该账户核算的经济内容。账户是根据会计科目设置的，因此账户的名称必须与会计科目一致。会计科目的名称就是账户的名称，会计科目规定的核算内容就是账户应记录、反映的经济内容，因此账户应该根据会计科目的分类相应设置。

【小整理】

知道了会计科目的概念，也知道了会计账户的概念，那么它们之间有什么关系呢？

1. 会计科目和会计账户的共同点

① 都是对会计对象具体内容的科学分类，两者的内容相同。

② 会计科目是会计账户的名称。

2. 会计科目和会计账户的不同点

① 会计科目不存在结构，只是经济业务分类核算的项目或标志。

② 会计账户则具有一定的格式和结构，可以具体记录经济业务内容、提供具体的数据资料。

需要注意的是，在实际工作中，并不对会计科目和会计账户加以严格区分，而是互相通用的。

（二）账户的分类

1. 按经济内容分类

账户按经济内容分类的实质是按照会计对象的具体内容进行分类。账户按其经济内容分类是最基本的分类，是一切账户分类的基础。账户按经济内容分类，直接反映了资金运动的静态情况和动态情况，完整地反映了资金运动的全貌，是企业编制财务报表的直接基础。如前所述，经济组织的会计对象，就其具体内容而言，可以归结为资产、负债、所有者权益、收入、费用和利润6个会计要素。由于利润一般隐含在收入与费用的配比中，因此从满足管理和会计信息使用者需要的角度考虑，账户按其经济内容可以分为资产类账户、负债类账户、所有者权益类账户、成本类账户和损益类账户。

（1）资产类账户

资产类账户是用来核算和监督企业拥有或者控制的、能以货币计量的经济资源的增减变动及结余情况的账户。按照反映流动性快慢的不同，资产类账户可以再分为流动资产类账户和非流动资产类账户。流动资产类账户主要有：现金、银行存款、短期投资、应收账款、原材料、库存商品、待摊费用等；非流动资产类账户主要有：长期投资、固定资产、累计折旧、无形资产、长期待摊费用等。

（2）负债类账户

负债类账户是用来核算和监督企业承担的能以货币计量、需以资产或劳务偿付的债务的增减变动和结余情况的账户。按照反映流动性强弱的不同，负债类账户可以再分为流动性负债类账户和非流动性负债类账户。流动性负债类账户主要有：短期借款、应付账款、应付工资、应交税金、预提费用等；非流动性负债类账户主要有：长期借款、应付债券、长期应付款等。

（3）所有者权益类账户

所有者权益类账户是用来核算和监督企业投资人对企业净资产所有权的增减变动和结余情况的账户。按照来源和构成的不同，所有者权益类账户可以再分为投入资本类所有者权益账户和资本积累类所有者权益账户。投入资本类所有者权益账户主要有：实收资本、资本公积等；资本积累类所有者权益账户主要有：盈余公积、利润分配等。

（4）成本类账户

成本类账户是用来归集费用、计算成本的账户。按照是否需要分配，成本类账户可以再分为直接计入类成本账户和分配计入类成本账户。直接计入类成本账户主要有：生产成本（包括基本生产成本、辅助生产成本等）；分配计入类成本账户主要有制造费用等。

（5）损益类账户

损益类账户是指在一定时期的发生额合计要在当期期末结转到"本年利润"的账户，用以计算、确定一定时期内损益的账户。损益类账户可分为营业类损益账户和非营业类损益账户。营业类损益账户主要有：主营业务收入、主营业务成本、主营业务税金及附加、其他业务成本、其他业务收入、投资收益等；非营业类损益账户主要有：营业外收入、营业外支出、销售费用、管理费用、财务费用、所得税费用、本年利润。损益类账户按其与损益组成内容的关系可分为收入类账户和费用类账户。收入类账户包括主营业务收入、其他业务收入、投资收益等账户；费用类账户包括主营业务成本、税金及附加、管理费用、销售费用、财务费用、营业外支出、其他业务成本和所得税费用等账户。

2. 按用途和结构分类

账户按用途和结构分类的实质是按照账户在会计核算中所起的作用和账户在使用中能够反映什么样的经济指标所进行的分类。账户按其用途和结构分类，是账户在按经济内容分类后所进行的进一步的分类，是按经济内容分类的补充。账户按照用途和结构可以分为盘存类账户、资本类账户、结算类账户、跨期摊配类账户、汇转类账户、调整类账户、集合分配类账户、成本计算类账户、计价对比类账户、财务成果类账户十类。

（1）盘存类账户

盘存类账户是指可以通过实物盘点进行核算和监督的各种资产类账户。盘存类账户主要包括：现金、银行存款、原材料、库存商品、固定资产等账户。盘存类账户的期初如果有余额在借方，那么本期发生额的增加数在借方，本期发生额的减少数在贷方；期末如果有余额，余额在借方。

（2）资本类账户

资本类账户是指用来核算和监督经济组织从外部取得的或内部形成的资本金增加变动情况及其实有数的账户。资本类账户主要包括：实收资本（或股本）、资本公积、盈余公积、利润分配等账户。

（3）结算类账户

结算类账户是指用来核算和监督一个经济组织与其他经济组织或个人及经济组织内部各单位之间债权债务往来结算关系的账户。按照结算性质的不同，结算类账户可以分为债权结算账户、债务结算账户和债权债务结算账户三种。

债权结算账户主要有：应收账款、应收票据、预付账款、其他应收款等账户，债权结算账户的基本格式及运用同盘存类账户。

债务结算账户主要有：应付账款、应付票据、预收账款、其他应付款、应交税金等账户。债务结算账户的期初如果有余额在贷方，那么本期发生额的增加数在贷方，本期发生额的减少数在借方，期末如果有余额，则余额在贷方。

债权债务结算账户是一类比较特殊的结算类账户，它是对经济组织在与其他经济组织或个人之间同时具有债权且债权结算情况需要在同一账户进行核算与监督而运用的一种账户。债权债务结算账户的期初余额可能在借方（表示债权大于债务的差额），也可能在贷方（表示债务大于债权的差额）；本期借方发生额表示债权的增加或债务的减少；本期贷方发生额表示债务的增加或债权的减少；期末如果是借方余额，则表示债权大于债务的差额，如果是贷方余额，则表示债务大于债权的差额。

（4）跨期摊配类账户

跨期摊配类账户是指用来核算和监督应由若干个会计期间共同负担且在某个会计期间一次支付费用的账户。跨期摊配类账户主要有资产类跨期摊配账户和负债类跨期摊配账户。

① 资产类跨期摊配账户。资产类跨期摊配账户包括"待摊费用"账户和"长期待摊费用"账户，这些账户都是用来核算和监督某些已经发生或支付，但应由本期和以后各期分摊费用的账户。

② 负债类跨期摊配账户。典型的是"预提费用"账户，该账户是用来核算和监督根据规定已预先从成本或有关损益中提取的，但尚未实际支付或发生的各项费用。

（5）汇转类账户

该类账户是用来汇集经济组织在一定时期内发生的数额，而期末将其发生的净额全部转入有关账户。汇转类账户按其汇转经济业务的不同，可分为收入类汇转账户、费用类汇转账户和暂记汇转类账户。

① 收入类汇转账户。收入类汇转账户是用来汇集经济组织一定时期内经营过程中所取得的收入，在期末将其全部收入净额转入"本年利润"账户。期末结转后该账户无余额。属于收入类汇转账户的有：主营业务收入、投资收益、其他业务收入、营业外收入等账户。

② 费用类汇转账户。费用类汇转账户用来汇集经济组织在一定时期内所发生的费用。期末将其全部余额转入"本年利润"账户。该账户结转后无余额。属于费用类汇转账户的有：主营业务成本、税金及附加、销售费用、管理费用、财务费用、其他业务成本、营业外支出、所得税费用等账户。

③ 暂记汇转类账户。暂记汇转类账户用来核算和监督经济组织某些暂时不能确定，处理的经济业务。它属于过渡类账户。常见的暂记汇转类账户是"待处理财产损溢"账户。

（6）调整类账户

调整类账户是指用来调节和整理相关账户的账面金额并表示被调整账户的实际余额数的账户。调整类账户按照调整方式的不同可分为备抵调整账户、附加调整账户和备抵附加调整账户三类。

① 备抵调整账户是指用来抵减被调整账户余额，以取得被调整账户余额的账户。备抵调整账户按照被调整账户性质的不同又可分为资产类备抵调整账户和权益类备抵调整账户。

资产类备抵调整账户与其被调整的资产类账户的运用方向相反，而同于负债类账户。

② 附加调整账户是指用来增加被调整账户余额的账户。附加调整账户与其被调整的账户的运用方向相反。由于现实中这类账户已经很少使用，因此有关它的运用不再介绍。

③ 备抵附加调整账户是指既具有备抵功能又具有附加调整功能的账户。比较典型的备抵附加调整账户是"材料成本差异"账户。

（7）集合分配类账户

集合分配类账户是指用来归集和分配经济组织经营过程中某个阶段所发生的相关费用的账户，主要有制造费用等账户。集合分配类账户的结构和运用方法基本同于盘存类账户，其区别在于它所记录的费用属于当期的开支，应当在当期分配完毕，因此这类账户没有期末余额和期初余额。

（8）成本计算类账户

成本计算类账户是指用来归集经营过程中某个阶段所发生的全部费用，并据以计算和确定各个对象成本的账户。成本计算类账户主要有：生产成本、物资采购、在建工程等账户。

（9）计价对比类账户

该账户是对某一要素的记录，按照两种不同的计价标准进行计价、对比，以确定其经济业务的成果。例如，按计划成本对企业材料进行日常核算的企业，设置的"材料采购"账户，借方为采购的实际成本，贷方为采购的计划成本，差额表示节约额或超支额。会计核算中，通过计价对比类账户来反映经营管理的结果，因此计价对比的结果，期末一般应从计价对比类账户中形成差额的反方向转出。

（10）财务成果类账户

财务成果类账户是指用来核算和监督经济组织在一定时期内财务成果形成，并确定最终成果的账户。典型的财务成果类账户是"本年利润"。

2. 按照隶属关系分类

按照账户的隶属关系可将账户分为总分类账户和明细分类账户。总分类账户是根据总分类会计科目开设的，提供各种总括核算资料。明细分类账户是根据二级会计科目或明细科目开设的，提供各种具体详细的核算资料。

二、账户的结构

（一）账户结构概述

账户的结构是指账户设置哪几个部分，每一部分反映什么内容。企业任何经济业务的发生，必然引起会计要素数量的变动，这种最基本的数量变动不外乎增加、减少及其增减结果三个方面。因此，每个账户的基本结构也必须相应地分为三个部分：一部分登记增加额，一部分登记减少额，还有一部分登记结果，以便及时反映各账户经济内容的增减变动结果，这三个部分构成了账户的基本结构。账户结构如图1-28和图1-29所示。

账户的基本结构应同时具备以下内容。

① 账户的名称，即会计科目。

② 日期和摘要，即记载经济业务的日期和概括说明经济业务的内容。

③ 增加方和减少方的金额及余额。

④ 凭证号数，即说明记载账户记录的依据。

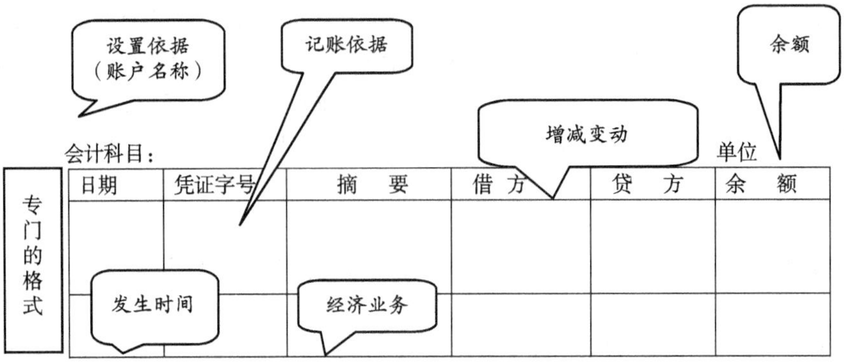

图 1-28　账户结构

现金日记账　10

缴费金额明细账

20×7年 月	日	凭证 字	号	摘　要	对方科目	借方金额（百十万千百十元角分）	贷方金额（百十万千百十元角分）	余　额（百十万千百十元角分）	√
6	1			期初余额				190000	
	2		2	支付运费	材料采购		50000	140000	
					应交税金		3500	136500	
	15		14	提现，发放工资	银行存款	14000000		14136500	
	15		15	发放工资	应付工资		14000000	136500	
	18		19	采购员张林预支差旅费	其他应收款		40000	96500	

长沙乐浩印制厂出品

图 1-29　账户结构例图

在实际的教学中，为了方便教学和学生练习手工记账，通常采用的是丁字账或者叫做 T 形账户，如图 1-30 所示。

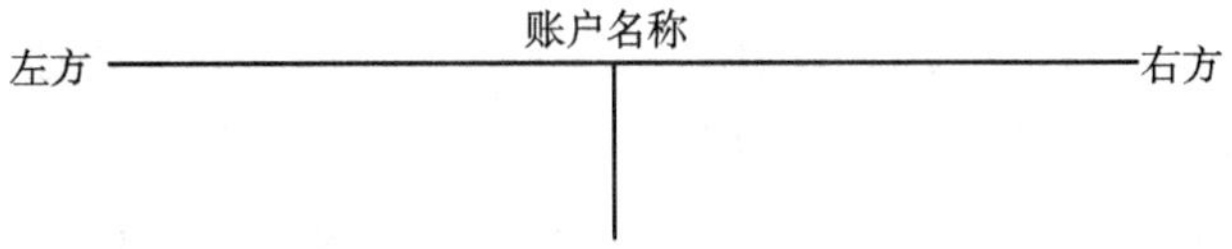

图 1-30　T 形账

（二）登记方法

1. 左、右双方登记

在账户的左、右两方中，如果规定在账户的左方登记增加数，就应该在账户的右方记录减少数；反之，如果在账户右方记录增加数，就应该在账户左方登记减少数。在每一个具体账户的左、右两方中，究竟哪一方登记增加数、哪一方登记减少数，取决于所采用的记账方法和账户所记录的经济业务。具体格式如图 1-31 所示。

账户名称

左方 ——————————————————————————— 右方

期初余额 增加数	减少数
本期增加发生额 期末余额	本期减少发生额

账户名称

左方 ——————————————————————————— 右方

减少数	期初余额 增加数
本期减少发生额	本期增加发生额 期末余额

图 1-31 账户的格式

账户左方、右方记录的主要内容包括期初余额、本期增加发生额、本期减少发生额、期末余额。本期增加发生额是对账户在本会计期间所记录的增加数的合计结果，本期减少发生额是对账户在本会计期间所记录的减少数的合计结果。对于一个新成立的单位来说，本期增加发生额和本期减少发生额相抵后的差额，就是本期的期末余额。从时间连续性上讲，本期的期末余额转入下一期，成为下一期的期初余额。账户的余额登记在增加额一方。期初余额、本期发生额、期末余额的关系如下。

期末余额＝期初余额＋本期增加发生额－本期减少发生额

2. 平行登记

总分类账户和明细分类账户，两者登记的经济业务内容相同，只是详简程度不一样。因此，在核算中，对两者要采用平行登记的方法。

所谓平行登记，就是凡涉及明细账户的同一笔经济业务要在总分类账户和所属明细分类账户中按相同依据，同时、同向、同金额进行登记。它的要点如下。

① 同时登记。即对同一经济业务，在同一会计期内（并非同一时点），既要记入有关的总分类账户，又要记入它所属的有关明细分类账户，不能漏记或重记。

② 方向相同。即总分类账户的登记在借方，明细分类账户也应登记在借方；总分类账户的登记在贷方，明细分类账户也应登记在贷方。

③ 金额相等。即将一笔经济业务记入几个明细分类账户时，记入总分类账户的金额应与记入几个明细分类账户的金额之和相等。

④ 依据相同。即对发生的经济业务，都要以相同的会计凭证为依据。

小　　结

会计科目是对会计要素进行分类所形成的具体项目。设置会计科目并在此基础上设置会计账户是会计核算的一种专门方法。账户是根据会计科目设置的，其具有一定的结构，是连续、系统地核算和监督会计要素的一种专门方法。

账户登记过程中"期末余额＝期初余额＋本期增加发生额－本期减少发生额"，同时在登记过程中要注意平行登记。

职业能力训练

一、单选题

1.（　　）不是设置会计科目的原则。

    A. 灵活性原则 　　　　B. 相关性原则 　　　　C. 权责发生制原则 　　　　D. 合法性原则

2. 下列会计科目中，不属于资产类的是（　　）。

    A. 应收账款 　　　　B. 累计折旧 　　　　C. 预收账款 　　　　D. 预付账款

3. 总分类科目一般按（　　）进行设置。

    A. 企业管理的需要 　　　　　　　　　　B. 统一会计制度的规定

    C. 会计核算的需要 　　　　　　　　　　D. 经济业务的种类不同

4. 关于会计科目，下列说法中不正确的是（　　）。

    A. 会计科目的设置应该符合国家统一会计准则的规定

    B. 会计科目是设置账户的依据

    C. 企业不可以自行设置会计科目

    D. 账户是会计科目的具体运用

5. 在下列项目中，与"制造费用"属于同一类科目的是（　　）。

    A. 固定资产 　　　　　　　　　　　　　B. 其他业务成本

    C. 生产成本 　　　　　　　　　　　　　D. 主营业务成本

6. "其他业务成本"科目按其所归属的会计要素不同，属于（　　）类科目。

    A. 成本 　　　　B. 资产 　　　　C. 损益 　　　　D. 所有者权益

7. 所设置的会计科目应符合单位自身特点，满足单位实际需要，这一点符合（　　）原则。

    A. 灵活性 　　　　B. 合法性 　　　　C. 谨慎性 　　　　D. 相关性

8. 会计要素在特定会计期间增加和减少的金额，称为账户的"本期增加发生额"和"本期减少发生额"，二者统称为账户的（　　）。

    A. 本期变动额 　　　　B. 本期发生额 　　　　C. 本期余额 　　　　D. 本期计算额

9. （　　　）是用来抵减被调整账户的余额，以确定被调整账户实有数额而设置的独立账户。

    A. 备抵类账户   B. 所有者权益类账户 C. 资产类账户   D. 负债类账户

10. 一个账户的增加发生额与该账户的期末余额一般都应在该账户的（　　　）。

    A. 借方   B. 贷方   C. 相同方向   D. 相反方向

11. 账户的期初余额为 900 元，期末余额为 5 000 元，本期减少发生额为 600 元，则本期增加发生额为（　　　）元。

    A. 3 500   B. 3 000   C. 4 700   D. 5 300

12. 账户的余额按表示的时间不同可分为（　　　）。

    A. 期初余额和本期增加发生额   B. 期初余额和本期减少发生额

    C. 本期增加发生额和本期减少发生额   D. 期初余额和期末余额

13. 下列账户中，期末一般无余额的是（　　　）账户。

    A. 库存商品   B. 生产成本   C. 本年利润   D. 利润分配

14. 账户的左方和右方，哪一方登记增加、哪一方登记减少，取决于（　　　）。

    A. 所记录的经济业务的重要程度   B. 开设账户时间的长短

    C. 所记金额的大小   D. 所记录的经济业务和账户的性质

二、多选题

1. 以下有关明细分类科目的表述中，正确的有（　　　）。

    A. 明细分类科目也称一级会计科目

    B. 明细分类科目是对总分类科目作进一步分类的科目

    C. 明细分类科目是对会计要素具体内容进行总括分类的科目

    D. 明细分类科目是能提供更加详细、更加具体会计信息的科目

2. 下列会计科目中，属于成本类科目的有（　　　）。

    A. 生产成本   B. 主营业务成本   C. 制造费用   D. 销售费用

3. 在下列项目中，与管理费用属于同一类科目的有（　　　）。

    A. 制造费用   B. 销售费用   C. 财务费用   D. 其他应收款

4. 下列项目中，属于成本类科目的有（　　　）。

    A. 生产成本   B. 管理费用   C. 制造费用   D. 长期待摊费用

5. 下列项目中，属于所有者权益类科目的有（　　　）。

    A. 实收资本   B. 盈余公积   C. 利润分配   D. 本年利润

6. 下列属于负债类科目的有（　　　）。

    A. 应付票据   B. 应交税费   C. 材料成本差异   D. 其他应付款

7. 下列属于资产类科目的有（　　　）。

    A. 原材料   B. 存货跌价准备   C. 坏账准备   D. 固定资产清理

8. 以下属于备抵类账户的有（　　　）。

    A. 坏账准备   B. 累计摊销   C. 累计折旧   D. 资产减值损失

9. 下列关于账户与会计科目的联系与区别的表述中，正确的有（　　　）。

    A. 会计科目是会计账户的名称，也是设置会计账户的依据；会计账户是根据会计科目设置的，会计账户是会计科目的具体运用

    B. 会计账户的性质决定了会计科目的性质，两者的分类一样

ITEM 1

C. 会计科目和会计账户对会计对象经济内容分类的方法、分类的用途和分类的结果是完全相同的

D. 没有会计科目，会计账户便失去了设置的依据；没有会计账户，就无法发挥会计科目的作用

10. 根据提供信息的详细程度及其统驭关系，账户分为（　　）。

    A. 总分类账户　　　　　　　　　　　B. 明细分类账户

    C. 资产类账户　　　　　　　　　　　D. 负债类账户

三、判断题

1. 会计科目不能记录经济业务的增减变化及结果。（　　）

2. 在不违反国家统一会计制度的前提下明细科目可以根据企业内部管理的需要自行制定。（　　）

3. 对于明细科目较多的总分类科目，可在总分类科目下设置二级或多级科目。（　　）

4. 总分类科目与其所属的明细分类科目的核算内容相同，所不同的是前者提供的信息比后者更加详细。（　　）

5. 设置会计科目的相关性原则是指所设置的会计科目应当符合国家统一的会计制度的规定。（　　）

6. "固定资产"科目和"固定资产"账户核算的内容、范围完全相同。（　　）

7. 账户上期的期末余额转入本期，即为本期的期初余额；账户本期的期末余额转入下期，即为下期的期初余额。（　　）

8. 对明细账核算，除用货币计量反映经济业务外，必要时还需要用实物计量或劳动计量单位从数量和时间上进行反映，以满足经营管理的需要。（　　）

9. 账户是根据会计科目设置的、具有一定的格式和结构、用于分类反映会计要素增减变动情况和结构的载体。（　　）

10. 账户左方登记增加额，右方登记减少额。（　　）

任务6　认识借贷记账法

【任务目标】

    知识目标：能深刻理解借贷含义、快速辨认各类账户结构；能利用各账户的特点计算账户的各时期金额。

    能力目标：培养学生的思维能力，形成熟练、快速、准确辨认账户结构的能力；培养学生的记忆能力和理解能力。

    情感目标：培养学生认真的学习态度，养成科学、严谨地处理会计问题的习惯；使学生在互动、交流、沟通的气氛中获得学习的喜悦和乐趣。

【会计故事】

生命的借记卡

我们每个人出生的时候，并非是两手空空，而是捏了一张生命的借记卡。通行的银行卡分有钻石卡、白金卡等，生命的卡则一律平等，并不因为出身的高低和财富的多寡，就对持卡人厚此薄彼。这张卡是风做的，是空气做的，透明、无形，却又无时无刻不在拂动着我们的羽毛。在你的亲人还没有为你写下名字的时候，这张卡就已经毫不迟延地启动了业务。卡上存进了我们生命的总长度，它被分解成一分钟一分钟的时间，树木倾斜的阴影就是它轻轻的脚印。密码虽然在你的手里，但储藏在生命借记卡的这个数字，你虽是主人，却无从知道。这是一个永恒的秘密，不到借记卡归零的时候，你都在混沌中。也许，它很短暂，幸好我不知你不知，咱们才能无忧无虑地生活着，懵然向前，支出着我们的时间，不知道会在哪一个早上那张卡突然就不翼而飞，生命戛然停歇。很多银行卡是可以透支的，甚至把透支当成一种福祉和诱饵，引领着我们超前消费，然而它也温柔地收取了不菲利息。生命银行冷峻而傲慢，它可不搞这些花样，制度森严，铁面无私。你存在账面上的数字，只会一天天一刻刻地义无反顾地减少，而绝不会增多。也许将来随着医学的进步，能把两张卡拼成一张卡，但现阶段绝无可能。也许有人会说，现在发布的生命预期表，人的寿命已经到了七八十岁的高龄，想起来，很是令人神往。如果把这些年头折算成分分秒秒，一年365天，一天24小时，一小时3 600秒……按照我们能活80年计算，卡上的时间共计是2 522 880 000秒。真是一个天文数字，一下子呼吸也畅快起来，腰杆子也挺起来。每个人出生的时候，都是时间的大富翁。不过，且慢，既然算账，就要考虑周全。借记卡有一个名为"缴费通"的业务，可以代缴代扣。生命也是有必要消费的，就在我们这一呼一吸之间，卡上的数字就要减掉若干秒了。首先，令人晦气的是——我们要把借记卡上大约1/3的数额支付给床板。床板是个哑巴，从来不会对你大叫大喊，可它索要最急，日日不息。你当然可以欠着床板的账，它假装敦厚，不动声色。一年两年甚至十年八年，它不威逼你，是个温柔的黄世仁。它的阴险在长久的沉默之后渐渐显露，它不动声色地、无声无息地报复你，让你面色干枯、发摇齿动、烦躁不安、歇斯底里……它会让你乖乖地把欠着它的钱加倍偿还，如果它不满意，还会把还账的你拒之门外。倘若你欠它的太多了，一怒之下，也许会彻底撕毁了你的借记卡，纷纷扬扬飘失一地，让杨白劳就此永远躺下。所以，两害相权取其轻吧，从长远计，你切不可以慢待了床板这个索债鬼，不管它多么笑容可掬，你每天都要按时还它时间。你还要用大约1/3的时间来吃饭、排泄、运动、交通、打电话，到远方去旅游，听朋友讲过去的事情，当然也包括发脾气和生气，和上司吵架还有哭泣……当然你也可以将这些压缩到更少的时间，但如果你在这些方面太吝啬的话，你就会变成一台冰冷的机器，而不再是活生生的人。你的生命刨去了这样多的必须支出，你还剩下多少黄金时段？

也许，运动可以在我们的卡里增添一些跳动的数字？也许大病一场将剧烈减少我们的存款？不知道。那么，在不知道自己有多少银两的时候，精打细算就不但是本能，更是澄澈的智慧了。在不知道自己所要购买的愿景和器物有着怎样的高远和昂贵，就一掷千金毅然付出，那才是真正的视金钱如粪土了。当我们最后驾鹤西行的时候，能带走的唯一物品,是我们空空如也的借记卡。当那个时候,我们回首查询借记卡上一项项的支出,能够莞尔一笑,觉得每一笔支出都事出有因不得不花,并将这笑容实实在在地保持到虚无缥缈间,也就是灵魂的勋章了。其实,当你吐出最后的呼吸之时,你的借记卡就铿锵粉碎了。但是,且慢,也许在那之后,有人愿意收藏你的借记卡,犹如收藏一枚古钱。

资料来源:http://tieba.baidu.com/p/2212781909.

一、认识记账方法

记账方法是根据一定的原理、记账符号、记账规则,采用一定的计量单位,利用文字和数字在账簿中登记经济业务的方法。记账方法经历了由单式记账法到复式记账法的过程。记账方法体系如图1-32所示。

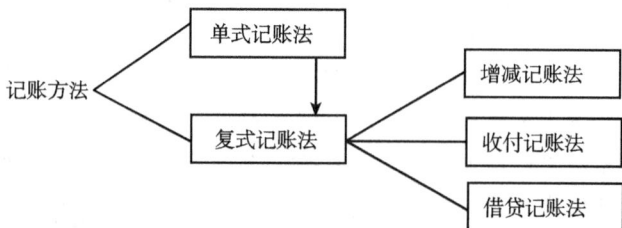

图1-32 记账方法体系图

（一）单式记账法

单式记账法是对发生经济业务之后所产生会计要素的增减变动,只在一个账户中进行登记的方法。例如,用现金支付水电费,只在现金账上登记一笔现金的减少,相关的其他信息反映得并不充分。

单式记账的目的不是计量,而是控制,从一定意义上讲,内部控制是单式记账法的主要特征。单式记账法通常只登记库存现金和银行存款的收付及应收、应付款的结算。单式记账法适用于业务简单或很单一的经济个体和家庭。单式记账法只能反映经济业务的一个侧面,账户之间不形成相互对应的关系,因此不能全面、系统地反映经济业务的来龙去脉,也不便于检查账簿记录的正确性。

（二）复式记账法

1. 复式记账法的概念与特征

（1）复式记账法的概念

复式记账是对每一项经济业务都以相等的金额在两个或两个以上有关账户中相互联系地进行登记,借以反映会计对象具体内容增减变化的一种方法。比如,企业用银行存款采购一批原材料,价值5 000元。采用复式记账法,这项经济业务的发生除了要在银行存款账户中做减少5 000元的登记之外,在原材料账户中还要做增加5 000元的登记,如图1-33所示。

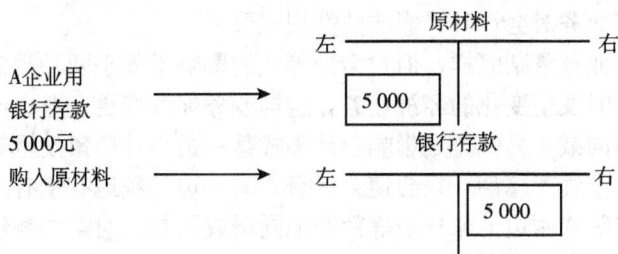

图1-33 复式记账法示例

（2）复式记账法的特点

① 需要设置完整的账户体系，对所有会计要素的增减变化进行全面、系统的反映。

② 对每项经济业务都要在起码两个账户中进行等额记录。

③ 可以对一定时期会计账户的记录进行综合试算。

复式记账法的优点是可以全面、清晰地反映经济业务的来龙去脉，而且还能通过会计要素的增减变动，全面、系统地反映经济活动的过程和结果。其缺点是记账手续繁杂。

2. 复式记账法的理论依据

（1）以会计等式为基础

会计等式是将会计对象的具体内容，即会计要素之间的相互关系，运用数学方程式进行描述。它是客观存在的，同时也是资金运动规律的具体化。为了有效揭示资金运动的内在规律，复式记账必须以会计等式作为记账基础。图1-34是复式记账的规律。

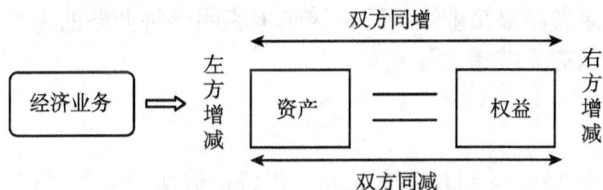

图1-34 复式记账的规律

（2）对每项业务必须在两个或两个以上相互联系的账户中等额记录

任何一笔经济业务的发生，必然要引起会计等式中至少有两个要素，或者是一个要素中的两个项目发生等量的增减变化。为反映这种等量变动关系，会计上要求必须在两个或两个以上的账户中进行等金额的双重登记，如图1-35所示，企业用银行存款购买原材料，必然会导致银行存款减少1 000元，原材料增加1 000元，在复式记账法下，就必须在原材料和银行存款两个账户中进行等量登记。

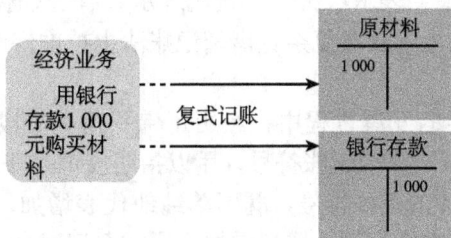

图1-35 复式记账法示例

（3）必须按经济业务对会计等式影响的类型记录

尽管发生的经济业务复杂多样，但对会计等式的影响不外乎两种类型：一类是影响会计等式两边会计要素同时发生变化的经济业务，这类业务能够变更企业资产总额，使会计等式两边等额同增或等额同减；另一类是影响会计等式某一边会计要素发生变化的经济业务，这类经济业务不变更企业资产总额，只会使会计等式某一边等额地有增有减。这就决定了对第一类经济业务，应在等式两边的账户中等额登记同增或同减；对第二类经济业务，应在等式某一边的账户中等额登记有增有减。

（4）定期汇总的全部账户记录必须平衡

通过复式记账对每笔经济业务的双重等额记录，定期汇总的全部账户的数据必然会保持会计等式的平衡关系。

复式记账试算平衡有发生额平衡法和余额平衡法两种。

发生额平衡法是用来检查本期全部账户的借方发生额与贷方发生额是否相等的方法。余额平衡法是用来检查所有账户的借方期末余额合计和贷方期末余额合计是否相等的方法。通过这两种方法，如果试算平衡，说明账户金额记录基本正确。

复式记账法按照记账符号不同又可以分为借贷记账法、收付记账法和增减记账法。无论哪一种记账法，其"借贷""增减""收付"都只是记账符号，无其他特殊含义。在以上三种记账方法中，借贷记账法是世界各国普遍采用的一种记账方法。在我国，事业单位曾采用资金收付记账法，金融业曾采用现金收付记账法，商业企业曾采用增减记账法。随着我国市场经济的成熟与发展，统一记账方法成为规范会计工作和及时准确地反映会计信息的实务之需。为此我国《企业会计准则》规定，中国境内的所有企业统一使用借贷记账法。用借贷记账法在相关账户中记录各项经济业务，可以清晰地表明经济业务的来龙去脉，同时能够运用平衡关系检验账户记录有无差错。

二、借贷记账法

借贷记账法起源于 13—14 世纪的意大利。借贷记账法"借""贷"两字，最初是以其本来含义记账的，反映的是"债权"和"债务"的关系。随着商品经济的发展，借贷记账法也在不断发展和完善，"借""贷"两字逐渐失去其本来含义，变成了纯粹的记账符号。1494年，意大利数学家卢卡·帕乔利的《算术、几何、比与比例概要》一书问世，标志着借贷记账法正式成为大家公认的复式记账法，同时也标志着近代会计的开始。卢卡·帕乔利被称为"近代会计之父"。

（一）借贷记账法的记账符号

借贷记账法最初为单式记账，主要应用于银行金融业。借、贷两字的最初含义是从借贷资本家的角度来解释的，"借"表示"欠"，"贷"表示"有"（含有取得之意）。随着商品经济的进一步发展，经济活动内容日益复杂，借贷记账法也被推广应用到其他行业中，并由单式记账法发展为复式记账法。

借贷记账法在近两百年的发展过程中，经历了佛罗伦萨阶段、热那亚阶段和威尼斯阶段。借贷记账法以"借""贷"作为记账符号，用以指明应记入账户的方向。

"借"和"贷"作为纯粹的记账符号，既不单纯地代表增加，也不单纯地代表减少，对于一个账户而言，借方和贷方究竟哪方登记增加、哪方登记减少，要根据账户的性质及其核算内容来决定。

（二）借贷记账法下的账户结构

账户结构的确立是以其在会计等式中的位置来决定的。根据会计等式"资产＋费用＝负债＋所有者权益＋收入"，账户可分为等式左边的账户和等式右边的账户，处于等式左边的资产和费用账户，用账户的"左方"即借方登记增加，右方即"贷方"登记减少，余额一般在借方；处于等式右边的负债、所有者权益、收入账户，用账户的"右方"即贷方登记增加，用"左方"即借方登记减少，余额一般在贷方，如图1-36所示。

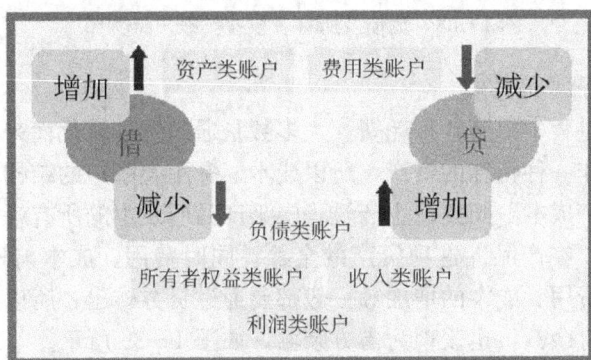

图1-36　借贷记账法下账户结构图

1. 资产类账户的结构

借贷记账法"借"在左方，"贷"在右方，增加数记入账户的借方，减少数记入账户的贷方。

在一个会计期间内，借方记录的合计数额称为本期借方发生额，贷方记录的合计数额称为本期贷方发生额，在每一个会计期间的期末将借方发生额与贷方发生额进行比较，其差额称为期末余额，期末余额出现在借方。其形式如图1-37所示。

借方	资产类账户名称	贷方
期初余额$a+b-c-d$		
增加额a		减少额c
增加额b		减少额d
本期增加发生额：$a+b$		本期减少发生额：$c+d$
期末余额：$a+b-c-d$		

图1-37　资产类账户结构图

2. 负债及所有者权益类账户的结构

负债及所有者权益类账户的结构是：增加数记入账户的贷方，减少数记入账户的借方。账户若有余额，一般为贷方余额，表示负债或所有者权益的结余数。其形式如图1-38所示。

借方	负债及所有者权益类账户名称	贷方
		期初余额$a+b-c-d$
减少额c		增加额a
减少额d		增加额b
本期减少发生额：$c+d$		本期增加发生额：$a+b$
		期末余额：$a+b-c-d$

图1-38　负债及所有者权益类账户结构图

3. 成本、费用类账户的结构

企业在生产经营过程中要有各种耗费，大多数是通过资产转化而来。因此费用在抵消收入之前，可以将其看作一种特殊的资产，所以成本、费用类账户的结构和资产类账户的结构基本相同。例如"生产成本"归集在生产过程中某产品所发生的所有耗费，但是尚未完工结转入库，其反映企业"在产品"这项资产的金额。同时费用、成本与资产同处于等式的左方，由于借方记录的费用、成本的增加额一般都要通过贷方转出，所以账户通常没有期末余额。如果因某种情况有余额，也表现为借方余额，如图1-39所示。

借方	成本、费用类账户名称	贷方
增加额a		减少额c
增加额b		转出额$a+b-c$
本期增加发生额：$a+b$		本期减少发生额：$a+b$

图1-39　成本、费用类账户结构图

4. 收入类账户的结构

收入类账户的结构与负债及所有者权益类账户的结构一样，收入的增加额记入账户的贷方，收入的减少额记入账户的借方，由于贷方记录的收入增加额一般要通过借方转出，所以该类账户通常也没有期末余额。其形式如图1-40所示。

借方	收入类账户名称	贷方
减少额c		增加额a
转出额$a+b-c$		增加额b
本期减少发生额：$a+b$		本期增加发生额：$a+b$

图1-40　收入类账户结构图

注意：如果将收入类账户的当期发生额全部转入利润类账户，则收入类账户没有期末余额，也不会有下期期初余额。

5. 利润类账户的结构

利润类账户的结构与负债及所有者权益类账户大致相同，账户的贷方登记利润的增加额，借方登记利润的减少额，期末如有余额则出现在贷方，其形式如图 1-41 所示。

借方	利润类账户名称	贷方
减少额 c 转出额 $a+b-c$		增加额 a 增加额 b
本期减少发生额：$a+b$		本期增加发生额：$a+b$

图 1-41　利润类账户结构图

综上所述，"借""贷"二字作为记账符号所表示的经济含义是不一样的。根据上述内容，将借贷记账法下各类账户的结构进行归纳，具体见表 1-7。

表 1-7　借贷记账法下各类账户结构

账户类别	借方	贷方	余额方向
资产类	增加	减少	借方
负债及所有者权益类	减少	增加	贷方
收入类	减少（结转）	增加	一般无余额
成本、费用类	增加	减少	借方
利润类	减少	增加	一般无余额

（三）记账规律

经济业务发生之后首先要分析影响的要素有哪些，然后确定应该登记的具体账户，判断登记的方向，登记发生的金额。概括来说就是

有借必有贷——账户登记方向
借贷必相等——账户登记金额

例如，公司银行存款期初余额为 300 000 元，实收资本余额为 500 000 元。现收到投资者投入资金 800 000 元存入银行。这笔经济业务发生的分析过程如图 1-42 所示。

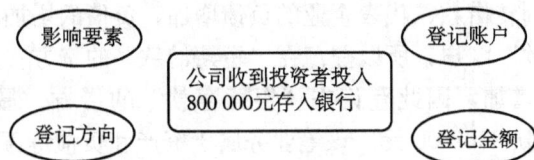

图 1-42　分析过程

经过分析，该笔经济业务首先影响到企业的资产、所有者权益两个要素发生变化。具体来说是资产中的"银行存款"增加，所有者权益中的"实收资本"增加；银行存款增加登记在借方，实收资本增加登记在贷方，金额分别为 800 000 元。根据分析，登记会计账户，如图 1-43 所示。

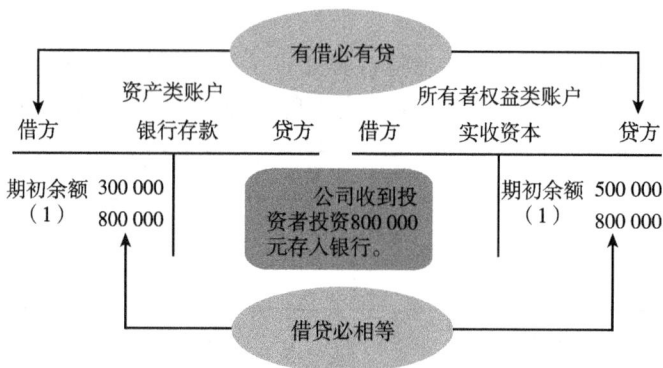

图 1-43　记账规律分析图

三、借贷记账法下账户结构的应用

和美公司在 20××年 1 月份发生如下经济业务,请根据经济业务的发生情况如实登记相关账户。

① 1 月 5 日,国家投入资金 300 000 元,存入公司账户。

分析: 这笔业务的发生,涉及资产类的"银行存款"、所有者权益类的"实收资本"两个账户。一方面接受国家投入,使得企业的所有者权益增加,应该在"实收资本"的贷方登记;另一方面款项已经存入公司账户,应该在"银行存款"账户的借方登记。最后确定借记银行存款 300 000 元,贷记实收资本 300 000 元。该笔业务属于资产和实收资本等额增加的的类型。

做出 T 形账,具体账户表示如下。

借方	实收资本	贷方		借方	银行存款	贷方
		300 000	← →	300 000		

② 1 月 8 日,从银行取得周转借款 200 000 元,银行通知款项已划入单位银行存款账户。

分析: 这笔经济业务的发生,涉及资产类的"银行存款"、负债类的"短期借款"两个账户。一方面企业取得周转借款,代表企业的负债增加,负债的增加应该登记在贷方,又因为其涉及的是"短期借款"账户,所以登记在"短期借款"的贷方;另一方面该笔款项存入银行,代表企业的资产增加,因此登记在"银行存款"的借方。最后确定借记银行存款 200 000 元,贷记短期借款 200 000 元。该笔业务属于资产和负债等额增加的类型。

做出 T 形账,具体账户表示如下。

借方	短期借款	贷方		借方	银行存款	贷方
		200 000	← →	200 000		

③ 1月11日，购入新设备一台，价款18 000元，已经安装完毕。

分析：这笔经济业务涉及资产类的"银行存款"账户和"固定资产"账户。一方面购入一台设备，导致企业的"银行存款"减少，登记在贷方；另一方面导致"固定资产"增加，登记在借方。最后确定借方登记固定资产18 000元，贷方登记银行存款18 000元。该笔经济业务属于资产自身一增一减类型。做出T形账，具体账户表示如下。

借方	银行存款	贷方		借方	固定资产	贷方
		18 000	← →	18 000		

④ 1月20日，用银行存款70 000元支付所欠供应单位的购货款。

分析：这笔经济业务涉及资产类中的"银行存款"账户、负债类的"应付账款"账户。一方面"银行存款"减少，登记在贷方；另一方面"应付账款"减少，登记在借方。最后确定借记应付账款70 000元，贷记银行存款70 000元。这笔经济业务属于资产和负债等额减少的类型。做出T形账，具体账户表示如下。

借方	银行存款	贷方		借方	应付账款	贷方
		70 000	← →	70 000		

⑤ 1月15日，取得产品销售收入120 000元，款项已经存入银行（不考虑相关税费）。

分析：这笔经济业务涉及收入类中的"主营业务收入"账户、资产类的"银行存款"账户。一方面，企业的"主营业务收入"增加，登记在贷方；另一方面"银行存款"增加，登记在借方。最终确定借方登记银行存款120 000元，贷方登记主营业务收入120 000元。这笔经济业务属于资产和收入同时等额增加的类型。

做出T形账，具体账户表示如下。

借方	主营业务收入	贷方		借方	银行存款	贷方
		120 000	← →	120 000		

⑥ 1月20日，公司用银行存款40 000元支付电视广告费。

分析：这笔经济业务涉及费用类账户中的"销售费用"账户、资产类账户中的"银行存款"。一方面，企业的"销售费用"增加，登记在借方；另一方面，"银行存款"减少，登记在贷方。最终确定借记销售费用40 000元，贷记银行存款40 000元。这笔经济业务属于资产和费用一减一增的类型。

做出T形账，具体账户表示如下。

借方	银行存款	贷方		借方	销售费用	贷方
	40 000	←——————————→			40 000	

⑦ 1月10日，按法定程序将资本公积 50 000 元转增资本金。

分析：这笔经济业务涉及所有者权益类账户中的"资本公积"账户和"实收资本"账户。由于将资本公积 50 000 元转增资本金，一方面使公司的实收资本增加 50 000 元，登记在贷方；另一方面使资本公积减少 50 000 元，登记在借方。最后确定借记资本公积 50 000 元，贷记实收资本 50 000 元。该笔经济业务属于所有者权益一增一减的类型。

做出 T 形账，具体账户表示如下。

借方	实收资本	贷方		借方	资本公积	贷方
	50 000	←——————————→			50 000	

⑧ 1月5日，公司按法定程序将应支付给投资者的利润 40 000 元转增资本金。

分析：该笔经济业务涉及负债类账户中的"应付股利"账户和所有者权益中的"实收资本"账户。由于将应付股利转增资本金，一方面使公司实收资本增加 40 000 元，另一方面使应付股利减少 40 000 元。最后确定，借记应付股利 40 000 元，贷记实收资本 40 000 元。该业务属于所有者权益与负债一增一减的类型。

做出 T 形账，具体账户表示如下。

借方	实收资本	贷方		借方	应付股利	贷方
	40 000			40 000		

⑨ 1月10日，公司签发商业汇票一张，抵付所欠甲公司的应付账款 30 000 元。

分析：这笔经济业务涉及负债类账户中的"应付票据"和"应付账款"两个账户。一方面企业的"应付账款"减少，应该登记在借方；另一方面，企业的"应付票据"增加，应该登记在贷方。最后确定为，借记应付账款 30 000 元，贷记应付票据 30 000 元。这笔经济业务负债自身一增一减等额变化的类型。

做出 T 形账，具体账户表示如下。

借方	应付票据	贷方		借方	应付账款	贷方
	30 000	←——————————→			30 000	

通过以上业务我们可以看到，每一项经济业务发生后，运用借贷记账法进行账务处理，

都必须在记入某一账户借方的同时，记入另一账户的贷方，并且记入借方与贷方的金额总是保持相等的。因此，可以总结出借贷记账法的记账规则是："有借必有贷，借贷必相等。"

小　　结

复式记账法就是任何一笔经济业务发生之后，同时在两个或两个以上相互关联的账户中进行登记。借贷记账法是现在普遍使用的一种复式记账法，要掌握它的记账符号、账户结构和记账规则。

职业能力训练

一、单选题

1. 借贷记账法中账户的贷方反映的是（　　）。

   A. 费用的增加　　　B. 所有者权益的减少　　　C. 收入的增加　　　D. 负债的减少

2. 一般而言，账户的期末余额（　　）。

   A. 与增加发生额的方向相同　　　　　　　B. 在借方

   C. 与减少发生额的方向相同　　　　　　　D. 在贷方

3. 用银行存款支付材料款，发生的变化是（　　）。

   A. 资产增加，负债增加　　　　　　　　　B. 资产增加，资产减少

   C. 资产增加，所有者权益增加　　　　　　D. 权益增加，资产减少

4. 复式记账法的理论依据是（　　）。

   A. 资产＝负债＋所有者权益

   B. 收入－费用＝利润

   C. 借方余额＝贷方余额

   D. 期初余额＋本期增加额－本期减少额＝期末余额

5. 采用借贷记账法时，负债类账户的结构特点是（　　）。

   A. 借方登记增加，贷方登记减少，期末余额在借方

   B. 借方登记减少，贷方登记增加，期末余额在借方

   C. 借方登记减少，贷方登记增加，期末余额在贷方

   D. 借方登记减少，贷方登记增加，期末一般无余额

6. 利润类账户的结构和费用类账户的结构（　　）。

   A. 完全相同　　　B. 完全相反　　　　C. 完全不同　　　D. 基本相同

7. 采用复式记账法主要是为了（　　）。

   A. 提高工作效率　　　　　　　　　　　　B. 便于会计人员的分工协作

   C. 如实反映资金运动的来龙去脉　　　　　D. 便于登记账簿

8. 收入账户的正确表述是（　　　）。

    A. 借方登记收入的减少数和结存数   B. 如为贷方余额，应确认为负债

    C. 借方登记收入的增加数   D. 如为借方余额，应确认为资产

二、多选题

1. 在借贷记账法下，账户借方登记的内容有（　　　）。

    A. 资产的增加   B. 负债的增加

    C. 收入的减少或期末结转数   D. 成本的增加

2. 在借贷记账法下，账户贷方登记的内容有（　　　）。

    A. 资产的减少   B. 负债的增加

    C. 费用的减少数及期末结转数   D. 成本减少数或结转数

3. 期末余额在账户借方的有（　　　）。

    A. 资产类账户   B. 负债类账户

    C. 所有者权益类账户   D. 收入类账户

4. 复式记账法的作用是（　　　）。

    A. 可以进行试算平衡   B. 可以检查账户登记的正确性

    C. 可以体现会计等式的平衡原理   D. 可以了解经济业务的全过程和结果

5. 在借贷记账法下，应该登记在有关账户借方的经济事项有（　　　）。

    A. 借入的借款   B. 购置的设备

    C. 偿还的借款   D. 本月发生的电话费

任务 7　会计分录及过账

【任务目标】

  知识目标：熟悉会计分录的确定方法及种类，熟练运用借贷记账法进行一般业务的处理，顺利完成过账工作。

  能力目标：培养学生的表达能力、观察分析能力及归纳总结能力，培养学生科学严谨、大胆探索等个性心理素质。

  情感目标：体验会计学习的乐趣、激发学生的学习兴趣，体验探索学习的过程，从而感受学习的成功和喜悦。

【会计故事】

会计分录的性格——自作聪明型分录

  近日，深圳市某地税局在对某公司的税务稽查中发现，该公司"其他应收款"科目明细账显示，某个人股东于20×7年向公司借款350余万元用于购买房产，款项一直没有归还。根据国家税收法律法规规定，纳税年度内个人投资者从其投资企业（个人独资

企业、合伙企业除外）借款，在该纳税年度终了后既不归还又未用于企业生产经营的，其未归还的借款可视为企业对个人投资者的红利分配，依照"利息、股息、红利所得"项目计征个人所得税。该规定同样适用于企业投资者个人、投资者家庭成员或企业其他人员向企业借款用于购买房屋及其他财产，将所有权登记为投资者、投资者家庭成员或企业其他人员，且借款年度终了后未归还借款的情况。根据上述规定，深圳市地税局第五稽查局对该公司股东借款依照"利息、股息、红利所得"项目计征个人所得税，责令该公司将应扣未扣税款70余万元扣缴入库，并对少扣缴税款处以百分之五十的罚款，约35万元。

分录还原：

借：其他应收款——个人股东＊＊
　　贷：现金或银行存款

税务局一翻凭证，一看这个分录，二话不说，两字：补税。

分录演绎：

筹划大师说："说了大家要自己抠条文，你就是任性不听俺的话，你看看补税了吧。你看我给你怎么筹划这个分录。"

1月1日股东借款：

借：其他应收款——个人股东＊＊
　　贷：现金或银行存款

我12月31日做这个分录：

借：现金或银行存款
　　贷：其他应收款——个人股东＊＊

然后第二年1月1日：

借：其他应收款——个人股东＊＊
　　贷：现金或银行存款

你看看，完全遵从税法的筹划，这个钱永远这么借下去。分录性格分析：你真要这么做，也要注意影响，12月31日还了，第二天就又借走了，试问税务局就这么放过你？

工作　会计分录

一、会计分录的概念

运用复式记账法处理经济业务，一笔业务所涉及的账户之间必然存在某种相互依存的对应关系，这种关系称为账户对应关系。存在对应关系的账户称为对应账户。

为了保证账户记录的正确性，对于每一项经济业务，在记入有关账户之前，首先应根据经济业务编制会计分录，然后据以登记账户。

会计分录是列示某项经济业务应借、应贷账户的名称及其金额的记录。在各项经济业务登记到账户之前，都要先根据经济业务的内容，运用借贷记账法的记账规则，确定所涉及的账户及其应借、应贷的方向和金额。在实际工作中，这项工作是通过记账凭证的编制完成的。

二、编制会计分录的基本方法

编制会计分录是会计工作的初始阶段，编制会计分录就意味着对经济业务做会计确认，为经济业务数据记入账户提供依据。所以为了确保账户记录的真实性和正确性，必须严格把好会计分录编制这一关。会计分录的形成过程如图1-44所示。

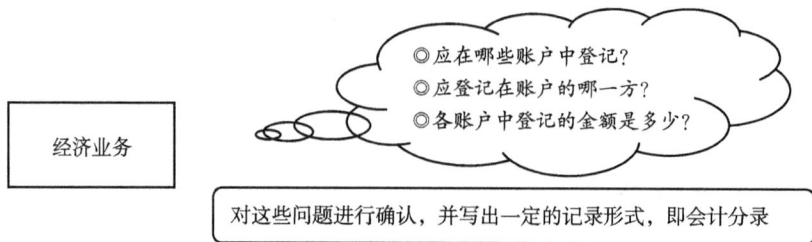

图1-44　会计分录的形成过程

在编制会计分录的过程中，科学的方法会起到积极的促进作用。下面以具体的经济业务为例进行讲解。

某公司收到投资者投入资本800 000元，已存入银行。其具体的分析方法如下。

① 分析涉及要素（资产、所有者权益）。

② 确定登记账户（银行存款、实收资本）。

③ 分析增减变化（增加、增加）。

④ 确定记账方向（借方、贷方）。

⑤ 确定登记金额（800 000元、800 000元）。

⑥ 写出完整分录。

借：银行存款　　　　　　　　　　　　　　　　　　　　　　　　　800 000
　贷：实收资本　　　　　　　　　　　　　　　　　　　　　　　　800 000

三、会计分录的书写要求

在实践教学中，会计分录在书写时必须要有登记方向、登记账户和登记金额三大要素，在书写格式上要求上借下贷，左借右贷，借、贷错开一字格，金额后不写货币单位，具体如图1-45所示。

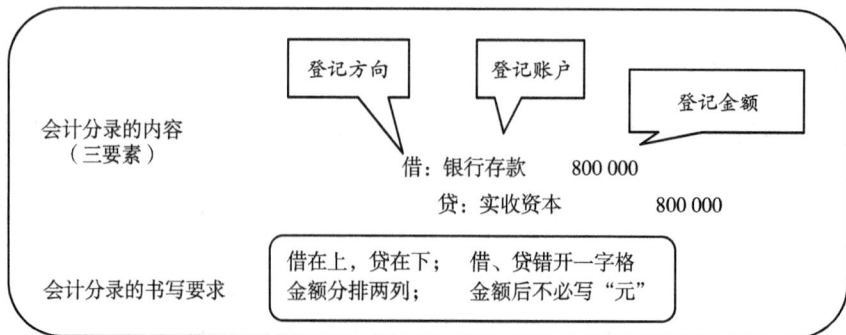

图1-45　会计分录书写规范图

四、会计分录的分类

会计分录按照所涉及账户的多少，分为简单会计分录和复合会计分录。简单会计分录是指只涉及一个账户借方和另一个账户贷方的会计分录，即一借一贷的会计分录。例如，上述经济业务的会计分录如下，这个分录就属于简单会计分录。

借：银行存款   800 000
  贷：实收资本   800 000

复合会计分录是指由两个以上（不含两个）对应账户所组成的会计分录，即一借多贷、一贷多借或多借多贷的会计分录。在实际工作中，一般不编制多借多贷的复合分录，因为其不能明确表明账户间的对应关系。复合会计分录实际上是由几个简单会计分录组成的，因而必要时可以将其分解为若干个简单会计分录。编制复合会计分录，既可以简化记账手续，又能集中反映某项经济业务的全面情况，现举例说明如下。

公司购买原材料，价款为 30 000 元，其中 20 000 元用银行存款支付，尚欠供货企业10 000元。

分析：这笔经济业务一方面使企业的资产——原材料增加 30 000 元，登记在借方；另一方面使企业的另一项资产——银行存款减少 20 000 元，登记在贷方；企业的负债——应付账款增加 10 000 元，登记在贷方。因此其会计分录为

借：原材料   30 000（购入材料总额）
  贷：银行存款   20 000（已支付货款）
    应付账款   10 000（尚未支付款）

这笔经济业务也可以表示为两个简单的会计分录，具体如图1-46所示。

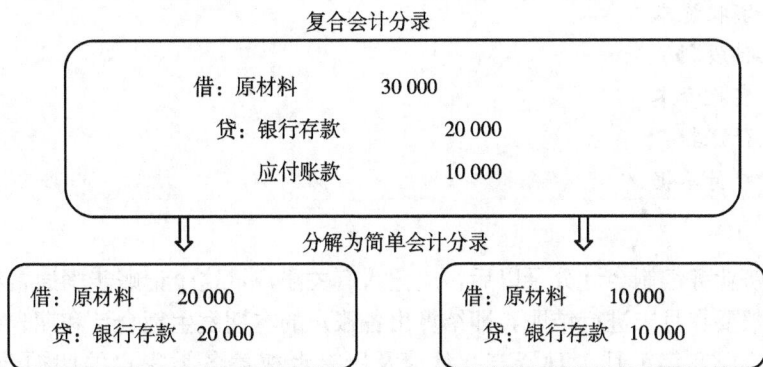

图 1-46 复合会计分录与简单会计分录的转化图

五、会计分录编写及过账实例

1. 会计分录的编写

和美公司 20×7 年 1 月发生的经济业务如下。

① 1 月 5 日，国家投入资金 300 000 元，存入公司账户。

② 1月8日，从银行取得周转借款 200 000 元，银行通知已将款项划入单位银行存款账户。

③ 1月11日，购入新设备一台，价款为 18 000 元，已经安装完毕。

④ 1月20日，用银行存款 70 000 元支付所欠供应单位的购货款。

⑤ 1月20日，取得产品销售收入 120 000 元，款项已经存入银行（不考虑相关税费）。

⑥ 1月25日，本期发生广告代言费 40 000 元，用银行存款支付。

⑦ 1月26日，按法定程序将资本公积 50 000 元转增资本金。

⑧ 1月27日，按法定程序将应支付给投资者的利润 40 000 元转增资本金。

⑨ 1月28日，公司签发商业汇票一张，抵付所欠甲公司的应付账款 30 000 元。

相关会计分录如下。

①　借：银行存款　　　　　　　　　　　　　　　　　　　　300 000
　　　　贷：实收资本　　　　　　　　　　　　　　　　　　　　　300 000

②　借：银行存款　　　　　　　　　　　　　　　　　　　　200 000
　　　　贷：短期借款　　　　　　　　　　　　　　　　　　　　　200 000

③　借：固定资产　　　　　　　　　　　　　　　　　　　　 18 000
　　　　贷：银行存款　　　　　　　　　　　　　　　　　　　　　 18 000

④　借：应付账款　　　　　　　　　　　　　　　　　　　　 70 000
　　　　贷：银行存款　　　　　　　　　　　　　　　　　　　　　 70 000

⑤　借：银行存款　　　　　　　　　　　　　　　　　　　　120 000
　　　　贷：主营业务收入　　　　　　　　　　　　　　　　　　　120 000

⑥　借：销售费用　　　　　　　　　　　　　　　　　　　　 40 000
　　　　贷：银行存款　　　　　　　　　　　　　　　　　　　　　 40 000

⑦　借：资本公积　　　　　　　　　　　　　　　　　　　　 50 000
　　　　贷：实收资本　　　　　　　　　　　　　　　　　　　　　 50 000

⑧　借：应付股利　　　　　　　　　　　　　　　　　　　　 40 000
　　　　贷：实收资本　　　　　　　　　　　　　　　　　　　　　 40 000

⑨　借：应付账款　　　　　　　　　　　　　　　　　　　　 30 000
　　　　贷：应付票据　　　　　　　　　　　　　　　　　　　　　 30 000

2. 过账

对各项经济业务编制会计分录以后，应记入有关账户，这个记账步骤通常称为"过账"。过账以后，一般要在月末进行结账，即结算出各账户的本期发生额合计和期末余额。

和美公司 20×8 年 1 月 1 日资产、负债及所有者权益各类账户的期初余额如表 1-8 所示。

表 1-8　20×8 年 1 月 1 日和美公司账户余额情况

单位：元

资产类账户	金　额	负债及所有者权益类账户	金　额
库存现金	10 000	短期借款	350 000
银行存款	400 000	应付账款	100 000
应收账款	20 000	应付职工薪酬	30 000

资产类账户	金　额	负债及所有者权益类账户	金　额
原材料	200 000	应付股利	40 000
固定资产	430 000	实收资本	450 000
无形资产	70 000	资本公积	160 000
总计	1 130 000	总计	1 130 000

和美公司 20×8 年 1 月发生上文中的 9 笔经济业务，现将会计分录记入到相应的各账户中，并结算出余额。

借方　　银行存款　　　　贷方		借方　　　应付账款　　　　贷方	
期初余额　400 000			期初余额　100 000
本期增加额　300 000	本期减少额　18 000	本期减少额：	本期增加额：
200 000	70 000	70 000	
120 000	40 000	30 000	
本期发生额：	本期发生额：	本期本期发生额：	本期发生额：
620 000	128 000	100 000	
期末余额：			期末余额：0
892 000			

借方　　库存现金　　贷方		借方　　　应付职工薪酬　　　贷方	
期初余额　10 000			期初余额　30 000
本期发生额：	本期发生额：	本期发生额：	本期发生额：
期末余额　10 000			期末余额　30 000

借方　　应收账款　　贷方		借方　　　短期借款　　　贷方	
期初余额　20 000			期初余额　350 000
本期发生额：	本期发生额：	本期减少额：	本期增加额：
			200 000
期末余额　20 000		本期发生额	本期发生额：200 000
			期末余额　550 000

借方　　原材料　　贷方		借方　　　应付股利　　　贷方	
期初余额　200 000			期初余额　40 000
本期发生额：	本期发生额：	本期减少额：40 000	本期增加额：
期末余额：　20 000		本期发生额：40 000	本期发生额：
			期末余额：0

借方	固定资产	贷方
期初余额 430 000		
本期增加额:		
18 000		
本期发生额:	本期发生额:	
18 000		
期末余额 448 000		

借方	实收资本	贷方
	期初余额 450 000	
本期减少额:	本期增加额:	
	300 000	
	50 000	
	40 000	
本期发生额:	本期发生额: 390 000	
	期末余额 840 000	

借方	无形资产	贷方
期初余额 70 000		
本期发生额:	本期发生额:	
期末余额: 70 000		

借方	资本公积	贷方
	期初余额 160 000	
本期减少额: 50 000	本期增加额:	
本期发生额: 50 000	本期发生额:	
	期末余额 110 000	

借方	销售费用	贷方
期初余额 0		
本期增加额: 40 000	本期减少额:	
本期发生额 40 000	本期发生额:	
期末余额: 40 000		

借方	应付票据	贷方
	期初余额 0	
本期减少额:	本期增加额: 30 000	
本期发生额:	本期发生额: 30 000	
	期末余额: 30 000	

小　结

为了保护账户记录的正确性，应先根据原始凭证编制会计分录。会计分录是表明某项经济业务应借、应贷账户的名称及其金额的记录。会计分录分为简单会计分录和复合会计分录。复合会计分录可以分解为若干个简单会计分录。

职业能力训练

一、单选题

1. 企业取得6个月借款20万元存入银行，下述分录正确的是（　　）。

A. 借：银行存款　20万　　　　B. 借：银行存款　200 000
　　贷：短期借款　20万　　　　　　贷：短期借款　200 000

C. 贷：短期借款　200 000　　　　　　　D. 借：短期借款　20万

　　借：银行存款　200 000　　　　　　　　　贷：银行存款　　20万

2. 用现金报销车间管理部门费用，应借记（　　　）。

　　A. 生产成本　　　　B. 现金　　　　C. 管理费用　　　　D. 制造费用

3. 企业发生汇兑损失 6 000 元，应（　　　）。

　　A. 借记"管理费用 6 000"　　　　　　B. 借记"销售费用 6 000"

　　C. 借记"财务费用 6 000"　　　　　　D. 借记"银行存款 6 000"

4. 企业购买原材料一批，价款 3 000 元，款项未付。涉及的会计分录借方为（　　　）。

　　A. 借记"银行存款 3 000"　　　　　　B. 借记"固定资产 3 000"

　　C. 借记"应付账款 3 000"　　　　　　D. 借记"原材料 6 000"

5. 我国会计制度规定，企业会计采用的记账方法是（　　　）。

　　A. 增减记账法　　　　　　　　　　　B. 现金收付记账法

　　C. 借贷记账法　　　　　　　　　　　D. 财产收付记账法

6. 根据会计分录，从记账凭证记入分类账户的工作为（　　　）。

　　A. 账项调整　　　　　　　　　　　　B. 结账

　　C. 转账　　　　　　　　　　　　　　D. 过账或登账

7. 对某项经济业务表明应借、应贷账户名称及金额的记录称为（　　　）。

　　A. 记账凭证　　　　B. 会计分录　　　　C. 会计方法　　　　D. 记账方法

8. 在"借：固定资产　10 000　　贷：银行存款　6 000　　应付账款　4 000"的复合会计分录中，银行存款的对应账户为（　　　）。

　　A. 应付账款　　　　B. 固定资产　　　　C. 库存现金　　　　D. 应付账款

二、多选题

1. 构成会计分录基本内容的有（　　　）。

　　A. 应记账户的名称　　　　　　　　　B. 应记账户的方向

　　C. 应记金额　　　　　　　　　　　　D. 记账时间

2. 下列属于复合会计分录的有（　　　）。

　　A. 借：制造费用　　50 000　　　　　B. 借：生产成本　　30 000

　　　　贷：累计折旧　　50 000　　　　　　　制造费用　　20 000

　　　　　　　　　　　　　　　　　　　　　贷：原材料　　　50 000

　　C. 借：原材料　　45 000　　　　　　D. 借：银行存款　　48 500

　　　　贷：银行存款　45 000　　　　　　　　贷：主营业务收入 40 000

　　　　　　　　　　　　　　　　　　　　　　　其他业务收入　8 500

3. 借贷记账法的优点有（　　　）。

　　A. 初学者容易理解　　　　　　　　　B. 记账规则科学

　　C. 对应关系清楚　　　　　　　　　　D. 试算平衡简便

4. 下列账户期末余额应在借方的有（　　　）。

　　A. 银行存款　　　B. 预付账款　　　C. 生产成本　　　D. 无形资产

5. 符合权责发生制的要求，需要设置的账户有（　　　）。

　　A. 应收账款　　　B. 应付工资　　　C. 应交税金　　　D. 财务费用

三、综合练习题

某企业 3 月发生如下经济业务。

① 收到投资者投入的货币资金 400 000 元，已存入银行。

② 用银行存款 30 000 元购入不需要安装的设备一台。

③ 购入材料一批，买价和运费合计 15 000 元，货款尚未支付。

④ 从银行提取现金 3 000 元备用。

⑤ 从银行取得临时借款 300 000 元，存入银行。

⑥ 用银行存款 35 000 元偿还应付账款。

⑦ 生产产品领用材料一批，价值 12 000 元。

⑧ 用银行存款 100 000 元偿还短期借款。

要求：

(1) 根据所给经济业务编制会计分录；

(2) 根据给出余额资料的账户开设并登记有关总分类账户（开设 T 形账户即可）。

任务8 试算平衡与平行登记

【任务目标】

认知目标：掌握试算平衡的原理、试算平衡表的编制；掌握总分类账户与明细分类账户平行登记的概念、要点和方法。

技能目标：培养学生观察分析、归纳总结及探究思维的能力，提高学生对知识的理解及融会贯通的能力。

情感目标：让学生懂得会计核算的严密性，从而树立将来在会计工作中严格遵守会计法规和会计原则的意识。

【会计故事】

试算平衡表不是万能的

小甄从某财经大学会计系毕业被聘为启明公司的会计员。今天是他来公司上班的第一天。会计科里那些同事们忙得不可开交，一问才知道，大家正在忙于月末结账。"我能做些什么？"会计科长看着他那急于投入工作的表情，也想检验一下他的工作能力，就问："试算平衡表的编制方法在学校学过吧？""学过。"小甄回答。

"那好吧，趁大家忙别的时候，你先编一下我们公司这个月的试算平衡表"。科长帮他找到了本公司所有的总账账簿，让他在早已为他准备好的办公桌开始了工作。

不到一个小时，一张"总分类账户发生额及余额试算平衡表"就完整地编制出来了。看到表格上那相互平衡的三组数字，小甄激动的心情难以言表，兴冲冲地向科长交了差。

"呀，昨天车间领材料的单据还没记到账上去呢，这也是这个月的业务啊！"会计员李媚说道。还没等小甄缓过神来，会计员小张手里又拿着一些会计凭证凑了过来，对科长说，"这笔账我核对过了，应当记入'原材料'和'生产成本'的是 10 000 元，而不是 9 000 元。已经入账的那部分数字还得改一下。"

"试算平衡表不是已经平衡了吗？怎么还有错账呢？"小甄不解地问。

科长看他满脸疑惑的神情，耐心地开导说："试算平衡表也不是万能的，比如在账户中把有些业务漏记了，借贷金额记账方向彼此颠倒了，还有记账方向正确但记错了账户，这些都不会影响试算表的平衡。小张刚才发现的把两个账户的金额同时记多了或记少了，也不会影响试算表的平衡。"

小甄边听边点头，心里想："这些内容老师在上基础会计课的时候也讲过，以后在实践中还得好好琢磨呀。"

经过一番调整，一张真实的试算平衡表在小甄手里诞生了。

工作 1　试算平衡

一、试算平衡的含义

试算平衡是为了验证会计记录的正确性，根据会计等式和复式记账原理，对本期各账户的全部记录进行汇总、试算，以检验其正确与否的一种专门方法。借贷记账法的试算平衡方法有发生额试算平衡法和余额试算平衡法两种。

二、试算平衡分类

（一）发生额试算平衡

每一笔经济业务，在记入一个或几个账户借方的同时，以相等的金额记入另一个或几个账户的贷方，因而当一定会计期间内的全部经济业务都记入有关账户后，所有账户的借方发生额合计数与贷方发生额合计数必然相等。

理论依据

"有借必有贷，借贷必相等"的记账规则。

全部账户本期借方发生额合计数＝全部账户本期贷方发生额合计数　（平衡公式）

所以，发生额试算平衡是根据本期所有会计科目借方发生额合计数与贷方发生额合计数的恒等关系，检验本期发生额记录是否正确的方法。在实际工作中，本项工作是通过编制发生额试算平衡表进行的。发生额试算平衡表如表 1-9 所示。

表 1-9　发生额试算平衡表

会计科目	借方发生额	贷方发生额
合　　计		

（二）余额试算平衡

余额试算平衡是根据本期所有会计科目借方余额合计数与贷方余额合计数的恒等关系，检验本期会计科目记录是否正确的方法。根据余额的时期不同，余额平衡又分为期初余额平衡和期末余额平衡两类。公式为

全部会计科目的借方期初余额合计＝全部会计科目的贷方期初余额合计

全部会计科目的借方期末余额合计＝全部会计科目的贷方期末余额合计

§理论依据§

资产＝负债＋所有者权益

期末时，资产账户和成本账户一般为借方余额，表示期末资产总额，而负债账户和所有者权益账户为贷方余额，表示期末权益总额。因而所有账户的借方余额合计数（即资产额）应与所有账户的贷方余额合计数（即权益额）相等。在实际工作中，本项工作是通过编制余额试算平衡表进行的。余额试算平衡表如表1-10所示。

表1-10　余额试算平衡表

会计科目	借方发生额	贷方发生额
合　　计		

在实际工作中，为了方便起见，还可以将发生额试算平衡表和余额试算平衡表合并在一起，并结合各账户的期初余额数，编制总分类账户的发生额和余额试算平衡表。这样，在一张表上既可以进行总分类账户借贷发生额平衡的试算，又能进行总分类账户借贷余额平衡的试算。发生额、余额试算平衡表如表1-11所示。

表1-11　发生额、余额试算平衡表

会计科目	期初余额		本期发生额		期末余额	
	借方	贷方	借方	贷方	借方	贷方
合　　计						

三、试算平衡表举例

借贷记账法下账户间发生额及余额的试算平衡关系，可以用来检查和验证账户记录的正确性。在实务中，账户记录的试算平衡，是通过编制试算平衡表来进行的。会计人员在每一个会计期间末，在全部经济业务都已登记入账并结出本期发生额及余额以后，可以将所有账户的发生额和余额记入试算平衡表，并计算期初余额、本期发生额、借方期末余额合计数、贷方期末余额合计数，以验证账户记录是否存在发生额及余额的平衡关系。

例如，和美公司20×8年5月30日账户期末余额如表1-12所示。6月份发生如下经济业务。

① 用银行存款 32 400 元购买原材料，材料已验收入库（不考虑增值税）。

② 向银行借入短期借款 15 600 元，直接偿还应付账款。

③ 用银行存款偿还短期借款 30 000 元。

④ 收到投资者投入设备一台，价值 360 000 元。

⑤ 本期生产产品领用材料 60 000 元。

⑥ 将资本公积 50 000 元转增资本。

表 1-12　和美公司 20×8 年 5 月 30 日各账户期末余额情况

单位：元

账户	期末余额	
	借方	贷方
银行存款	152 400	
原材料	360 000	
库存商品	49 200	
固定资产	900 000	
生产成本	36 000	
短期借款		60 000
应付账款		27 600
实收资本		1 230 000
资本公积		180 000
合　　计	1 497 600	1 497 000

要求：

（1）根据上述经济业务编制会计分录。

（2）根据会计分录登记总分类账户，结算出各总分类账户的借、贷方本期发生额及其期末余额。

（3）编制试算平衡表。

（1）编制会计分录

① 这笔经济业务的发生，引起资产类账户"银行存款"减少，登记在贷方；资产类账户"原材料"增加，登记在借方。

借：原材料　　　　　　　　　　　　　　　　　　　　　　　　32 400

　贷：银行存款　　　　　　　　　　　　　　　　　　　　　　　　32 400

② 这笔经济业务的发生，引起负债类账户"应付账款"减少，登记在借方，负债类账户"短期借款"增加，登记在贷方。

借：应付账款　　　　　　　　　　　　　　　　　　　　　　　　15 600

　贷：短期借款　　　　　　　　　　　　　　　　　　　　　　　　15 600

③ 这笔经济业务的发生，引起负债类账户"短期借款"减少，登记在借方；资产类账户"银行存款"减少，登记在贷方。

借：短期借款　　　　　　　　　　　　　　　　　　　　　　　　30 000

　贷：银行存款　　　　　　　　　　　　　　　　　　　　　　　　30 000

④ 这笔经济业务的发生，引起资产类账户"固定资产"增加，登记在借方；所有者权

益类账户"实收资本"增加，登记在贷方。

    借：固定资产   360 000

       贷：实收资本   360 000

⑤ 这笔经济业务的发生，引起成本类账户"生产成本"增加，登记在借方，资产类账户"原材料"减少，登记在贷方。

    借：生产成本   360 000

       贷：原材料   360 000

⑥ 这笔经济业务的发生，引起所有者权益类账户"资本公积"减少，登记在借方；所有者权益类账户"实收资本"增加，登记在贷方。

    借：资本公积   50 000

       贷：实收资本   50 000

（2）根据以上会计分录登记总分类账户，期末结出本期发生额和期末余额。

借方	银行存款	贷方
期初余额 152 400		
	① 32 400	
	③ 30 000	
本期发生额 0	本期发生额 62 400	
期末余额 90 000		

借方	原材料	贷方
期初余额 360 000		
① 32 400		
	⑤ 60 000	
本期发生额 32 400	本期发生额 60 000	
期末余额 332 400		

借方	库存商品	贷方
期初余额 49 200		
本期发生额 0	本期发生额 0	
期末余额 49 200		

借方	固定资产	贷方
期初余额 900 000		
④ 360 000		
本期发生额 360 000	本期发生额 0	
期末余额 1 260 000		

借方	生产成本	贷方
期初余额 36 000		
⑤ 60 000		
本期发生额 60 000	本期发生额 0	
期末余额 96 000		

借方	短期借款	贷方
	期初余额 60 000	
③ 30 000	② 15 600	
本期发生额 30 000	本期发生额 15 600	
	期末余额 45 600	

借方	应付账款	贷方
		期初余额 27 600
② 15 600		
本期发生额 15 600		本期发生额 0
		期末余额 12 000

借方	实收资本	贷方
		期初余额 1 230 000
		④ 360 000
		⑥ 50 000
本期发生额 0		本期发生额 410 000
		期末余额 1 640 000

借方	资本公积	贷方
		期初余额 180 000
⑥ 50 000		
本期发生额 50 000		本期发生额 0
		期末余额 130 000

（3）编制总分类账户本期发生额及余额试算平衡表（见表1-13）

表1-13 总分类账户及本期发生额及余额试算平衡表

20×8年6月 单位：元

账户名称	期初余额		本期发生额		期末余额	
	借方	贷方	借方	贷方	借方	贷方
银行存款	152 400			62 400	90 000	
原材料	360 000		32 400	60 000	332 400	
库存商品	49 200				49 200	
固定资产	900 000		360 000		1 260 000	
生产成本	36 000		60 000	0	96 000	
短期借款		60 000	30 000	15 600		45 600
应付账款		27 600	15 600	0		12 000
实收资本		1 230 000	0	410 000		1 640 000
资本公积		180 000	50 000	0		130 000
合计	1 497 600	1 497 600	548 000	548 000	1 827 600	1 827 600

工作2 总分类账账户与明细分类账账户平行登记

一、总分类账账户与明细分类账账户之间的关系

总分类账账户（一级账户，简称总账账户）是按照总分类科目设置，仅以货币计量单位进行登记，用来提供总括核算资料的账户。通过总分类账账户提供的各种核算资料，可以概括地了解一个会计主体资产、负债、所有者权益等会计要素增减变动的情况和结果。但是，总分类账账户并不能提供关于各项会计要素增减变动过程及其结果的详细资料，也就很难满足经济管理上的一些具体要求。因此，各会计主体在设置总分类账账户的同时，还应根据实际需要，在某些总分类账账户的统驭下，设置若干明细分类账账户。

明细分类账账户（简称明细账账户），是按照明细分类科目设置，用来提供详细核算资料的账户。例如，为了了解各种材料的收、发、存情况，就有必要在"原材料"总分类账账户下，按照材料品种分别设置明细分类账账户。在明细分类账账户中，除了以货币计量单位进行金额核算外，必要时还要运用实物计量单位进行数量核算，以便通过提供数量方面的资料，对总分类账账户进行必要的补充。

1. 总分类账账户与明细分类账账户之间的联系

① 总分类账账户对明细分类账账户具有统驭控制作用。总分类账账户提供的总括核算资料是对有关明细分类账账户资料的综合；明细分类账账户提供的明细核算资料是对其总分类账账户核算资料的具体化。

② 明细分类账账户对总分类账账户具有补充说明作用。总分类账账户是对会计要素各项目增减变化的总括反映，提供总括的资料；而明细分类账账户反映的是会计要素各项目增减变化的详细情况，提供了某一具体方面的详细资料。有些明细分类账账户还可以提供实物数量指标和劳动量指标等。

③ 总分类账账户与其所属明细分类账账户在总金额上相等。由于总分类账账户与其所属明细分类账账户是根据相同的依据进行平行登记的，所反映的经济内容是相同的，所以其总金额必然相等。

2. 总分类账账户与明细分类账账户之间的区别

① 反映经济业务内容的详细程度不同。总分类账账户是概括地反映会计对象的具体内容，提供的是总括性资料；而明细分类账账户是详细地反映会计对象的具体内容，提供的是比较详细、具体的资料。

② 作用不同。总分类账账户对明细分类账账户具有统驭控制作用；明细分类账账户对总分类账账户具有补充说明作用。

二、总分类账账户与明细分类账账户的平行登记

所谓总分类账账户与明细分类账账户的平行登记，是指对所发生的每项经济业务都要以会计凭证为依据，一方面记入有关总分类账账户，另一方面也要记入有关总分类账账户所属明细分类账账户的方法。总分类账账户与明细分类账账户平行登记的要点如下。

① 依据相同。所依据的会计凭证相同。

② 方向相同（借、贷方向相同）。即如果登记总账时是记借方，则登记其所属的明细账也是记借方；如果登记总账时是记贷方，则登记其所属的明细账也是记贷方。

③ 期间相同（所属会计期间相同）。即对于当期发生的经济业务，必须在同一期间将其登记到总分类账和其所属的明细分类账中。注意："期间相同"的含义是在同一个月份内。例如，假设某项业务在明细分类账中是 5 月 6 日登记的，而总分类账中是在 5 月 10 日登记的该业务，则属于期间相同。

④ 金额相同。记入总分类账账户的金额与记入其所属明细分类账账户的合计金额相等。

三、总分类账账户与明细分类账账户的平行登记实例

20×8 年 1 月 1 日，和美公司的"原材料"和"应付账款"总分类账账户及其所属的明

细分类账账户的余额如下。

①"原材料"总账账户为借方余额 35 000 元，其所属明细账账户结存情况为："甲材料"明细账账户，结存 2 000 千克，单位成本为 10 元，金额计 20 000 元；"乙材料"明细账账户，结存 50 吨，单位成本为 300 元，金额计 15 000 元。

②"应付账款"总账账户为贷方余额 10 000 元，其所属明细账账户余额为："A 工厂"明细账账户，贷方余额 6 000 元；"B 工厂"明细账账户，贷方余额 4 000 元。

20×8 年 1 月份，和美公司发生的有关交易或事项及其会计处理如下。

① 1 月 9 日，向 A 工厂购入甲材料 500 千克，单价为 10 元，计 5 000 元；向 B 工厂购入乙材料 100 吨，单价为 300 元，计 30 000 元，甲、乙材料已验收入库，货款均尚未支付。

② 1 月 12 日，向 A 工厂购入甲材料 400 千克，单价为 10 元，计 4 000 元；乙材料 50 吨，单价为 300 元，计 15 000 元，材料均已验收入库，货款尚未支付。

③ 1 月 20 日，以银行存款偿付前欠 A 工厂的货款 20 000 元、B 工厂货款 30 000 元。

④ 1 月 26 日，生产车间为生产产品从仓库领用甲材料 1 000 千克，金额为 10 000 元；领用乙材料 100 吨，金额为 30 000 元。

（1）对发生的该交易或事项，编制会计分录

① 借：原材料——甲材料		5 000
——乙材料		30 000
贷：应付账款——A 工厂		5 000
——B 工厂		30 000
② 借：原材料——甲材料		4 000
——乙材料		15 000
贷：应付账款——A 工厂		19 000
③ 借：应付账款——A 工厂		20 000
——B 工厂		30 000
贷：银行存款		50 000
④ 借：生产成本		40 000
贷：原材料——甲材料		10 000
——乙材料		30 000

（2）根据平行登记的要求，将上述交易或事项在"原材料"和"应付账款"总账账户及其所属的明细账账户中进行登记。平行登记结果如表 1-14～表 1-19 所示。

表 1-14 总账账户

账户名称：原材料　　　　　　　　　　　　　　　　　　　　　　　　　　　　　　　　第　　页

20×8 年		凭证号数	摘　要	借　方	贷　方	借或贷	余　额
月	日						
1	1		期初余额			借	35 000
	9	①	购入材料	35 000		借	70 000
	12	②	购入材料	19 000		借	89 000
	26	④	领用材料		40 000	借	49 000

表 1 - 15　总账账户

账户名称：应付账款　　　　　　　　　　　　　　　　　　　　　　　　　　第　页

20×8年		凭证号数	摘　要	借　方	贷　方	借或贷	余　额
月	日						
1	1		期初余额			贷	10 000
	9	①	购料欠款		35 000	贷	45 000
	12	②	购料欠款		19 000	贷	64 000
	20	③	偿还欠款	50 000		贷	14 000

表 1 - 16　原材料明细分类账

明细账账户：甲材料　　　　　　　计量单位：kg　　　　　金　　　　　额：元

20×8年		凭证号数	摘要	收　入			发　出			结　存		
月	日			数量	单价	金额	数量	单价	金额	数量	单价	金额
1	1		期初余额							2 000	10	20 000
	9	①	购入材料	500	10	5 000				2 500	10	25 000
	12	②	购入材料	400	10	4 000				2 900	10	29 000
	26	④	生产领料				1 000	10	10 000	1 900	10	19 000
			本月合计	900		9 000	1 000		10 000	1 900	10	19 000

表 1 - 17　原材料明细分类账

明细账账户：乙材料　　　　　　　计量单位：t　　　　　　　　　　　　　金额：元

20×8年		凭证号数	摘要	收　入			发　出			结　存		
月	日			数量	单价	金额	数量	单价	金额	数量	单价	金额
1	1		期初结存							50	300	15 000
1	9	①	购入材料	100	300	30 000				150	300	45 000
1	12	②	购入材料	50	300	15 000				200	300	60 000
1	26	④	生产领料				100	300	30 000	100	300	30 000
			本月合计	150		45 000	100		30 000	100	300	30 000

表 1 - 18　应付账款明细账

明细账账户：A 工厂　　　　　　　　　　　　　　　　　　　　　　　　　　单位：元

20×8年		凭证号数	摘　要	借　方	贷　方	借或贷	余　额
月	日						
1	1		期初余额			贷	6 000
1	9	①	购料欠款		5 000	贷	11 000
1	12	②	购料欠款		19 000	贷	30 000
1	20	③	偿还欠款	20 000		贷	10 000

表1-19　应付账款明细账

明细账账户：B工厂　　　　　　　　　　　　　　　　　　　　　　　　　　　　单位：元

| 20×8年 | | 凭证号数 | 摘　要 | 借　方 | 贷　方 | 借或贷 | 余　额 |
月	日						
1	1		期初余额			贷	4 000
1	9	①	购料欠款		30 000	贷	34 000
1	20	③	偿还欠款	30 000		贷	4 000

小　　结

> 　　总分类账账户与其所属明细分类账账户之间平行登记的结果是：总分类账账户与其所属明细分类账账户之间必然形成相互核对的关系，可用公式表示如下。
>
> 总分类账账户期初借（或贷）方余额＝所属明细分类账账户期初借（或贷）方余额之和
> 总分类账账户本期借（或贷）方发生额＝所属明细分类账账户本期借（或贷）方发生额之和
> 总分类账账户期末借（或贷）方余额＝所属明细分类账账户期末借（或贷）方余额之和

职业能力训练

一、单选题

1. 借贷记账法发生额试算平衡的依据是（　　　）。
   A. 借贷记账法记账规则　　　　　　B. 业务内容
   C. 会计等式　　　　　　　　　　　D. 业务类型

2. 借贷记账法余额试算平衡的依据是（　　　）。
   A. 借贷记账法记账规则　　　　　　B. 业务内容
   C. 会计等式　　　　　　　　　　　D. 业务类型

3. 通过试算平衡能够查出来的错误是（　　　）。
   A. 漏记经济业务　　　　　　　　　B. 重复记录经济业务
   C. 记账方向错误　　　　　　　　　D. 金额错误

4. 按照平行登记法的原则，发生的经济业务在相关的总账和明细账的登记方法是（　　　）。
   A. 根据总账登记明细账　　　　　　B. 根据明细账登记总账
   C. 先记总账后记明细账　　　　　　D. 根据相同的原始依据各自独立登记

5. 下列的记账错误中不能通过试算平衡检查发现的是（　　　）。
   A. 将某一账户的发生额500元误写成5 000元
   B. 漏记了某一账户的发生额

C. 将应记入"管理费用"账户的借方发生额，误记入"制造费用"账户的借方

D. 重复登记了某一账户的发生额

二、业务题

1. （练习借贷记账法下的会计分录编制方法、账户登记方法和试算平衡方法）某企业3月份发生如下经济业务。

① 收到投资者投入的货币资金600 000元，已存入银行。

② 用银行存款30 000元购入原材料一批。

③ 购入机器设备一台，买价和运费合计15 000元，货款尚未支付。

④ 从银行提取现金2 000元备用。

⑤ 从银行取得临时长期借款500 000元，存入银行。

⑥ 用银行存款35 000元偿还短期借款。

⑦ 生产产品领用材料一批，价值12 000元。

⑧ 用银行存款100 000元偿还短期借款。

该企业3月初有关总分类账账户的余额如下。

库存现金	1 300元
银行存款	216 000元
原 材 料	24 700元
固定资产	460 000元
生产成本	35 000元
短期借款	100 000元
应付账款	50 000元
实收资本	587 000元

要求：

（1）根据所给经济业务编制会计分录；

（2）根据给出余额资料的账户开设并登记有关总分类账账户（开设T形账户即可）；

（3）根据账户的登记结果编制"总分类账账户发生额及余额试算表"。

2. 利和股份公司所属的宏远工厂生产M产品，构成M产品实体的主要材料为乙材料，其次为甲材料和丙材料。该工厂对原材料采取定向采购策略，其中甲材料自友谊工厂购入，乙材料自胜利工厂购入，丙材料自捷达工厂购入。本月各种材料只购入一次。该工厂的会计在按照平行登记的原则记账时，误记了有关的明细分类账账户，导致总分类账账户与相关明细分类账账户的记录结果不符，其不符的记录为

原材料总账账户余额为：72 800元。其中：甲材料25 300元，乙材料11 000元，丙材料6 500元。

应付账款总账账户余额为：50 200元。其中：友谊工厂15 000元，胜利工厂28 700元，捷达工厂6 500元。

公司的会计人员在对有关明细账进行检查时，发现下列有助于查找错误的内容：从友谊工厂购入甲材料时即付15 000元，乙材料中现购7 600元，原材料明细账账户中只有一个明细账账户记错。

要求：假如你是利和股份公司的会计，请指出记账过程中的错误所在，并予以更正。

项目 **2**

建立会计账簿

任务 1　认知凭证

【任务目标】

认知目标：理解凭证的概念，了解凭证的种类。

能力目标：培养学生勤于动手、勇于探究、解决实际问题的能力，能够将生活与会计紧密结合。

情感目标：培养学生对会计的兴趣，提高后续学习的热情。

【会计故事】

假发票遇上地税干部的"火眼金睛"

岁末年初，正是各部门办理结算的忙碌时节。

一天，××县地税局纳税服务局小阳来到××县××镇财政所办理有关业务。当天前来办事的人非常多，其中大多是到财政所办理结算业务的。在等待的过程中，小阳无意看见摊在财政所出纳员前面的一张 27 万多元的发票有些异常。出于职业的敏感，小阳请出纳员将发票拿给他看看。粗粗一看，仅凭外形和公章等确实很难发现此发票的真假，水印、打印机打印、猩红的公章等，一丝不苟，足以乱真。小阳拿着发票仔细观察，调动自己记忆库的发票数据，终于发现此发票的发票代码和发票号码应该属于 20×1 年上半年时段，而不是 20×2 年 1 月。找到发票的破绽，小阳在征得对方同意后，马上拿出手机对发票进行拍照取证，以便回地税局进一步确认。经过发票系统比对，此发票确实属于假发票。发票号码是在江西省地方税务局发票系统内，但是号码已经在 20×1 年 4 月 10 日已经开出，而此张发票是 20×2 年 1 月 8 日开出，并且发票上的金额和内容都完全不同。

> ××县地税局对此事高度重视，马上指示稽查局组织力量进行调查。通过进一步的查找，还发现了两张类似的发票，票面金额合计50多万元。地税干部练就的火眼金睛为国家挽回数万元的税收。××县财政局的领导对小阳竖起了大拇指说："你真是假发票的克星啊！以后我们××县财政系统聘请你当我们的发票特约监察员！"

工作1　认知原始凭证

在会计核算中，任何单位发生的经济业务在时间、地点、性质、数量、金额和经办单位或人员等方面都会有所不同。为了区别不同的经济业务，明确经办单位和相关人员的经济责任，必须办理凭证手续，即由执行或完成该项经济业务的有关人员填制或取得会计凭证，详细说明该项经济业务的内容，并在会计凭证上签名或盖章，以明确经济责任。

会计凭证是记录经济业务、明确经济责任的书面证明，是登记账簿的依据。其主要作用如下。

① 提供记账依据。

② 可以用来明确经济责任，有利于加强经济责任制。

③ 是实行会计监督的依据。

在日常会计核算中，由于会计主体发生经济业务或事项的性质不同，管理上的要求也不尽相同，因此所形成的会计凭证就会有所不同。通常情况下，会计凭证按照其用途和填制程序的不同可以分为原始凭证和记账凭证。

一、原始凭证的概念

原始凭证，又称原始单据，是指在经济业务发生或完成时取得或填制的，用以记录、证明经济业务已经发生或完成的证据，是进行会计核算的原始资料。原始凭证记载着大量的经济信息，又是证明经济业务发生的初始文件，与记账凭证相比较，具有较强的法律效力，因此它是一种很重要的会计凭证。

无论哪一种原始凭证，都必须具有以下基本内容，这些基本内容称为原始凭证的要素。

① 原始凭证的名称及编号。

② 原始凭证的日期。

③ 接受原始凭证的单位名称或个人名称。

④ 经济业务的内容。

⑤ 经济业务的单价、数量和金额。

⑥ 填制原始凭证的单位名称或填制人姓名。

⑦ 经办人员的签名和盖章。

图2-1是原始凭证的构成要素。

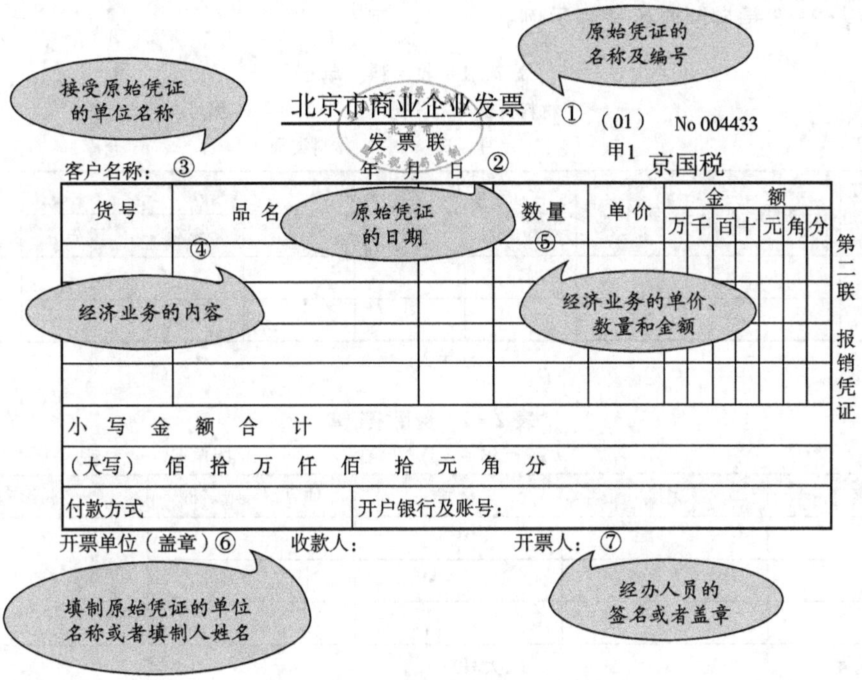

图 2-1 原始凭证的构成要素

二、原始凭证的种类

1. 原始凭证按其来源渠道不同可分为外来原始凭证和自制原始凭证

（1）外来原始凭证

外来原始凭证是指在经济业务发生或完成时，从其他单位或个人直接取得的原始凭证。例如采购时取得的增值税专用发票或普通发票，出差时取得的车票、船票、机票，银行开出的收款或付款的结算凭证等，都是外来原始凭证。图 2-2 是外来原始凭证示例。

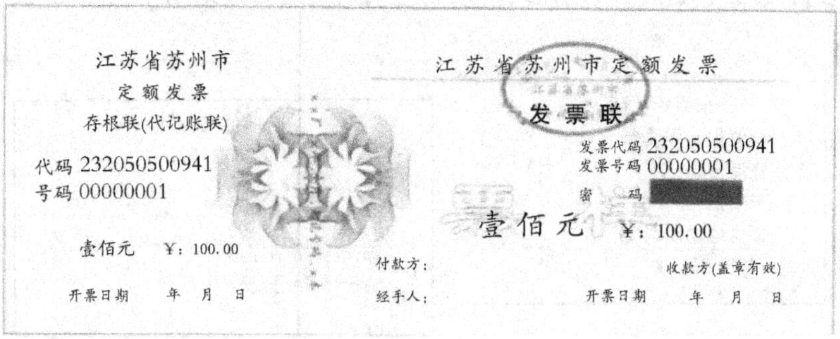

图 2-2 外来原始凭证示例

（2）自制原始凭证

自制原始凭证是指在经济业务发生或完成时，由本单位业务经办部门或个人自行填制的原始凭证。例如产品入库单、产品出库单、领料单、差旅费报销单等，都是自制原始凭证。

表2-1～表2-3是自制原始凭证示例。

表2-1 收 料 单

供货单位：　　　　　　　　　　材料科目：　　　　　　　编号：

发票号码：　　　　　　　　　　年　月　日　　材料类别：　　　仓库：

| 材料编号 | 名称 | 规格 | 数量 | | 实际成本 | | | 合计 |
			应收	实收	单价	金额	运杂费	
合计								

收料人：　　　　　　　　　　　　经手人：

表2-2 费用报销单

部门：　　　　　　　　　　年　月　日　　　　附单据　　张

费用名称	用途	金额	项目编号或名称	部门负责人
合计金额	（大写）		（小写）	

财务负责人：　　　财务审核：　　　报销人：

表2-3 基本生产车间材料费用分配表

车间　　　　　　　　　　　年　月

分配对象	分配标准	分配率	分配金额
合　　计			

主管：　　　　　　　审核：　　　　　　制表

【小整理】

外来原始凭证	自制原始凭证
增值税专用发票	收料单
普通发票	领料单
车船票	工资单
货物运输发票	成本费用结算单
⋮	制造费用分配表
	⋮

自制原始凭证按照其填制方法不同，又可分为一次原始凭证、累计原始凭证和汇总原始凭证三种。

① 一次原始凭证。一次原始凭证简称一次凭证，是指一项或若干项同类经济业务发生时一次填制完成的原始凭证，如增值税专用发票或普通发票、收料单、入库单等。一次原始

凭证的特点是填制手续一次完成、使用方便灵活，但数量较多。

②累计原始凭证。累计原始凭证简称累计凭证，是指在一定期间内连续记载若干项同类经济业务的原始凭证，如限额领料单（见表2-4）。累计原始凭证的特点是填制手续不是一次完成，而且在一定期间内可以随时计算同类经济业务发生额的累计数。累计原始凭证具有简化填制手续、减少凭证张数的作用。

表2-4 限额领料单

领料单位：　　　　　　　　　　　　编号：
　用途：　　　　　　　　　　　　　材料单价：
　计划产量：　　　　年　月　　　　单位消耗定：

材料名称及规格	计量单位	全月领用限额		全月领用	
				数量	金额
领料日期	请领数	实发数	结余数	领料人	领料单位主管	发料人
合计					

供应部门负责人：　　　　　　　生产部门负责人：　　　　　　　仓库：

③汇总原始凭证。汇总原始凭证简称汇总凭证，是指定期根据若干项同类性质经济业务的原始凭证，依据有关要求编制汇总完成的一种原始凭证，故又称原始凭证汇总表，如产品出库汇总表、材料入库汇总表等。表2-5是发出材料汇总表。

表2-5 发出材料汇总表
年　月　日

会计科目	领料部门	原材料	……	合计
合计				

会计主管：　　　　　　　　复核：　　　　　　　　制表：

2. 按照格式不同可分为通用原始凭证和专用原始凭证

（1）通用原始凭证

通用原始凭证是指由有关部门统一印制，在一定范围内使用的具有统一格式和使用方法的原始凭证，如增值税专用发票。

（2）专用原始凭证

专用原始凭证是指由单位自行印制的，仅在本单位内部使用的原始凭证，如收料单、领料单、工资费用分配表等。

工作 2 记账凭证的认知

一、记账凭证的含义

记账凭证也称传票，是根据审核无误的原始凭证或原始凭证汇总表编制的、用来确定会计分录、作为记账依据的一种会计凭证。

凭证传递过程如图 2-3 所示。

图 2-3 凭证传递过程

二、记账凭证的分类

1. 记账凭证按其用途分类

记账凭证按其用途可以分为专用记账凭证和通用记账凭证。

（1）专用记账凭证

专用记账凭证是指分类反映经济业务的记账凭证。这种记账凭证按其反映经济业务的内容不同，又可分为收款凭证、付款凭证和转账凭证。

① 收款凭证。收款凭证是指用于记录现金和银行存款收款业务的会计凭证，如表 2-6 所示。

表 2-6 收 款 凭 证

② 付款凭证（见表 2-7）。付款凭证是指用于记录现金和银行存款付款业务的会计凭证。凡是同时涉及现金和银行存款业务的只编制一张付款凭证。

表2-7　付款凭证

总　号	
分　号	

贷方科目　　　　　　　　　　　　　年　　月　　日　　　　　附件　　　张

摘　　要	应　借　科　目		过账	金　额
	一级科目	二级及明细科目		亿千百十万千百十元角分
			☐	
			☐	
			☐	
			☐	
			☐	
		合　计		

财会主管　　　　记账　　　　出纳　　　　复核　　　　制单　　　　领款人签章

③ 转账凭证（见表2-8）。转账凭证是指用于记录不涉及现金和银行存款业务的会计凭证。

表2-8　转账凭证

总　号	
分　号	

年　　月　　日　　　　　附件　　　张

摘　　要	一级科目	二级及明细科目	过账	借方金额	贷方金额
				千百十万千百十元角分	千百十万千百十元角分
			☐		
			☐		
			☐		
			☐		
			☐		
			☐		
		合　计			

财会主管　　　　复核　　　　记账　　　　制单

（2）通用记账凭证

通用记账凭证是指用来反映所有业务的记账凭证。业务量少的单位也可不用收款凭证、付款凭证、转账凭证，而用一种通用的记账凭证。通用记账凭证如表2-9所示。

表 2 - 9　通用记账凭证　　　　总号 _____

年　　月　　日　　　　分号 _____

摘　要	总账科目	明细科目	过账	借方金额										贷方金额										
				千	百	十	万	千	百	十	元	角	分	千	百	十	万	千	百	十	元	角	分
合　计																							

附凭证　　张

财务主管　　　　记账　　　　出纳　　　　　　　复核　　　　　制单

2. 记账凭证按其填列会计科目的数目分类

记账凭证按其填列会计科目的数目分类，可以分为单式记账凭证和复式记账凭证两类。

（1）单式记账凭证

单式记账凭证是指每一张记账凭证只填列经济业务事项所涉及的一个会计科目及其金额的记账凭证。填列借方科目的称为借项记账凭证，填列贷方科目的称为贷项记账凭证，如表 2 - 10 和表 2 - 11 所示。

表 2 - 10　借项记账凭证

年　　月　　日　　　　　　　　凭证编号　记字　　号

摘要	总账科目	明细科目	账页	金额
对应一级科目		合计		

会计主管：　　　　记账：　　　　出纳：　　　审核：　　　　制单：

表 2 - 11　贷项记账凭证

年　　月　　日　　　　　　　　凭证编号　记字　　号

摘要	总账科目	明细科目	账页	金额
对应一级科目		合计		

会计主管：　　　　记账：　　　　出纳：　　　审核：　　　　制单：

（2）复式记账凭证

复式记账凭证是指将每一笔经济业务事项所涉及的全部会计科目及其发生额均在同一张记账凭证中反映的一种凭证。专用记账凭证和通用记账凭证都属于复式记账凭证。

3. 记账凭证按其包括的内容分类

记账凭证按其包括的内容不同，可分为单一记账凭证、汇总记账凭证和科目汇总表三类。

单一记账凭证，是指只包括一笔会计分录的记账凭证。专用记账凭证和通用记账凭证均为单一记账凭证。

汇总记账凭证，是指根据一定时期内同类单一记账凭证加以汇总而重新编制的记账凭证。汇总记账凭证又可分为汇总收款凭证、汇总付款凭证和汇总转账凭证。

科目汇总表（亦称记账凭证汇总表、账户汇总表），是指根据一定时期内所有的记账凭证定期汇总而重新编制的记账凭证。

三、记账凭证的基本要素

记账凭证虽然种类不一，编制依据各异，但是各种记账凭证的主要作用都是对原始凭证进行归类整理，运用账户和复式记账的方法，编制会计分录，为登记账簿提供直接依据。因此，所有的记账凭证都必须包含以下要素。记账凭证的构成要素如图2-4所示。

① 记账凭证的名称。

② 填制凭证的日期。

③ 凭证编号。

④ 经济业务内容摘要。

⑤ 会计科目名称和金额。

⑥ 所附原始凭证的张数。

⑦ 记账备注，即已登记账簿的金额，应在"过账"栏内打"√"号或签章。

⑧ 相关人员签章。

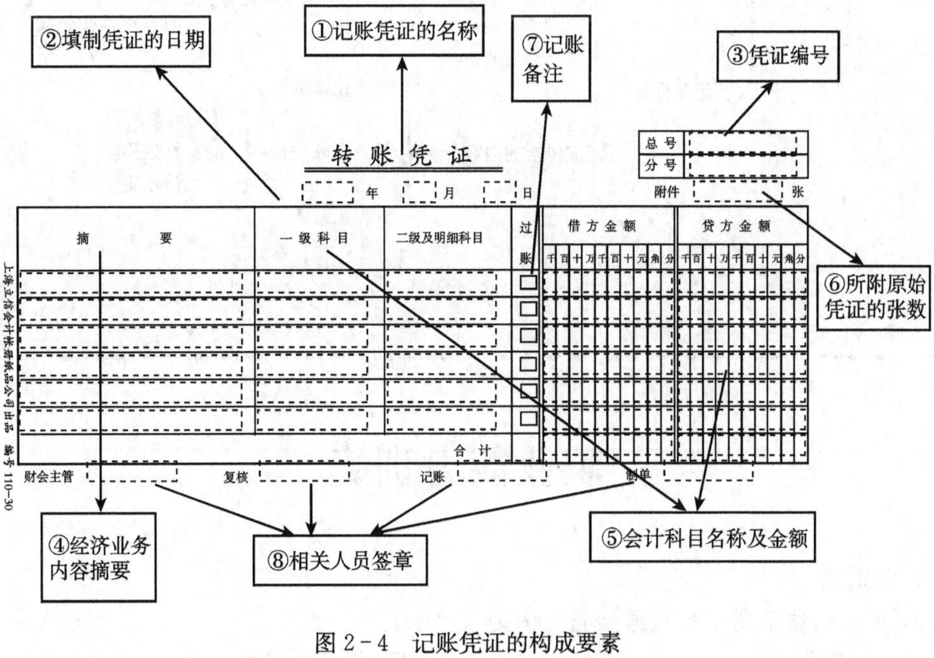

图2-4　记账凭证的构成要素

小　　结

我来归纳下会计凭证，具体如图2-5所示。

会计凭证按照编制程序和用途分类

- 原始凭证
  - 按来源分类
    - 外来原始凭证
    - 自制原始凭证
  - 按格式分类
    - 通用原始凭证
      - 一次原始凭证
      - 累计原始凭证
      - 汇总原始凭证
    - 专用原始凭证
- 记账凭证
  - 按用途分类
    - 通用记账凭证
    - 专用记账凭证
      - 收款凭证
      - 付款凭证
      - 转账凭证
  - 按填列会计科目的数目分类
    - 复式记账凭证
    - 单式记账凭证
      - 借项记账凭证
      - 贷项记账凭证
  - 按包括的内容分类
    - 单一记账凭证
    - 汇总记账凭证
      - 汇总收款凭证
      - 汇总付款凭证
      - 汇总转账凭证
    - 科目汇总表

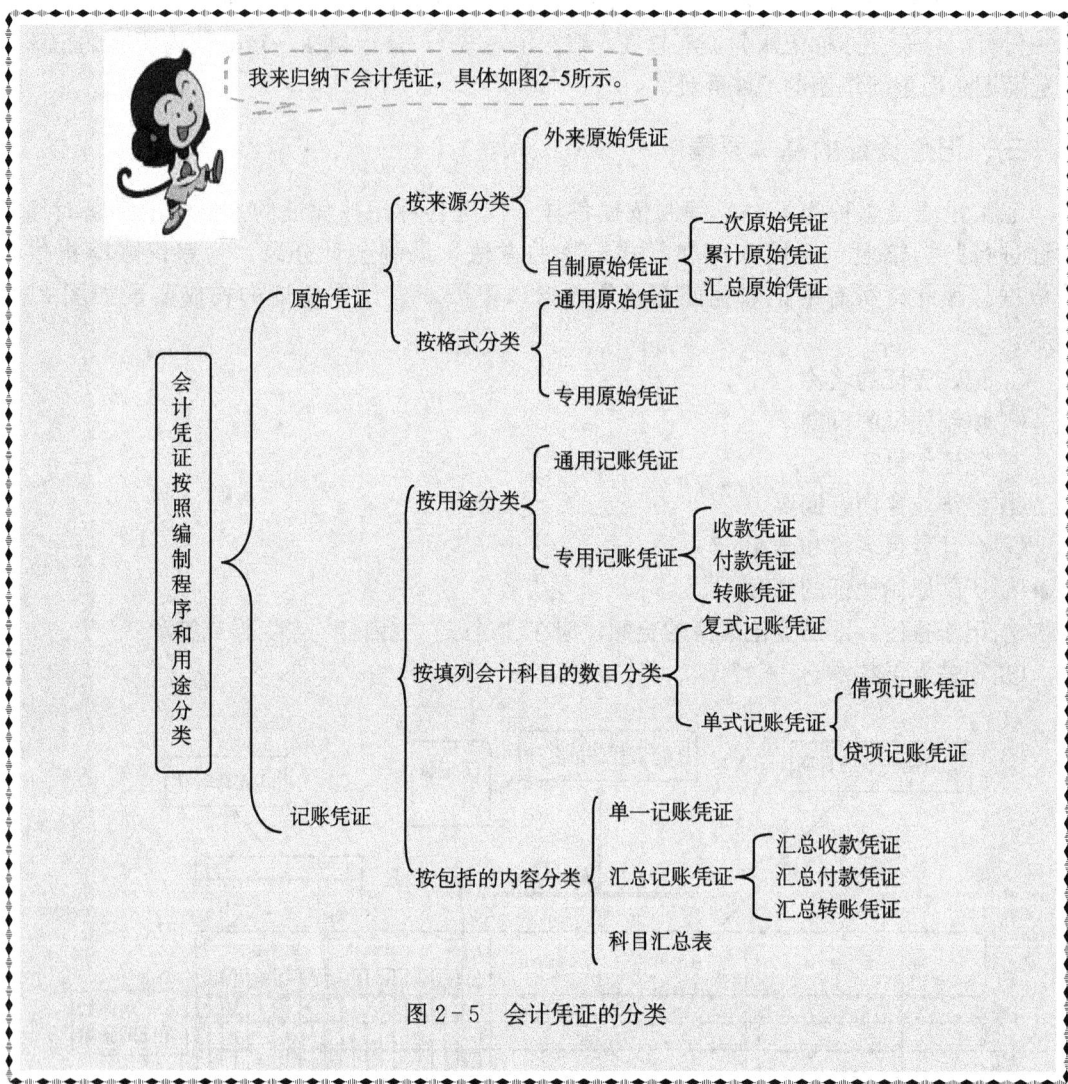

图 2-5　会计凭证的分类

职业能力训练

一、单选题

1. 下列原始凭证属于外来原始凭证的是（　　　）。

    A. 入库单　　　　　　B. 出库单　　　　　　C. 银行收款通知单　　　　D. 领料汇总表

2. "工资结算汇总表"是一种（　　　）。

    A. 一次凭证　　　　　B. 累计凭证　　　　　C. 汇总凭证　　　　　　　D. 复式凭证

3. 原始凭证是由（　　　）取得或填制的。

　　A. 总账会计　　　　　　　　　　　　B. 业务经办单位或人员

　　C. 会计主管　　　　　　　　　　　　D. 出纳人员

4. 销售产品收到商业汇票一张，应该填制（　　　）。

　　A. 银收字记账凭证　　　　　　　　　B. 现付字记账凭证

　　C. 转账凭证　　　　　　　　　　　　D. 单式记账凭证

5. 下列不能作为会计核算原始凭证的是（　　　）。

　　A. 发货票　　　　　B. 合同书　　　　　C. 入库单　　　　　D. 领料单

6. 货币资金之间的划转业务只编制（　　　）。

　　A. 付款凭证　　　　B. 收款凭证　　　　C. 转账凭证　　　　D. 记账凭证

7. 原始凭证是在（　　　）时取得的。

　　A. 经济业务发生　　B. 填制记账凭证　　C. 登记总账　　　　D. 登记明细账

8. 在实际工作中，规模小、业务简单的单位，为了简化会计核算工作，可以使用统一格式的（　　　）。

　　A. 转账凭证　　　　　　　　　　　　B. 收款凭证

　　C. 付款凭证填制和审核会计凭证　　　D. 通用记账凭证

9. 企业购进一批材料，价值 60 000 元，款未付，该笔经济业务应编制的记账凭证是（　　　）。

　　A. 收款凭证　　　　B. 付款凭证　　　　C. 转账凭证　　　　D. 以上均可

10. "限额预料单"属于（　　　）。

　　A. 累计凭证　　　　B. 外来凭证　　　　C. 汇总凭证　　　　D. 付款凭证

二、多选题

1. 会计凭证按其填制的程序和用途不同，可分为（　　　）。

　　A. 原始凭证　　　　B. 记账凭证　　　　C. 一次凭证　　　　D. 积累凭证

2. 记账凭证按其反映经济业务内容的不同，可分为（　　　）。

　　A. 一次凭证　　　　B. 付款凭证　　　　C. 收款凭证　　　　D. 转账凭证

3. "收料单"是（　　　）。

　　A. 外来原始凭证　　B. 自制原始凭证　　C. 一次凭证　　　　D. 累计凭证

4. "限额领料单"是（　　　）。

　　A. 外来原始凭证　　B. 自制原始凭证　　C. 一次凭证　　　　D. 累计凭证

5. 原始凭证应具备的基本内容有（　　　）。

　　A. 原始凭证的名称和填制日期　　　　B. 接受凭证单位名称

　　C. 经济业务的内容　　　　　　　　　D. 数量、单价和大小写金额

6. 收款凭证中"借方科目"可能涉及的账户有（　　　）。

　　A. 现金　　　　　　B. 银行存款　　　　C. 应付账款　　　　D. 应收账款

7. 记账凭证必须具备的基本内容有（　　　）。

　　A. 记账凭证的名称　　　　　　　　　B. 填制日期和编号

　　C. 经济业务的简要说明　　　　　　　D. 会计分录

8. 下列经济业务中，应填制转账凭证的是有（　　　）。

A. 国家以厂房对企业投资　　　　　B. 外商以货币资金对企业投资

C. 购买材料未付款　　　　　　　　D. 销售商品收到商业汇票一张

三、判断题

1. 任何会计凭证都必须经过有关人员的严格审核，确认无误后，才能作为记账的依据。

（　　）

2. 原始凭证和记账凭证都是具有法律效力的证明文件。　　　　　　　　　（　　）

3. 采用累计原始凭证可以减少凭证的数量和记账的次数。　　　　　　　　（　　）

4. 一张累计原始凭证可连续记录所发生的经济业务。　　　　　　　　　　（　　）

5. 记账凭证的编制依据是审核无误的原始凭证。　　　　　　　　　　　　（　　）

任务 2　建立会计账簿

【任务目标】

认知目标：了解会计账簿的意义及种类，理解并掌握会计账簿设置的过程。

能力目标：培养学生的观察和思维能力，树立账务管理意识。

情感目标：培养学生的团队意识，激发学习兴趣。

【会计故事】

原来你和我的账簿竟然如此不同

一、我被胖丫头撞了一下腰

姚芬兰比我大 10 岁，16 岁那年到我家时，一屁股坐下去，小椅子就散了架，我目瞪口呆地看着手足无措的她，在她开始脸红时嘻嘻笑起来："大屁股，大屁股！"她恨恨地走过来，不动声色就撞了我的腰，我跌坐在地上，哇哇大哭。妈妈过来拉我，还有继父，往我手里塞了很多稀罕糖果，但我还是固执地闭上嘴巴，不肯叫她"姐姐"。

姚芬兰是继父带过来的女儿，17 岁才考上高中，她成绩不好，却偏爱去学校，老师总罚她抄课文，继父又叮嘱她多做家务为妈妈减轻负担，她便常常累得腰酸背疼，做饭也会发小小的脾气，把水瓢重重地扔来扔去，或者发狠地捣猪草。我故意在一旁嘲笑她，她急起来，如老鹰一样到处捉我。

继父说："芬兰，你让着小跳点儿，当姐姐得有当姐姐的样子。"她牙齿快把嘴唇咬出血了，哼了一声说："她姓伊，我姓姚，怎么偏偏成姐妹了？"继父想了想，觉得她说得有理，第二天竟然带我去公安局改了名字，我就成了姚小跳。7 岁的我，没有办法反抗，想起前年生病去世的父亲，我哭起来，一路伤心地流泪回家。那天晚上，姚芬兰破天荒地帮我打来洗脚水，还偷偷塞给我一包奶糖，我数了数，一共有 7 颗糖，其中 4 颗已经和糖纸"血肉相连"了，不知姚芬兰攒了多久。我心安理得地吃完她的糖，仍旧仇恨她怂恿继父逼我姓了姚。

二、小跳，你不要怕

我7岁时，妈妈和继父一道去了采石场，但没想到他们刚刚劳作半个月就出了事。遇到哑炮是采石工最害怕的事，偏偏那个哑炮是继父点的，他纳闷地走上前去检查，结果被炸得四分五裂。妈妈当时心里也许有了什么预感，大声叫着"老姚小心"扑过去，自然和不那么小心的老姚一同被炸得飞起来。

姚芬兰去学校领走我，一路小跑，她的手紧紧握着我的手，汗水湿得像水涝，我边跑边哭了起来。

姚芬兰停下来，摸摸我的头发，她从来没这么温柔地说："小跳，不要怕，一切有姐姐在。"说完我俩又狂跑。

医院里，继父早闭了眼，妈妈也只剩一口气，她望着我一个劲儿地掉眼泪。姚芬兰走过去叫了一声"妈"，这一年她都羞于叫这个字，可能在她和我心里，父母都是别人无可替代的。但现在，她忍着泪喊了："妈，您放心，我会好好照顾小跳长大的。"

妈妈被人用白布蒙住，我挣脱姚芬兰的怀抱，大哭着扑上去，她拉了几次，我都拳打脚踢地挣开，姚芬兰生了气，我几乎忘记她是一个有蛮力的胖丫头了，她一个巴掌扇过来，我耳朵嗡嗡响，眼前星星飞舞，什么都听不见了，除了姚芬兰恶狠狠地说："人都死了，你哭，能把他们哭回来？给我节约眼泪，回家，明天还要上学！"

可是，那天姚芬兰却没有走进高中校门，第二天，第三天，后来的后来，她辍了学，跟着大人在镇上当起了民工。

三、成绩不好，你知道有什么代价吧

姚芬兰有一个笔记本，专门来记录我亏欠她的钱物。她说："姚小跳，从今开始，我就是你的债主了，你欠我的钱，我会计算利息，你长大之后要连本带息还给我！"我尖声回敬她："我不是姚小跳，我是伊小跳！"她粗短的手指抚摸笔记本的硬皮封面，嘿嘿笑着说："管你姓什么，反正你现在吃着我姚家的饭。"

1990年，我8岁，姚芬兰18岁，她的力气已经可以当一个男人使了，她背砖、扛水泥，麦熟季节穿件大背心就能在田里从早干到晚。和同龄姑娘相比，她腰身粗壮、嗓门洪亮、手大脚糙，是那么不好看。但她还有一点点"小资情结"，每次路过高中校门，都要朝里面东张西望，她的同班同学快升高三了，她用羡慕的目光望着他们，回家后，便更加法西斯地对待我。

姚芬兰为我们之间的债务关系制定了很多奇怪的附属条件，比如说她的利息涨幅是随她心情而来的。如果我在期末考试中落到了第二名，她就自作主张把利息率提高到20%，而且还是利滚利。我偷偷算了一下，大脑都空白了，这样滚下去，等我大学毕业，简直要付给姚芬兰百万元才够！事情往往都是这样，逼到绝路反而激发出人的无穷潜能了。从小学到初中，我竟真的稳稳当当保住了第一的位置。

四、我不是对你好，是怕你赖账

初三那年夏天，我正在操场和同学打羽毛球，突然被同学发现裤子上有血。我往后一看，简直吓晕了，以为自己要死了，和当年被炸得浑身是血的妈妈一样，我坐在地上就开始哭。

晚上回家，一见我她就开始嘲讽，我知道是我的那个同学出卖了我。我脸红得要命，简直想找个地缝躲进去，这本来就是我的隐痛了，再被姚芬兰一放大，想死的心都有。

然而我发现那天的菜格外丰盛，竟然有几条过年都难得吃到的鲫鱼，还有一碗热腾腾的鸡蛋面。姚芬兰真舍得放，她起码放了半瓶香油到碗里，鸡蛋煎得嫩黄，小葱翠绿，面条雪白柔韧，简直好吃得要吞掉舌头！我狼吞虎咽地吃着面，把汤都喝干净了才想起，姚芬兰也没吃晚饭呢。我举着一个空碗尴尬地问她："你，你吃了吗？"她摆摆手说："别管我，我饱着呢。"接着，她又说："你使劲用，那个，那个，卫生巾。"最后三个字，她说得小小声的，"用完了再给你买，不要心疼钱。"

15岁的我正处在一个容易被感动的年龄，心事脆薄，姚芬兰平时偏偏又爱用铁血政策压迫我，所以暗暗当她是仇人，她难得像今天这样好，我眼里立即闪烁泪花。姚芬兰反而不习惯了，粗着嗓子说："姚小跳你不用感动，我不是对你好，是怕到时你赖账！"我回嘴："你小看人！你借给我的每笔钱我都记得清清楚楚，一分都不会少你的！"

五、原来你和我的账簿那么不同

考上名牌大学那天，整个乡都震动了，乡长坚持要给我披红挂花。姚芬兰也很激动，脸红红的，躲在人群里，痴痴看我。

到了大学，才知道天地如此不同，一切都美丽得让人目不暇接。我原本立下了雄心壮志，想要兼职打工，尽早还清姚芬兰的钱。但五彩缤纷的社团活动、精彩纷呈的图书馆，甚至花前月下的爱情，样样都在诱惑我，让我的赚钱计划打了水漂。

一学期下来，姚芬兰竟然托人送了3次钱给我，她说她去上海打工了，让我寒假留在学校里，多看点儿书。

如是，我便心安理得地继续泡图书馆、参加辩论赛、和喜欢的男孩子一起散步聊天。此后每个假期，姚芬兰都从上海、无锡、杭州或者汕头寄钱给我。她四处打工，写来的信，依旧固执地叫我"姚小跳"，她说："姚小跳真羡慕你能上大学啊，你要好好读书，这样姐姐再累也有盼头了。"

也许太久没见，我甚至开始有一点点想念她。等我戴上了硕士帽的那一年，姚芬兰写信给我，她说她要结婚了，请我和男友去家乡喝喜酒。

我终于见到了7年没见面、只靠写信来联系的姐姐。她老了，屈指一算，已经是35岁的女人，因为常年在工地上劳作，看上去就像是45岁的人。姐夫是个憨厚老实的男人，他把我叫到角落小声说："小跳，你不要怪姐姐一直不肯去看你，她专门去过你念书的地方呢，但是躲在校门外，死活不肯进去，她说怎么能让同学们知道姚小跳有这样一个又老又丑的姐姐呢？"

我的眼泪渐渐弥漫上来，一直觉得她是个讨厌又刻薄的丫头，但在她胖大的身躯里，又藏着多疼我又多纤柔温暖的心！

喝过喜酒，姐姐拉着我的手去卧室说悄悄话，看着我欲言又止的样子，她笑着问："你是想看看账簿吧？"我脸红红地点头。于是，终于看见了那个封皮已经磨损得厉害的笔记本——

1989年11月13日，爸妈下葬，我不能让小跳软弱下去，逼她去上学，打了她，但是我的心很痛。

1990 年 6 月 1 日，我没钱为小跳买礼物，对不起，妹妹。

1997 年 9 月 1 日，小跳考上了重点高中，她成绩那么好，我一定要努力攒钱，供她念大学。

2000 年 8 月 2 日，小跳被北京大学录取了！我兴奋得一宿没睡。

笔记本的最后写着：小跳，请原谅姐姐的粗暴，爸妈去世时，我也是个孩子，不懂得怎么照顾你，只能逼自己、逼你都坚强起来，这样，我们才能抵挡风雨，好好活下去。

我抱着账簿，叫了一声"姐姐"，投入她厚暖的怀抱，其他什么都说不出来了。原来，我俩的账簿，如此不同，我是多么傻，她给的爱是隐形，但切实存在，一直包围在我的左右，让我幸福地长大。

资料来源：根据互联网资料整理．

工作1　会计账簿的认知

一、会计账簿的含义及设置会计账簿的意义

（一）会计账簿的含义

会计账簿是指由具有一定格式、相互联系的账页所组成，用来序时、分类地全面记录一个企业、单位经济业务事项的会计簿籍。

各单位通过填制和审核会计凭证，可以将每日发生的经济业务通过会计凭证记录和反映。但是凭证数量多且分散，并且每一张凭证只能记载个别经济业务，因此所提供的资料是不全面的。为了全面、系统、连续地反映和监督某一单位在一定时期内的经济业务活动和财务收支情况，便于日后查阅和使用，需要把会计凭证所记载的大量分散资料加以分类、整理，这一任务是通过设置和登记会计账簿来实现的。

（二）设置会计账簿的意义

设置和登记会计账簿是编制财务报表的基础，是连接会计凭证与财务报表的中间环节。科学地设置会计账簿和正确地登记会计账簿对保证财务报表的正确性和及时性，对加强经济管理、充分发挥会计在经济管理中的作用具有十分重要的意义。

① 通过账簿的设置和登记，可以记载、储存会计信息。将会计凭证所记录的经济业务记入有关账簿，可以全面反映会计主体在一定时期内所发生的各项资金运动，储存所需要的各项会计信息。

② 通过账簿的设置和登记，可以分类、汇总会计信息。账簿由不同的相互关联的账户所构成，通过账簿记录，一方面可以分门别类地反映各项会计信息，提供一定时期内经济活动的详细情况；另一方面可以通过发生额、余额计算，提供各方面所需要的总括会计信息。

③ 通过账簿的设置和登记，可以检查、校正会计信息。账簿记录是会计凭证信息的进一步整理。

④ 通过账簿的设置和登记，可以输出会计信息。为了反映一定日期的财务状况及一定时期的经营成果，应定期进行结账工作，进行有关账簿之间的核对，计算出本期发生额和余

额，据以编制财务报表，从而为有关各方提供所需要的会计信息。

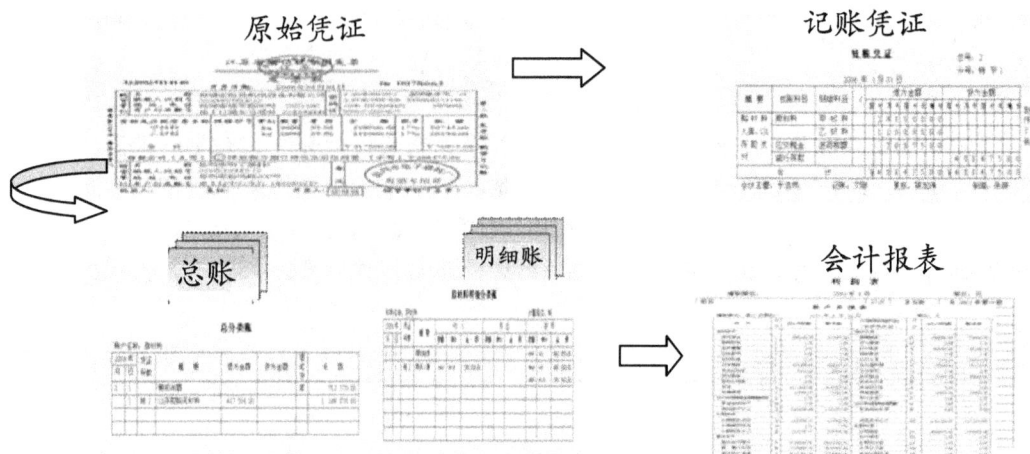

图 2-6 会计循环图

二、会计账簿分类

账簿的种类繁多，不同的账簿，其用途、形式、内容和登记方法各不相同。为了更好地了解和使用各种账簿，有必要对会计账簿进行分类。

（一）按会计账簿的用途分类

1. 序时账簿

序时账簿又称日记账，是按照经济业务发生或完成时间的先后顺序逐日逐笔进行登记的账簿。序时账簿按照会计凭证号码的先后顺序进行登记。在会计工作发展的早期，就要求必须将每天发生的经济业务逐笔登记，以便记录当天发生的金额，因而习惯上称序时账簿为日记账。序时账簿按其记录内容的不同，又可分为普通日记账和特种日记账两种。普通日记账是将企业每天发生的所有经济业务，不论其性质如何，按其先后顺序，编成会计分录记入账簿；特种日记账是按经济业务性质单独设置的账簿，它只把特定项目按经济业务顺序记入账簿，反映其详细情况，如库存现金日记账和银行存款日记账。特种日记账的设置，应根据业务特点和管理需要而定。那些发生频繁、需严加控制的项目，应设置特种日记账。转账日记账、现金日记账、银行存款日记账等就属于特种日记账。

2. 分类账簿

分类账簿是用于登记各类经济业务增减变动及其余额的账簿，它一般根据会计科目的名称设置。分类账簿按其提供核算指标的详细程度不同，又分为总分类账和明细分类账。总分类账，简称总账，是根据总分类科目开设账户，用来登记全部经济业务，进行总分类核算，提供总括核算资料的分类账簿。明细分类账，简称明细账，是根据明细分类科目开设账户，用来登记某类经济业务，进行明细分类核算，提供明细核算资料的分类账簿。

3. 备查账簿

备查账簿又称辅助账簿，是对某些在序时账簿和分类账簿等主要账簿中都不予登记或登记不够详细的经济业务事项进行补充登记时使用的账簿。它可以为某些经济业务的内容提供必要的参考资料。备查账簿的设置应视实际需要而定，并非一定要设置，而且没有固定格式，如设置租入固定资产登记簿、代销商品登记簿等。

（二）按会计账簿的格式分类

1. 两栏式账簿

两栏式账簿只设有借方栏和贷方栏两个基本栏。普通日记账（见表2-12）通常采用此种账簿格式。

表2-12　普通日记账

普通日记账								
20××年		凭证		摘要	会计科目	借方金额	贷方金额	过账
月	日	字	号					

2. 三栏式账簿

三栏式账簿设有借方栏、贷方栏和余额栏三个基本栏，适用于日记账、只进行金额核算的资本、债权、债务明细账，如"应收账款""应付账款""实收资本"等账户的明细分类核算。三栏式现金日记账的格式如表2-13所示。

表2-13　三栏式现金日记账

年		凭证		摘要	对方科目	借方	贷方	借或贷	余额
月	日	种类	号数						

3. 多栏式账簿

多栏式账簿是在账簿的两个基本栏——借方栏和贷方栏的基础上按照需要分设若干个专栏的账簿。多栏式账簿适用于收入类、成本类、费用类、利润类等账户的明细账，如"生产成本""管理费用""营业外收入""本年利润"等账户的明细分类核算。表2-14是管理费用明细账。

表2-14　管理费用明细账

年		凭证编号	摘要	借方金额					贷方金额	余额
月	日			办公	工资	折旧	劳保	合计		

4. 数量金额式账簿

这种账簿的借方栏、贷方栏和余额栏三个栏目内，都分设数量、单价和金额三个小栏，以反映财产物资的实物数量和价值量，如"原材料""库存商品""产成品""固定资产"等账户的明细账。表2-15是原材料明细账。

表2-15　原材料明细账

年		凭证		摘　要	借			贷			余　额		
月	日	字	号		数量	单价	金额	数量	单价	金额	数量	单价	金额

（三）按会计账簿的外形特征分类

> 借、贷、余三栏分别设数量、单价、余额三小栏

会计账簿按外形特征，可分为订本式账簿、活页式账簿和卡片式账簿，如图2-7所示。

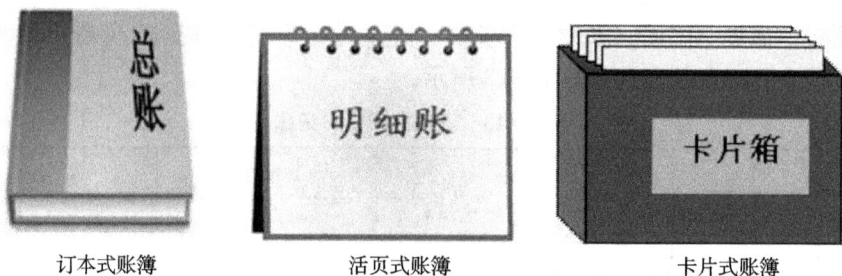

订本式账簿　　　　　　　活页式账簿　　　　　　　卡片式账簿

图2-7　会计账簿按外形特征分类

1. 订本式账簿

订本式账簿，简称订本账，是在启用前将编有顺序页码的一定数量账页装订成册的账簿。这种账簿，一般适用于重要的和具有统驭性的总分类账、现金日记账和银行存款日记账。

这种账簿的优点是：可以避免账页散失，防止账页被抽换，安全。缺点是：同一账簿在同一时间只能由一人登记，这样不便于会计人员分工协作，也不便于计算机打印记账。

注意：特种日记账，如现金日记账和银行存款日记账，以及总分类账必须采用订本账形式。

2. 活页式账簿

活页式账簿，简称活页账，是将一定数量的账页置于活页夹内，可根据记账内容的变化随时增加或减少部分账页的账簿。活页账一般适用于明细分类账。

这种账簿的优点是：可以根据实际需要增添账页，不会浪费账页，使用灵活，并且便于同时分工记账。缺点是：账页容易散失和被抽换。

注意：各种明细分类账可采用活页账形式。

3. 卡片式账簿

卡片式账簿，简称卡片账，是将一定数量的卡片式账页存放于专设的卡片箱中，账页可以根据需要随时增添的账簿。卡片账一般适用低值易耗品、固定资产等账户的明细核算。

注意： 在我国一般只对固定资产明细账采用卡片账形式。

图2-8是会计账簿的分类。

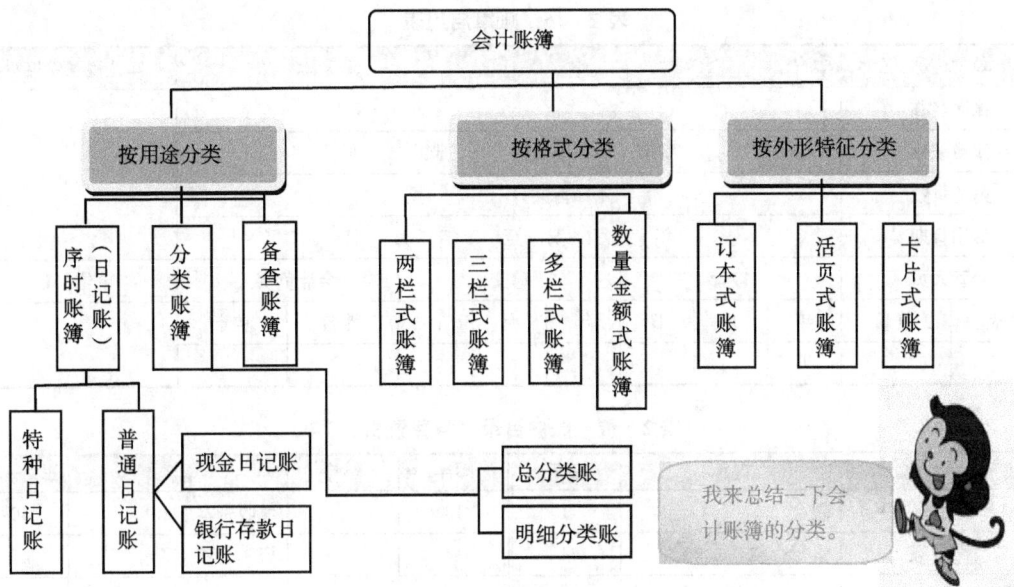

图2-8 会计账簿的分类

工作2 建 账

一、账簿的内容

各单位应按照会计核算的基本要求和会计规范的有关规定，结合本单位经济业务的特点和经营管理的需要，设置必要的账簿，并认真做好记账工作。账簿一般应包括以下基本内容。

1. 封面

主要用来标明账簿名称，如总分类账、明细分类账、现金日记账、银行存款日记账等。

2. 扉页

主要列明科目索引、账簿启用和经管人员一览表（活页账、卡片账在装订成册后，填写账簿启用经管人员一览表（账簿启用表））。

3. 账页

账页是账簿的主体，因反映的经济业务内容不同，格式也不尽相同，但账页的基本内容一般包括：

① 账户的名称，简称户头，即会计科目名称；

② 登记账户的日期；

③ 凭证种类和号数；

④ 摘要栏（记录经济业务内容的简要说明）；

⑤ 金额栏（记录经济业务的金额增减变动情况）；

⑥ 总页次和分户页次等基本内容。

表2-16是账簿启用表，表2-17是账户目录。

表2-16　账簿启用表

单位名称										印花税票粘贴处
账簿名称										
账簿编号		字第　　　号；第　　册共　　册								
账簿页数		本账簿共计　　　页								
启用日期		年　　月　　日至　　年　月　　日								
经管人员		接管			移交			会计负责人		单位公章
姓名	盖章	年	月	日	年	月	日	姓名	盖章	

表2-17　账户目录（科目索引）

顺序	编号	名称	页号	顺序	编号	名称	页号
1		现金	1	13		实收资本	40
2		银行存款	4	14		资本公积	45
3		应收账款	7	15		盈余公积	50
4		待摊费用	10	16		本年利润	53
5		原材料	14	17		利润分配	60
6		库存商品	18	18		生产成本	65
7		固定资产	22	19		制造费用	70
8		累计折旧	25	20		主营业务收入	75
9		应付账款	28	21		主营业务成本	80
10		应付工资	31	22		主营业务税金及附加	85
11		应付福利费	34	23		管理费用	90
12		应交税金	37	24		营业费用	95

二、建账

（一）建账的目的

依法建立账册，不仅是国家法律的强制要求，也是加强单位经营管理的客观需要。建立会计账册是一项非常重要的会计基础工作。只有借助会计账册，才能进行会计信息的收集、整理、加工、储存和提供；也只有通过会计账册，才能连续、系统、全面、综合地反映单位的财务状况和经营成果。而依赖会计账册提供的信息，能从本质上揭示一个单位各个环节、各类经济活动的基本状况和存在的问题，使经营管理者比较全面地了解和掌握经营状况，及时采取必要的措施弥补不足，克服困难，改善经营管理。所以，建立会计账册也应该是单位自身的需要。即使是对那些在法律和法规中没有明确要求建账的单位（虽然这样的单位很少也很小），只要它们有经营活动，特别是有营利性的经营活动，也会有随时了解经营状况、计算经营成果的实际需要，也就有建立会计账册的必要。

当然，这并不是说，不分单位大小、业务多少，都要按统一的规格、档次去建立会计账册。正如建立会计账册的需求也来自经营管理的实际需要一样，会计账册具体如何建立，应当在法律、法规的范围内，由单位根据自己的实际需要来确定。

（二）建账的步骤

这里所说的建账就是新建单位或原单位在年度开始时，会计人员根据核算的需要设立账簿，也就是说根据企业业务的具体情况在账本上设置会计科目。建账的步骤如下。

① 按照需用的各种账簿的格式要求，预备各种账页，并将活页的账页用账夹装订成册。

② 在账簿启用表上，写明单位名称、账簿名称、册数、编号、起止页数、启用日期及记账人员和会计主管人员姓名，并加盖名章和单位公章。记账人员或会计主管人员在本年度调动工作时，应注明交接日期、接办人员和监交人员姓名，并由交接双方签名或盖章，以明确经济责任。

③ 按照会计科目表的顺序、名称，在总账账页上建立总账账户，并根据总账账户明细核算的要求，在各个所属明细账户上建立二、三级明细账户。原有单位在年度开始建立各级账户的同时，应将上年账户余额结转过来。

④ 启用订本式账簿，应从第一页起到最后一页止顺序编定号码，不得跳页、缺号；使用活页式账簿，应按账户顺序编本账户页次号码。各账户编列号码后，应填"账户目录"，将账户名称、页次登入目录内，并粘贴索引纸（账户标签），写明账户名称。

（三）建账的要求

我国有关法律、法规对建账问题做出了明确规定。《中华人民共和国会计法》规定：各单位必须依法设置会计账簿，并保证其真实、完整。《中华人民共和国中外合作经营企业法》第十五条规定，合作企业必须在中国境内设置会计账簿，依照规定报送会计报表，并接受财政税务机关的监督。《中华人民共和国外资企业法》第十四条也规定，外资企业必须在中国境内设置会计账簿，进行独立核算，依照规定报送会计报表，并接受财政税务机关的监督。《中华人民共和国公司法》第一百七十一条规定："公司除法定的会计账簿外，不得另立会计账簿。"《中华人民共和国税收征收管理法》第二十二条规定："从事生产、经营的纳税人应当自领取营业执照或者发生纳税义务之日起15日内，按照国家有关规定设置账簿。"《中华人民共和国税收征收管理法实施细则》规定，从事生产、经营的纳税人应当自领取营业执照之日或者发生纳税义务之日起十五日内，按照国家有关规定设置账簿；第二十三条规定，生产、经营规模小又确无建账能力的纳税人，可以聘请经批准从事会计代理记账业务的专业机构或者经税务机关认可的财会人员代为建账和办理账务；聘请上述机构或者人员有实际困难的，经县以上税务机关批准，可以按照税务机关的规定，建立收支凭证粘贴簿、进货销货登记簿或者使用税控装置。

综上所述，国家机关、社会团体、企业、事业单位和符合建账条件的个体工商户及其他经济组织应当建立会计账册的问题，在我国有关法律、法规中一再得到强调并有明确的规定。《会计基础工作规范》第三十六条规定："各单位应当按照《中华人民共和国会计法》和国家统一会计制度的规定建立会计账册，进行会计核算，及时提供合法、真实、准确、完整的会计信息。"

【知识链接】

小企业建账

小企业应设置账簿，具体如下。

① 现金日记账。一般企业只设1本现金日记账。但如有外币，则应就不同的币种分设现金日记账。

② 银行存款日记账。一般应根据每个银行账号单独设立1本账。如果企业只设了基本账户，则设1本银行存款日记账。

现金日记账和银行存款日记账均应使用订本账。

③ 总分类账。一般企业只设1本总分类账，外形使用订本账。这1本总分类账包含企业所设置的全部账户的总括信息。

④ 明细分类账。明细分类账采用活页形式。存货类的明细分类账要用数量金额式的账页；收入、费用、成本类的明细分类账要用多栏式的账页；应交增值税明细分类账账页一般设为多栏式；其他账户的明细分类账基本全用三栏式的账页。因此，企业需要分别购买以上4种账页，数量的多少依然是根据单位业务量等情况确定。

职业能力训练

一、多选题

1. 下列说法正确的有（　　　）。

A. 国家机关、社会团体、企业、事业单位都应按照要求设置会计账簿，进行会计核算

B. 不具备建账条件的单位应当委托经批准设立的代理记账机构代理记账

C. 各单位设置会计账簿的种类和具体要求，应当符合《中华人民共和国会计法》和国家统一的会计制度的规定

D. 各单位根据本单位实际情况，报有关部门批准后可在法定会计账册外另设置会计账簿进行登记

2. 会计账簿按经济用途不同，可以分为（　　　）。

A. 序时账簿　　　B. 分类账簿　　　C. 三栏式账簿　　　D. 备查簿

3. 会计账簿的基本内容有（　　　）。

A. 封面　　　B. 封底　　　C. 扉页　　　D. 账页

4. 账簿按外形特征可以分为（　　　）。

A. 订本式账簿　　　B. 多栏式账簿　　　C. 活页式账簿　　　D. 卡片式账簿

二、判断题

1. 各种日记账、总账及资本、债权债务明细账都可采用三栏式账簿。（　　　）

2. 备查账簿不必每年更换新账，可以连续使用。（　　　）

3．启用会计账簿时，应当在账簿封面上写明单位名称和账簿名称，并在账簿扉页上附启用表。（　　）

4．总分类账一般采用订本账，明细分类账一般采用活页账。（　　）

5．一般"租入固定资产登记簿"属于备查账簿。（　　）

学习情境二

日常业务处理

项目 3

工业企业主要经济业务的核算

任务 1　资金筹集的核算

【任务目标】

认知目标：熟练掌握资本、资本公积、长期借款、短期借款、财务费用等账户的性质，具体表现为能根据相关业务编制会计分录。

能力目标：能够熟知筹资过程会发生哪些业务，进一步提高实际操作能力。

情感目标：培养认真、细致、严谨、规范的实际操作技能和诚实守信的职业品德。

【会计故事】

100 位成功创业者筹集启动资金的 5 种方法

创业是一种资本家游戏。与那些不那么幸运的人相比，有钱的人集资并且创办企业更容易。而在寻找投资的过程中，那些麻烦的投资人，成为很多创业者放弃他们梦想的最后一个借口。

在我的书——《我们是如何做的：100 位企业家分享他们的奋斗故事和生活经验》中的大多数企业家，都是筹集足够的资金来启动创业梦想的普通人。

下面是他们共享的五个筹集启动资金的建议。

1. 认识很多人

很多人都是从家人和朋友那里得到创业的第一笔资金，但是在大多数情况下那还不够。总部设在丹佛的 UrgentRx 公司创始人和首席执行官乔丹·艾森伯格警告说，在你找到足够相信你的公司的人，为你的创业企业融资之前，你将需要"亲吻许多青蛙"。

乔丹·艾森伯格恪守一个习惯，一个星期至少六天，每天认识至少一个新人。这些人中的大多数没有资格为企业提供资金，但是乔丹·艾森伯格每遇到一个人，都会要求他们将他引荐给更有价值的某些人。艾森伯格说，他最大的投资人都是他通过这个"蜘蛛网"找到的。

2. 把你自己的钱都花在你的梦想上

把你的个人储蓄都兑成现金是可怕的，但是这是许多创业者坚持实现梦想的唯一途径。

当莫妮克·塔特姆开创她的公共关系咨询公司时，按照老牌企业的惯例，客户不愿意预先支付聘用费。通过把她的 40.1 万美元积蓄都兑成现金，她解开了这个鸡和蛋的难题。事实证明这是个不错的做法。现在，在纽约，她的"Beautiful Planning"是增长最快的公关公司。如果她没有投入她的 40.1 万美元，她也许已经退出了商业领域。

另一个利用自己的个人储蓄来为他的企业提供资金的企业家是 Bakers' Edge 公司的创始人马修·格里芬。"当你表示不再需要他们时，外部投资者才会对你感兴趣。"他说。

"我们的创业资金主要来自个人储蓄，以及用我们的房子和汽车作为抵押，借来的本地银行的企业贷款。"马修·格里芬说。"我们的经验是，只有在你有相当大的吸引力的时候，外部投资人才会注意你。具有讽刺意味的是，我们只有在已经不需要创业资金的时候，才拥有对外部投资的吸引力。"

3. 对产品设置预先订购

当你所拥有的还只是一种产品概念或者产品原型时，外部投资者不会为你的企业投资。在这样的情况下，当需要测试和验证你的想法具备可销售性时，开展预先订购是从投资人那里得到必要资金的一种很好的方式。

如果你的预先订购不能支持你获得投资，不必灰心。以色列创业企业 Pixdo 的创始人伊芙塔·奥尔认为，这也足以让你去构建一个高效的团队和产品了。而反过来，高效的团队和产品可以给你足够的时间去建立你的客户基础，并且在稍后的阶段吸引更多的资本。

4. 在支付方式上提出独特的价值主张

在托管行业中老牌公司坚持与客户订立长期合同，所以当 Rackspace 公司首次推出时，他们提供了一些独特的东西。该公司提供每月支付模式，并且积极推广他们的客户服务承诺。

"每月支付方式的普及给 Rackspace 注入了成功所需要的资本。"Rackspace 的创始人莫里斯·米勒说。

5. 向你的投资人兜售你的发展阶段，而不是产品

"要有关于你的产品的一个清晰的愿景，以及它在未来会是什么样子。但是，也要将各个发展阶段和各个时期的进度目标呈现给投资者，而不是像大多数人一样单纯出售愿景。"PayPal 首席产品官希尔·弗格森建议道。

"因为你有一个愿景和执行路径，这不仅会给投资人更多的信心，而且它也将有助于让你自己富有责任感。"希尔·弗格森说。

你拿到的启动资金其实总是会比你认为所需要的少，但你必须努力发展你的企业，直到你能获利或者成功地获得第二轮资金。

资料来源：根据互联网资料整理．

工作1 吸引投资者投资业务的核算

企业成立之初，通过权益筹资方式筹集资金就是这里所指的吸收投资者的投资。投资者将资金投入企业，并成为企业的股东（或称为投资者），进而可以参与企业的经营决策并获得企业盈利。企业吸收投资者的投资后，企业的资金增加了，同时投资者在企业中所享有的权益也增加了。为了核算企业接受的投资者投资额的变化，企业应设置"实收资本（股本）""资本公积"等账户，并按投资者的不同进行明细核算。

一、设置的账户

1. "实收资本（股本）"账户

企业接受投资者作为资本投入的资金，对于企业而言叫作实收资本，也可以称为投入资本（股本）。

"实收资本（股本）"账户属于所有者权益类账户，用来核算企业所有者投入资本的增减变动情况。"实收资本（股本）"账户的贷方登记实际收到的投资额，借方登记按法定程序减少的资本数额，期末贷方余额表示实有数额。该账户应按投资人设置明细分类账户，进行明细分类核算。具体账户形式如下。

借方	实收资本（股本）	贷方
投资者抽回的投资		收到投资者投入的资本
		期末所有者投资的实有数额

对于投入企业而言，其投入的资产类型包括货币资金、实物资产、无形资产，对应账户可以是库存现金、银行存款、原材料、固定资产、无形资产等。总之，对应的账户属于资产类账户，资产类账户的记账规则是借方登记增加，贷方登记减少。

《中华人民共和国公司法》规定，公司成立后，股东不得抽逃资金，但符合《中华人民共和国公司法》规定的，可以减少注册资本，如企业发生重大亏损、资本过剩、回购股份用于奖励职工等。

【知识链接】

投资协议书模板

甲方：_____

乙方：_____

以上各方共同投资人（以下简称"共同投资人"）经友好协商，根据中华人民共和国法律、法规的规定，双方本着互惠互利的原则，就甲、乙双方合作投资项目事宜达成如下协议，以共同遵守。

第一条 共同投资人的投资额和投资方式

甲、乙双方同意，以双方注册成立的＿＿＿＿公司（以下简称＿＿＿）为项目投资主体。

各方出资分别：甲方占出资总额的＿＿＿＿＿＿＿％；乙方占出资总额的＿＿＿＿＿＿＿％。

第二条　利润分享和亏损分担

共同投资人按其出资额占出资总额的比例分享共同投资的利润，分担共同投资的亏损。

共同投资人各自以其出资额为限对共同投资承担责任，共同投资人以其出资总额为限对股份有限公司承担责任。

共同投资人的出资形成的股份及其孳生物为共同投资人的共有财产，由共同投资人按其出资比例共有。

共同投资于股份有限公司的股份转让后，各共同投资人有权按其出资比例取得财产。

第三条　事务执行

1. 共同投资人委托甲方代表全体共同投资人执行共同投资的日常事务，包括但不限于：

（1）在股份有限公司发起设立阶段，行使及履行作为股份有限公司发起人的权利和义务；

（2）在股份有限公司成立后，行使其作为股份有限公司股东的权利、履行相应义务；

（3）收集共同投资所产生的孳息，并按照本协议有关规定处置。

2. 其他投资人有权检查日常事务的执行情况，甲方有义务向其他投资人报告共同投资的经营状况和财务状况。

3. 甲方执行共同投资事务所产生的收益归全体共同投资人，所产生的亏损或者民事责任，由共同投资人承担。

4. 甲方在执行事务时如因其过失或不遵守本协议而造成其他共同投资人损失时，应承担赔偿责任。

5. 共同投资人可以对甲方执行共同投资事务提出异议。提出异议时，应暂停该项事务的执行。如果发生争议，由全体共同投资人共同决定。

6. 共同投资的下列事务必须经全体共同投资人同意：

（1）转让共同投资于股份有限公司的股份；

（2）以上述股份对外出质；

（3）更换事务执行人。

第四条　投资的转让

1. 共同投资人向共同投资人以外的人转让其在共同投资中的全部或部分出资额时，须经全部共同投资人同意。

2. 共同投资人之间转让其在共同投资中的全部或部分投资额时，应当通知其他共同出资人。

3. 共同投资人依法转让其出资额的，在同等条件下，其他共同投资人有优先受让的权利。

第五条　其他权利和义务

1. 甲方及其他共同投资人不得私自转让或者处分共同投资的股份。

2. 共同投资人在股份有限公司登记之日起三年内，不得转让其持有的股份及出资额。

3. 股份有限公司成立后，任一共同投资人不得从共同投资中抽回出资额。

4. 股份有限公司不能成立时，对设立行为所产生的债务和费用按各共同投资人的出资比例分担。

第六条　违约责任

为保证本协议的实际履行，甲方自愿提供其所有的财产向其他共同投资人提供担保。甲方承诺在其违约并造成其他共同投资人损失的情况下，以上述财产向其他共同投资人承担违约责任。

第七条　其他

1. 本协议未尽事宜由共同投资人协商一致后，另行签订补充协议。

2. 本协议经全体共同投资人签字盖章后生效。本协议一式＿＿＿＿＿＿＿份，共同投资人各执一份。

甲方（签字）＿＿＿＿＿＿＿＿＿　　　　乙方（签字）＿＿＿＿＿＿＿＿＿

＿＿＿＿年＿＿月＿＿日　　　　　　＿＿＿＿年＿＿月＿＿日

签订地点：＿＿＿＿＿＿＿＿＿　　　　签订地点：＿＿＿＿＿＿＿＿＿

2. "资本公积"账户

资本公积是指投资者或者他人投入到企业、所有权归属于投资者，并且投入金额超过法定资本部分的资本。《企业会计准则》所规定的可计入资本公积的贷项有：资本（股本）溢价、其他资本公积、资产评估增值和资本折算差额，"资本公积"账户属于所有者权益类账户，贷方登记从不同渠道取得的资本公积金、直接记入所有者权益的利得（即资本公积的增加数），借方登记资本公积金转增资本、直接计入所有者权益的损失（即资本公积的减少数），期末余额在贷方，表示资本公积金的期末结余数。其账户形式如下。

借方　　　　　　　　　　资本公积　　　　　　　　　　贷方	
资本公积的减少数 （资本公积转增资本）	资本公积的增加数
	期末余额 （资本公积结余数）

本账户核算企业收到投资者出资超出其在注册资本或股本中所占的份额及直接计入所有者权益的利得和损失等。本账户应当分别记入"资本溢价"或"股本溢价""可供出售金融资产""其他资本公积"等账户进行明细核算。

3. "固定资产"账户

"固定资产"账户属于资产类账户，是用来核算企业固定资产增减变动及其结果的账户。投资者投入固定资产时，按资产的原始价值记入"固定资产"账户的借方；减少固定资产时按固定资产的原始价值记入"固定资产"账户的贷方；期末余额在借方，反映企业现在所拥有的固定资产的原始价值。企业可以根据固定资产的品种设置明细分类账户。其具体账户形式如下。

借方	固定资产	贷方
增加的固定资产价值	减少的固定资产价值	
期末余额		
（现有固定资产价值）		

4. "无形资产"账户

"无形资产"账户属于资产类账户，是用来核算企业无形资产增减变动情况及其结果的账户。投资者投入无形资产时，按投资合同或协议约定的价值记入账户的借方，减少无形资产时记入账户的贷方；期末余额在借方，反映企业现在所拥有的无形资产的价值。企业可以按照无形资产的具体品种设置明细分类账户。其具体账户形式如下。

借方	无形资产	贷方
取得无形资产的成本	无形资产转出的成本	
期末结余		
（现有无形资产的成本）		

5. "银行存款"账户

银行存款是企业存放在银行或其他金融机构的货币资金。按照国家有关规定，凡是独立核算的企业都必须在当地的银行开设账户，企业在银行开设账户后，除了按核定的限额保留库存现金外，超过限额的现金必须送存银行，除在规定的范围内可以直接用现金支付外，在经营过程中发生的一切货币支出业务，都必须通过"银行存款"账户进行结算。"银行存款"账户属于资产类账户，是用来核算企业银行存款增减变动及其结果的账户。投资者投入货币资金或企业通过其他渠道收到货币资金并存入银行时，记为银行存款的增加，登记在借方；企业支出银行存款时，记为银行存款的减少，登记在贷方。其具体账户形式如下。

借方	银行存款	贷方
银行存款增加的价值	银行存款减少的价值	
期末余额		
（银行存款余额）		

6. "库存现金"账户

"库存现金"账户属于资产类账户，是企业流动性最强的货币资产。现金有广义和狭义之分。狭义的现金是指企业的库存现金，广义的现金是指除库存现金外，还包括银行存款及其他符合现金定义的票证。在我国，现金的概念是狭义的，包括库存的人民币和外币。"库存现金"账户的借方登记库存现金增加额，贷方登记库存现金减少额，期末余额在借方，表示库存现金结存额。其具体账户形式如下。

库存现金

借	贷
库存现金增加的价值	库存现金减少的价值

期末结余

（库存现金余额）

二、接受投资业务的核算

【例3-1】和美公司于20×3年1月1日注册成立，注册资本金为1 000 000元，当时收到甲公司投入的资本金700 000元，存入银行。

分析： 这项经济业务发生后，一方面使公司的资产增加了700 000元，应记入"银行存款"账户的借方；另一方面使企业的投资者——甲公司的权益增加了700 000元，应该登记到"实收资本"账户的贷方。编制的会计分录如下。

借：银行存款　　　　　　　　　　　　　　　　　　　　　　　700 000
　　贷：实收资本——甲公司　　　　　　　　　　　　　　　　　　700 000

【例3-2】和美公司20×3年1月1日还收到乙公司投入的设备一台，双方协议价格为50 000元。

分析： 这项经济业务的发生，一方面使公司的固定资产增加50 000元，"固定资产"账户属于资产类账户，增加登记在借方；另一方面使乙公司对本公司的投资增加了50 000元，属于所有者权益中的实收资本，所有者权益的增加登记在贷方。编制的会计分录如下。

借：固定资产　　　　　　　　　　　　　　　　　　　　　　　50 000
　　贷：实收资本——乙公司　　　　　　　　　　　　　　　　　　50 000

【例3-3】和美公司20×3年1月1日还收到丙公司投入的专利技术一项，双方协议价格为250 000元。

分析： 这项经济业务的发生，一方面使公司的无形资产增加250 000元，"无形资产"账户属于资产类账户，增加登记在借方；另一方面使乙公司对本公司的投资增加了250 000元，属于所有者权益中的实收资本，所有者权益的增加登记在贷方。编制会计分录如下。

借：无形资产　　　　　　　　　　　　　　　　　　　　　　　250 000
　　贷：实收资本——丙公司　　　　　　　　　　　　　　　　　　250 000

【例3-4】和美公司委托新图证券公司代理发行普通股1 000 000股，每股面值为1元，按照每股2元的价格发行，假设新图证券公司收取的手续费为证券发行价格的3%。双方约定，将收到的股款全部存入银行。

分析： 首先，确定和美公司收到的股款。股款＝1 000 000×2×（1－3‰）＝1 940 000元。其次，计算应计入股本的金额。计入股本的金额＝1 000 000×1＝1 000 000元。最后，计算应计入资本公积的金额。计入资本公积的金额＝1 940 000－1 000 000＝940 000元。

这笔经济业务的发生，一方面使公司的银行存款增加了1 940 000元，应该登记在借方；另一方面使公司股东对公司的股本投资（即股本）增加了1 000 000元，应该登记在贷方；资本公积增加了940 000元，应该登记在贷方。会计分录如下。

借：银行存款　　　　　　　　　　　　　　　　　　　　　　　　　1 940 000
　　贷：股本　　　　　　　　　　　　　　　　　　　　　　　　　　1 000 000
　　　　资本公积——股本溢价　　　　　　　　　　　　　　　　　　　940 000

【例3-5】 和美公司因发展需要，决定增加注册资本60万元（其中B公司认缴40％的资本，C公司认缴60％的资本），分别收到B公司和C公司的缴款28万元和42万元，款项通过开户银行转入和美公司的账户。

分析： 和美公司因接受B公司和C公司的投资使"实收资本"增加了60万元，故应贷记"实收资本"；但由于B公司和C公司实际支付的投资款超过注册资本10万元（即资本溢价），故超过部分应作为"资本公积"处理。编制的会计分录如下。

借：银行存款　　　　　　　　　　　　　　　　　　　　　　　　　　700 000
　　贷：实收资本——B公司　　　　　　　　　　　　　　　　　　　　240 000
　　　　　　　　——C公司　　　　　　　　　　　　　　　　　　　　360 000
　　　　资本公积——资本溢价　　　　　　　　　　　　　　　　　　　100 000

【小整理】

① 接受货币资金投资时，应记为：

借：银行存款（库存现金）
　　贷：实收资本

② 接受厂房、设备等固定资产及各种材料物资等实物资产投资时，应记为：

借：固定资产（原材料）
　　贷：实收资本

③ 接受专利权、商标权等无形资产投资时，应记为：

借：无形资产
　　贷：实收资本

④ 当接收的投资产生溢价时，应记为：

借：银行存款（库存现金、固定资产、无形资产等）
　　贷：实收资本
　　　　资本公积（溢价部分）

工作2　借入资金业务的核算

企业在设立或经营活动过程中为了弥补所需资金的不足，会向银行等金融机构借入资金或对外发行债券，从而形成企业的负债。对于企业借入的资金，到期要偿还本金和利息。

借入资本体现的是企业和债权人之间的一种债权债务关系，一方面，企业对持有的债务资本在约定的期限内享有使用权，在享受使用权的同时，企业应承担到期还本付息的义务；另一方面，企业的债权人有权按期索取债权的本息，但无权参与企业的经营管理和收益分配，对企业的其他债务不承担责任。企业按照借入资金方式的不同设置不同的账户，如图 3-1 所示。

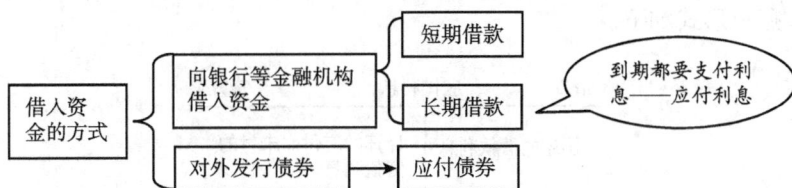

图 3-1　借入资金

一、账户的设置

1. "短期借款" 账户

该账户属于负债类账户，用来核算企业从银行借入的偿还期在一年以内（含一年）的各种借款的增减变动情况，贷方登记借入的各种短期借款，借方登记到期偿还的借款，期末贷方余额表示尚未偿还的短期借款。其具体账户形式如下。

借方	短期借款	贷方
归还的短期借款本金	取得短期借款本金	
	期末尚未归还的短期借款本金	

2. "长期借款" 账户

该账户属于负债类账户，用来核算企业向银行或其他金融机构借入的期限在一年以上（不含一年）的各种借款本金的增减变动情况，贷方登记借入的各种长期借款的本金及利息，借方登记到期偿还的借款本金及利息，期末贷方余额表示尚未偿还的长期借款本金及利息。其具体账户形式如下。

借方	长期借款	贷方
归还的长期借款本金及预计利息	长期借款的取得及预计的利息	
	期末尚未归还的长期借款本金和利息	

注： 预计的长期借款利息应通过"长期借款"账户进行核算。之后根据长期借款的用途和期间分别记入"长期待摊费用""在建工程""固定资产""财务费用"等账户。

3. "应付利息"账户

该账户属于负债类账户，用来核算企业按合同约定应支付的利息，借方登记已经偿还的借款利息，贷方登记计算的应付而未付的借款利息；期末余额在贷方，表示尚未归还的借款利息。其具体账户形式如下。

借方	应付利息	贷方
偿还的借款利息	计算的应付而未付的借款利息	
	尚未偿还的借款利息	

4. "财务费用"账户

该账户属于损益类账户，用来核算企业为筹集生产经营所需资金而发生的筹资费用，借方登记发生的各项财务费用，包括借款利息、借款手续费、汇兑损失等，贷方登记利息收入、汇兑收益及期末转入"本年利润"账户的财务费用。其具体账户形式如下。

借方	财务费用	贷方
发生的各项财务费用（借款利息、借款手续费、汇兑损失等）	利息收入、汇兑收益及期末转入"本年利润"账户的财务费用	

5. "应付债券"（包含利息和本金）账户

该账户属于负债类账户，用来核算企业为筹集长期资金而实际发行的债券及应付的利息，它是企业筹集长期资金的一种重要方式。企业发行债券的价格受同期银行存款利率的影响较大，一般情况下，企业可以按面值发行、溢价发行和折价发行债券。借方登记每期摊销的溢价金额及到期支付的本息，贷方登记的是发行债券的面值和溢价金额、每期计提的利息和摊销的折价金额，期末余额在贷方，表示尚未偿还的债券本金及利息。其具体账户形式如下。

借方	应付债券	贷方
每期摊销的溢价金额及到期支付的本息	发行债券的面值和溢价金额、每期计提的利息和摊销的折价金额	
	尚未偿还的债券本金及利息	

【知识链接】

中国工商银行借款合同

立合同单位：

中国工商银行××分行四方支行（以下简称贷款方）

青岛××股份有限公司（以下简称借款方）

青岛××股份有限公司（以下简称保证方）

一、借款种类：短期流动资金借款

二、借款金额：（大写）人民币贰万元整

三、借款用途：购买材料

四、借款利率：年利率4%，到期一次还本付息

五、借款期限：六个月，借款时间自2018年1月1日至2018年7月1日止

贷款方：加盖公章　　　　　　　　　　　法人代表：陈强

借款方：加盖公章　　　　　　　　　　　法人代表：张成平

保证方：加盖公章　　　　　　　　　　　法人代表：冯三

2018年1月1日

二、借入资金业务的核算

（一）短期借款的相关会计处理

企业借入的短期借款，应该定期支付利息，短期借款利息属于筹资费用，应记入"财务费用"账户。在实际工作中，银行一般于每季度末收取短期借款利息，为此企业的短期借款利息一般采用分月预提按季度支付的方式进行核算。如果企业按月支付利息或利息数额较小，也可于实际支付时直接计入财务费用。其具体的账务处理如下。

取得短期借款时，应记为：

借：银行存款

　贷：短期借款

借入资金利息的核算（按月预提）：

借：财务费用

　贷：应付利息

归还短期借款本金和利息时，应记为：

借：短期借款　　　　　　　借：短期借款
　　应付利息　　　　　　　　　财务费用
　　贷：银行存款　　　　　　　贷：银行存款

> 对于支付的利息数额不是很大，不会对本期损益产生过大影响的，则一次性计息，当作本期财务费用处理

【例3-6】4月1日，和美公司向银行借入期限为3个月、利率为10%的经营周转借款12 000元，款项存入银行。

分析： 这笔经济业务使公司获得了资产，"银行存款"增加应该登记在借方；同时公司的债务也增加了，这次负债的增加即"短期借款"的增加应登记在贷方。编制会计分录如下。

借：银行存款　　　　　　　　　　　　　　　　　　　　12 000
　　贷：短期借款　　　　　　　　　　　　　　　　　　　　　12 000

【例3-7】6月末和美公司归还借款本金12 000，并支付利息300元。

分析： 这笔经济业务的发生，导致企业的"银行存款"减少，应登记在贷方；同时企业偿还了债务，导致"短期借款"减少，应登记在借方，同时本月发生了财务费用，费用的增加应该登记在借方。编制会计分录如下。

借：短期借款　　　　　　　12 000
　　财务费用　　　　　　　　　300　　　　　　　请思考
　　贷：银行存款　　　　　　12 300

想一想： 若按月预提、到期付息怎么处理？

（二）长期借款的相关会计处理

长期借款的利息费用，通常根据用途不同做出不同的处理。用于企业生产经营的长期借款，其借款利息通常作为财务费用处理；用于固定资产构建及生产周期在一年以上的产品生产需要的长期借款，其借款利息作为清算损益处理。

下面主要探讨企业生产经营过程中长期借款的核算问题。

取得长期借款时：

借：银行存款
　　贷：长期借款——本金

计提长期借款利息时：

借：财务费用
　　贷：长期借款——应付利息

偿还本金及利息时：

借：长期借款——本金

　　　　　　　　——应付利息
　　贷：银行存款

【例 3-8】和美公司于 20×7 年 1 月 1 日向中国建设银行取得借款 1 000 000 元，期限 3 年，年利率为 10％，已存入银行，到期一次还本付息。

　　分析：这笔经济业务的发生，引起公司资产中的"银行存款"增加，应记入借方；公司在资产增加的同时，负债也增加了，这项借款属于"长期借款"，其增加应登记在贷方。编制会计分录如下。

　　借：银行存款　　　　　　　　　　　　　　　　　　　　　　　1 000 000
　　　贷：长期借款　　　　　　　　　　　　　　　　　　　　　　　　　1 000 000

【例 3-9】承接例 3-8，和美公司在 20×7 年 12 月 31 日计提借款利息。

　　分析：这笔经济业务的发生，引起本年度企业的"财务费用"增加，应登记在借方，同时企业的负债"长期借款——应付利息"也增加，应登记在贷方。编制会计分录如下。

　　借：财务费用　　　　　　　　　　　　　　　　　　　　　　　100 000
　　　贷：长期借款——应付利息　　　　　　　　　　　　　　　　　　　100 000

【例 3-10】承例 3-8，和美公司在 20×9 年 12 月 31 日偿还上述长期借款利息及本金。

　　分析：这笔经济业务的发生，引起企业负债减少，登记在借方；资产减少，登记在贷方。编制会计分录如下。

　　借：长期借款——本金　　　　　　　　　　　　　　　　　　　1 000 000
　　　　　　　——应付利息　　　　　　　　　　　　　　　　　　　　300 000
　　　贷：银行存款　　　　　　　　　　　　　　　　　　　　　　　　1 300 000

（三）应付债券的相关会计处理

为了反映企业发行债券筹资的情况，应设置"应付债券"账户。使用该账户时需注意以下问题。

① 该账户核算企业为筹集（长期）资金而发行的债券本金和利息。

② 该账户应当按照"面值""利息调整""应计利息"进行明细核算。

企业发行的可转换公司债券，应按《企业会计准则第 22 号——金融工具确认和计量》规定将负债和权益成分进行分拆。分拆后形成的负债成分，在本账户核算。

③ 应付债券的主要账务处理如下。

● 企业发行债券，应按实际收到的现金净额，借记"银行存款""库存现金"等账户，按债券票面金额，贷记本账户（面值）；按其差额，借记或贷记本账户（利息调整）。

● 对于分期付息、一次还本的债券，应于资产负债表日按摊余成本和实际利率计算确定的债券利息，借记"在建工程""制造费用""财务费用""研发支出"等账户，按票面利率计算确定的应付未付利息，贷记"应付利息"账户，按其差额，借记或贷记本账户。

- 对于一次还本付息的债券，应于资产负债表日按摊余成本和实际利率计算确定的债券利息，借记"在建工程""制造费用""财务费用""研发支出"等账户，按票面利率计算确定的应付未付利息，贷记本账户（应计利息），按其差额，贷记本账户（利息调整）。实际利率与票面利率差异较小的，也可以采用合同约定的名义利率计算确定利息费用。

- 长期债券到期，支付债券本息，借记本账户（面值），贷记"银行存款"等账户，按应转销的利息调整金额，借记或贷记本账户（利息调整），按其差额，贷记或借记"在建工程""制造费用""财务费用""研发支出"等账户。

- 发行可转换公司债券时，应按实际收到的金额，借记"银行存款"等账户，按该项可转换公司债券包含的负债成分的公允价值，贷记本账户（可转换公司债券），按其差额，贷记"资本公积——其他资本公积"账户。可转换公司债券在转换为股票之前，其所包含的负债成分，应当比照上述规定进行处理。当可转换公司债券持有人行使转换权利，将其持有的债券转换为股票时，按本账户（可转换公司债券）的余额，借记本账户（可转换公司债券），按"资本公积——其他资本公积"账户中属于该项可转换公司债券的权益成分的金额，借记"资本公积——其他资本公积"账户，按股票面值和转换的股数计算的股票面值总额，贷记"股本"账户，按实际用现金支付的不可转换股票的部分，贷记"库存现金"等账户，按其差额，贷记"资本公积——股本溢价"账户。未转换股票的可转换公司债券到期还本付息，应比照上述一般长期债券进行处理。

④ 企业应当设置"企业债券备查簿"，详细登记每一种企业债券的票面金额、债券票面利率、还本付息期限与方式、发行总额、发行日期和编号、委托代售单位、转换股份等资料。企业债券到期结清时，应当在备查簿内逐笔注销。

⑤ 本账户期末贷方余额，反映企业尚未偿还的长期债券的摊余成本。

【例3-11】和美公司批准于20×8年1月1发行5年期15万元可转换公司债券，债券票面年利率为6%，按面值发行（不考虑发生费用）。债券发行一年后可转换为股份，每100元转普通股4股，股票面值1元，可转换公司债券的账面价值为15.9万元（面值15万元，应计利息0.9万元），假定债券持有者将全部债券转为股份。

分析：收到发行收入时：

借：银行存款   150 000
 贷：应付债券——可转换公司债券（面值）   150 000

计提利息时：

借：财务费用   9 000
 贷：应付债券——可转换公司债券（应计利息）   9 000

转换为股份时：

$$转换为股份份数＝150\,000÷100×4＝6\,000（股）$$

借：应付债券——可转换公司债券（面值）   150 000

　　　　——可转换公司债券（应计利息）　　　　　　　　　　9 000

　贷：股本　　　　　　　　　　　　　　　　　　　　　　　　6 000

　　　资本公积——股本溢价　　　　　　　　　　　　　　　153 000

小　　结

企业资金筹集核算简图如图3-2所示。

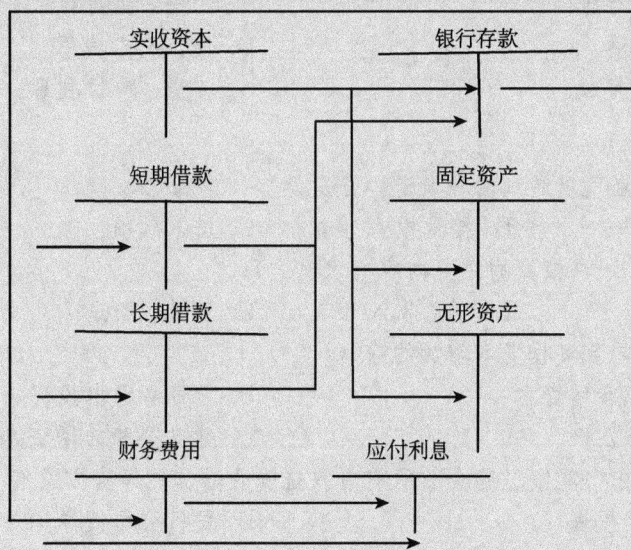

图3-2　企业资金筹集核算简图

职业能力训练

一、单选题

1. 某企业收到投资方以银行存款投入的资本，实际投入的金额超过其在注册资本中所占份额的部分，应该记入（　　　）。

　A. 实收资本　　　　　B. 资本公积　　　　　C. 盈余公积　　　　　D. 投资收益

2. 某企业接受货币资金投资10 000元，存入银行（假定不产生资本溢价），则应编制会计分录（　　　）。

　A. 借：银行存款　　　　10 000　　　　B. 借：银行存款　　　　10 000
　　　　贷：短期借款　　　　10 000　　　　　　贷：长期借款　　　　10 000

　C. 借：银行存款　　　　10 000　　　　D. 借：实收资本　　　　10 000
　　　　贷：实收资本　　　　10 000　　　　　　贷：银行存款　　　　10 000

3. 长期借款企业的资金筹集业务按（　　）分为所有者权益筹资和负债筹资。

    A. 资金来源　　　　B. 资金运用　　　　C. 资金分配　　　　D. 资金的占用

4. 下列会计分录中，反映企业资金筹集业务的是（　　）。

    A. 借：银行存款　　　　　　　　　　　B. 借：固定资产

       贷：实收资本　　　　　　　　　　　　　贷：银行存款

    C. 借：银行存款　　　　　　　　　　　D. 借：银行存款

       贷：主营业务收入　　　　　　　　　　　贷：库存商品

5. 实际支付短期借款利息时，如果支付的是尚未计提的利息，则会计处理为（　　）。

    A. 借：短期借款　　　　　　　　　　　B. 借：应付利息

       贷：银行存款　　　　　　　　　　　　　贷：银行存款

    C. 借：财务费用　　　　　　　　　　　D. 借：财务费用

       贷：银行存款　　　　　　　　　　　　　贷：应付利息

二、多选题

1. 企业筹集资金可以通过两种渠道，分别是（　　）。

    A. 接受捐赠　　　　B. 接受投入　　　　C. 借入款项　　　　D. 销售商品

2. "财务费用"账户核算的主要内容有（　　）。

    A. 利息支出　　　　B. 利息收入　　　　C. 汇兑损益　　　　D. 筹资手续费

3. 下列账户中导致实收资本增加的有（　　）。

    A. 资本公积转增资本　　　　　　　　　B. 投资者退出投资

    C. 计提盈余公积　　　　　　　　　　　D. 盈余公积转增资本

4. 在下列各项中，能够引起企业所有者权益资金增加的筹资方式有（　　）。

    A. 吸收直接投资　　　　　　　　　　　B. 发行公司债券

    C. 利用未分配利润　　　　　　　　　　D. 留存收益转增资本

5. 企业偿还长期借款本息时，可能涉及的账户有（　　）。

    A. 长期借款——应计利息　　　　　　　B. 财务费用

    C. 银行存款　　　　　　　　　　　　　D. 应付利息

三、业务题（练习资金筹集业务的核算）

春萌公司 201× 年 1 月份发生如下经济业务。

① 接受投资者投入企业的资本 180 000 元，款项已存入银行。

② 收到某投资者投入的一套全新设备，投资双方协商的价格为 200 000 元，收到投资者投入企业的专利技术一项，确认价格为 500 000 元，相关手续已经办妥。

③ 从银行取得生产经营用借款 600 000 元，款项已经存入企业的开户银行。

④ 若上述借款年利率为 4%，根据与银行签订的借款协议，该借款的利息分月计提，按季支付，本金于到期日一次性归还。

⑤ 从银行取得期限为 2 年的借款 1 000 000 元，款项已经存入企业的开户银行。

⑥ 偿还短期借款本金 200 000 元。

要求：（1）根据上述经济业务编制会计分录；

      （2）若 1 月初公司的资产总额为 1 600 000 元，计算 1 月末公司的资产总额。

任务2 生产准备过程的核算

【任务目标】

知识目标：了解生产准备过程的核算内容，理解设置的主要账户，掌握生产准备过程的账务处理。

能力目标：提高账户的运用能力及分析解决问题的能力。

情感目标：让学生合作完成任务，体会其中的乐趣，体验探究学习的过程，感受成功的喜悦，进而激发学生学习会计的兴趣。

【会计故事】

《西游记》中的财务会计

《西游记》虽然写的是西天取经，好似与企业的采购与付款没有丝毫关系，但在"黄狮精虚设钉耙宴，金木土计闹豹头山"中，却绘声绘色地将采购与付款之故事展现于读者面前，让会计们不禁拍案叫绝、叹为观止。

话说孙悟空因在玉华城丢失了兵器，到豹头山寻找时，看到两个巡山的妖怪，一个是古怪刁钻，一个是刁钻古怪，正在那里言语，孙悟空前去偷听，一个道："我们也有些侥幸：拿这二十两银子买猪羊去。如今到了前方集上，先吃几壶酒儿。把东西开个花账儿，落他二三两银子，买件绵衣过寒，却不是好？"

这段话中有多层意思。黄狮精得了宝贝钉耙等，要开一个钉耙宴，安排两个小妖去采购生活用品，如猪羊之类。采购费用是多少钱呢？二十两银子。这是上面安排的。到了经办人手上，又多了几层意思。一是采购人员借机吃喝，不听那小妖说先吃几壶酒儿。二是采购人员准备贪污银子，落他二三两银子，买件绵（棉）衣过寒。三是采购回去后，还要入库经过审核，怎么应付这一关呢？那小妖已经有了准备：把东西开个花账儿！

书中后面一段更是将采购与付款进行到了极致，连应付账款都出来了。话说孙悟空与猪八戒、沙和尚变化之后，赶着一群猪羊到了妖洞门口，众妖们捉猪的捉猪，捉羊的捉羊，早惊动里面的妖王，出来问道："你两个来了？买了多少猪羊？"行者道："买了八口猪，七腔羊，共十五个牲口。猪银该一十六两，羊银该九两。前者领银二十两，仍欠五两。这个就是客人，跟来找银子的。"妖王听说，即唤："小的们，取五两银子，打发他去。"

这段话中也有多层意思。一是妖王盘问采购情况，对之进行审计。二是孙悟空对整个采购情况进行了汇报。采购的物品是多少，哪样花了多少银子，总共是多少银子，前面已经预支了多少银子，还欠多少银子，这个账清清楚楚。三是采购的物品一目了然，猪有多少，羊有多少，现存的，可以盘点，这个是做不来假的。四是还有应付账款，欠客人的五两银子，客人还跟着来了，是来讨还应付账款的。五是妖王吩咐出纳，支付现金给客人，偿还应付账款，即唤"小的们，取五两银子，打发他去。"

材料采购是制造业企业供应过程的主要经济业务。为了保证生产的正常进行，企业需要购进生产产品所需的各种原材料、辅助材料及包装物等，形成企业的原材料存货等。企业为此还专门设置了采购部门，配备了采购人员。这就如书中所写的古怪习钻和习钻古怪一样。企业购进材料时，一方面要与供应单位办理款项的结算，支付采购材料的货款和运输费、装卸费等采购费用，另一方面，对运达企业的材料应由仓库验收并保管，以备生产车间或管理部门领用。书中写孙悟空一行将猪羊买回来后，众妖们捉猪的捉猪，捉羊的捉羊，便是在进行验收入库与清点了，由沙和尚装扮的客人，就是供应单位，款项的结算就要与他办理，所以妖王把账算清后，吩咐管现金支出的小妖，取五两银子，打发他走。这是一个经典的采购与付款业务的全过程。

我们假设一下，如果孙悟空和猪八戒、沙和尚一行，所采购的猪羊还在路上，还没有赶到妖洞时，妖王已经付了二十两银子，那尚在路上的猪羊便是"在途物资"，妖王先支付的二十两银子便是"预付账款"。猪羊采购回妖洞，负责保管验收的小妖验收入库后，猪羊便成了"原材料"，还欠客人的五两银子尚未支付时，便是"应付账款"。这一业务过程基本上将采购业务所需要涉及的核算账户都涉及了。

最让人叫绝的是作者还写到了采购与付款业务中的舞弊。古怪习钻也好，习钻古怪也罢，反正两个采购人员素质有问题，心思不纯——就这样的一个小业务，他们先是要吃几壶酒儿，形成采购费用；然后还要落他二三两银子，采购的总额度或是总费用只二十两，就要落二三两，按比例来算，高达 $10\%\sim15\%$，这也太黑心了！看来他们两个采购人员已经不是一次两次贪污采购资金，进行采购舞弊了，就连开个花账的招数都是早就想好的，也就是早就有了对付审计的策略。

现实生活中像这样的例子肯定很多，作者只不过借用了神、魔、妖、怪、人，让它们在争斗的过程中互施心术、权术，从而让人浮想尘世，从这点上看《西游记》不仅仅是一部成年人的童话，早在明朝时，就已经成了一部成年会计人的童话。

资料来源：根据互联网资料整理。

当企业筹集到了生产经营所需要的各种资金之后，就会进入生产准备阶段，如建设厂房、购买机器设备、购买生产过程中所需要的各种材料物资等。因此，生产准备阶段包括各种材料物资的采购及固定资产的购置。当然购入材料将导致企业生产用材料的增加，同时支付货款或形成付款的义务等；购建厂房、购买设备将导致企业为生产和管理而长期使用的资产增加，同时也要支付货款或形成付款义务。

工作1　固定资产购置业务及其会计处理

一、固定资产概述

（一）固定资产的定义

一般认为，固定资产是指使用年限较长、单位价值较高并在使用过程中保持原有物质形态的资产。固定资产包括房屋及建筑物、机器设备、运输设备、工具器具等。

固定资产的特征如下。

① 为生产商品、提供劳务、出租或者经营管理而持有。

② 使用寿命超过一个会计期间。

③ 单位价值高。

（二）固定资产的分类

企业的固定资产根据不同的管理需要和核算要求及不同的分类标准，可以进行不同的分类，主要有以下几种分类方法。

1. 按固定资产的经济用途分类

按固定资产的经济用途分类分为生产经营用固定资产和非生产经营用固定资产。

（1）生产经营用固定资产

生产经营用固定资产是指那些直接参与生产经营过程或服务于生产经营过程的各种固定资产，如生产经营用的房屋、建筑物、设备、器具和工具等。

（2）非生产经营用固定资产

非生产经营用固定资产是指用于与生产经营无关的其他方面的固定资产，如职工宿舍、食堂等使用的房屋、设备和其他固定资产。

2. 按固定资产使用情况分类

按固定资产使用情况分类，可以分为使用中固定资产、未使用固定资产和不需用固定资产。

（1）使用中固定资产

使用中固定资产是指正在使用中的经营性固定资产和非经营性固定资产。由于季节性经营或在修理等原因，暂时停止使用的固定资产仍属于企业使用中的固定资产，企业经营性出租给其他企业使用的固定资产和内部替换使用的固定资产也属于使用中的固定资产。

（2）未使用固定资产

未使用固定资产是指已经完工或已经购建的尚未正式使用的固定资产，以及因为改建、扩建等原因暂时停止使用的固定资产，如企业购建的尚未正式使用的固定资产、经营任务变更停止使用的固定资产及主要的备用资产。

（3）不需用固定资产

不需用固定资产是指本企业多余或不适用的各种固定资产。

3. 按固定资产的使用权分类

按固定资产的使用权分类，分为自有固定资产和租入固定资产。

（1）自有固定资产

自有固定资产是指企业拥有的、可供企业自由支配使用的固定资产。

（2）租入固定资产

租入固定资产是指企业采用租赁方式从其他企业租入的固定资产。此类固定资产只有使用权没有所有权。租入固定资产可分为经营租入固定资产和融资租入固定资产，按照实质重于形式原则将融资租入固定资产视为承租企业的固定资产处理。

4. 按固定资产的经济用途和使用情况综合分类

按固定资产的经济用途和使用情况综合分类，固定资产可分为以下几种。

① 生产经营用固定资产。

② 非生产经营用固定资产。

③ 租出固定资产。是指以经营性租赁方式出租给其他企业使用的固定资产。

④ 不需用固定资产。

⑤ 未使用固定资产。

⑥ 土地。指过去已经估价单独入账的土地。因征用而支付的补偿费，应记入与土地有关的房屋、建筑物的价值内，不作为土地单独入账。

⑦ 融资租入固定资产。是指企业以融资方式租入的固定资产，在租入期内应视为自有固定资产。

（三）固定资产的定价

《企业会计准则》规定：固定资产应按其成本入账。这里，成本是指历史成本或称为原始成本。固定资产的计价基础取决于不同的计价目的。由于不同的计价目的，一般将历史成本计价作为固定资产的基本计价标准。企业在计算盘盈、盘亏、损毁，固定资产的溢余或损失等情况时一般按净值计价。

1. 购入固定资产和自行建造固定资产

购入固定资产和自行建造固定资产一般按照原始价值计价。固定资产原价是指企业为取得某项固定资产所支付的全部价款，以及使固定资产达到预期工作状态所支付的各种可以直接归属的成本。

外购固定资产原价＝买价＋运输费＋安装调试费＋保险费＋包装费等

自行建造的固定资产原价 ＝建造过程所发生的全部工程支出

（含竣工完成并办理竣工结算手续以前的贷款利息支出）

2. 投资者投入的固定资产

投资者投入的固定资产应当按照投资合同或者协议中约定的价值入账。如果约定的价值偏离公允价值，则按照公允价值入账。

二、固定资产的相关账户设置

1. "固定资产"账户

该账户属于资产类账户，用来核算固定资产增减变动和结余情况。企业以各种方式取得的固定资产增加额记入借方，贷方表示减少的固定资产原始价值；余额在借方，表示企业期末现有固定资产的账面原始价值。其具体账户形式如下。

借方	固定资产	贷方
增加的固定资产原始价值	减少的固定资产原始价值	
现有固定资产价值		

2. "在建工程"账户

该账户属于资产类账户，反映需要安装调试的设备或者自建固定资产的建设和完工转出情况，包括固定资产新建、安装、改扩建、大修理等工程实际发生的支出情况。该账户借方登记需要安装调试固定资产的购入成本及购入后发生的安装调试支出，完工时从贷方转出固定资产原价。期末余额在借方，表示期末尚未完工工程的实际成本。该账户可按在建工程项目进行明细核算。其具体账户形式如下。

借方　　　 在建工程　　　 贷方	
各项工程实际支出	完工工程转出的实际成本
尚未完工工程的实际成本	

3. "应交税费——应交增值税"账户

该账户用来核算企业按照税法等规定计算应交纳的增值税，属于负债类账户。增值税是国家税务部门就企业的货物或劳务的增值部分增收的一种税，对于一般纳税人而言，增值税不应计入成本，增值税的计算采用抵扣的方式。进项税额记入借方，销项税额记入贷方。对于小规模纳税人而言，增值税计入所购物的成本之中，本部分内容主要从一般纳税人角度来考虑问题。其具体账户形式如下。

借方　 应交税费——应交增值税　 贷方	
进项税额	销项税额

三、固定资产购入的相关会计处理

（一）购入不需要安装的固定资产

根据购置固定资产实际支付的买价、包装费、运输费、安装成本、交纳的有关税金确定原价。

【例 3-12】和美公司购入一台不需要安装的生产用设备，增值税发票上的含税价为34 800元，另支付包装费600元，运输费900元。款项已通过银行支付，设备已交付使用。

分析： 这项经济业务的发生，使公司的固定资产增加，应登记在借方。增值税发票含税价为34 800元，说明买价为30 000元，同时包装费600元、运输费900元应计入固定资产原价中去，所以固定资产原价为31 500元（30 000＋600＋900）；增值税为4 800元，因为这里的增值税是进项税额，所以登记在借方。为了进行该设备的购置，企业银行存款减少，应登记在贷方。会计分录如下。

借：固定资产　　　　　　　　　　　　　　　　　　　　　　　31 500
　　应交税费——应交增值税（进项税额）　　　　　　　　　　　4 800
　　贷：银行存款　　　　　　　　　　　　　　　　　　　　　　　　36 300

（二）购入需要安装调试的固定资产

需要安装的固定资产首先通过"在建工程"账户进行核算，包括设备原值和安装费用，待工程完工时从"在建工程"账户的贷方转出到"固定资产"账户的借方。

注意： 企业为构建固定资产而取得借款的利息支出应该计入固定资产的成本。

购入时：

借：在建工程

应交税费——应交增值税（进项税额）

贷：银行存款

购建时：

借：在建工程

贷：银行存款——应付职工薪酬（或原材料等）

完工投入使用时：

借：固定资产

贷：在建工程

【例 3-13】 和美公司购入需要安装的生产用设备一台。该设备的买价为 50 000 元，增值税为 8 000 元，包装费和运输费共计 1 000 元，款项已通过银行支付。设备已投入安装，安装时，支付安装调试费 2 500 元。月底该设备安装完毕。

分析： 企业购入固定资产时因为固定资产需要安装，所以要在"在建工程"账户中进行核算；当企业安装时，要在"在建工程"账户中进行核算；当交付使用时需从"在建工程"账户结转到"固定资产"账户。

购入时：

借：在建工程	51 000
应交税费——应交增值税（进项税额）	8 000
贷：银行存款	59 000

安装时：

借：在建工程	2 500
贷：银行存款	2 500

交付完工：

借：固定资产	53 500
贷：在建工程	53 500

（三）企业自行建造的固定资产

企业自行建造固定资产的时间往往较长，通过"在建工程"账户进行核算，待工程完工时从"在建工程"账户的贷方转出到"固定资产"账户的借方。主要会计分录如下。

采购工程物资：

借：工程物资

贷：银行存款

领用工程物资：

借：在建工程

贷：工程物资

领用本企业原材料或自产的商品时：

借：在建工程

贷：原材料（或库存商品）

完工时：

借：固定资产

贷：在建工程

【例 3-14】 和美公司自建仓库一栋，购入各种物资 300 000 元，增值税为 48 000 元；领用库存材料 100 000 元，支付建造工人工资 40 000 元，福利费用为 5 600 元，仓库已投入使用。

分析： 这项经济业务的发生，使企业资产中的工程物资增加 300 000 元，登记在借方；同时银行存款减少 348 000 元，登记在贷方；当企业领用各种材料物质进行固定资产构建时，企业的在建工程支出增加了 445 600 元，登记在借方；同时使企业的工程物资增加 300 000 元，原材料减少 100 000 元，应付职工薪酬增加 45 600 元，登记在贷方；最终安装完毕，将"在建工程"账户结转到"固定资产"账户中去。

采购工程物资：

借：工程物资	300 000
应交税费——应交增值税（进项税额）	48 000
贷：银行存款	348 000

领用各种材料物质：

借：在建工程	445 600
贷：工程物资	300 000
原材料	100 000
应付职工薪酬——工资	40 000
——福利费	5 600

投入使用：

借：固定资产——仓库	445 600
贷：在建工程	445 600

工作 2　材料采购的账户设置及账务处理

材料是工业企业生产不可缺少的物质要素，在生产过程中材料经过加工改变了它原有的实物形态，或者构成产品实体的一部分，或者在生产过程中被消耗而有助于产品的形成。材料在消耗的同时，其价值也就一次性地全部转移到了产品中，成为产品成本的一部分。

材料采购过程中发生的运杂费、装卸搬运费、运输途中发生的合理损耗及入库前的挑选整理费统称为采购费用。材料采购成本是由材料的买价和采购费用共同构成的。材料经采购并完成验收入库后，进入储备阶段，然后根据生产需要领用。

一、材料采购业务核算的主要内容

1. 计算材料的采购成本

材料的采购成本包括买价和采购费用。买价是指企业采购材料时，按照发票价格支付的货款。采购费用是指企业在采购材料过程中支付的各项费用，包括材料的装运费、保险费、包装费、仓储费、入库前的挑选整理费等。

2. 购买材料，办理货款结算

① 购料时付款。即钱货两清，企业购料后马上通过现金或银行存款进行支付。

② 购料未付款。即企业购货后，货款暂欠。

③ 预付购料款。即企业购货前预付货款，供应单位交货后冲减购货款。

3. 计算并结转入库材料的采购成本

企业购入材料运回之后，应根据事先签订的购销合同进行验货，符合合同要求后，将材料放入仓库中储备保管。同时还应确认入库材料的价值，并在账面上予以反映。对于已验收入库的材料，其采购成本可以在平时的每一批材料入库时进行结转，也可以平时不结转而在月末时将本月所有的已入库材料的采购成本一次性结转。

二、材料采购过程核算的账户设置

1. "材料采购"账户

该账户是资产类账户，用来核算材料采购过程中的成本费用，包括材料的买价、负担的运杂费用、运输途中的合理损耗等。该账户的借方登记材料的买价及采购费用，贷方登记转入"原材料"等账户的材料实际采购成本，若有余额，一般在借方，表示在途材料的实际采购成本。该账户根据材料的具体品种、规格等分别设置明细分类账，进行明细核算。其具体账户形式如下。

借方	材料采购	贷方
尚未验收入库的外购材料的价款和采购费		已验收入库材料的实际成本
已购买但尚未入库材料的实际成本		

2. "原材料"账户

该账户是资产类账户，借方登记入库材料的计划成本或者实际成本，贷方登记发出材料的计划成本或实际成本，余额在借方，反映库存材料的计划成本或实际成本。该账户根据材料的品种、规格设置明细分类账，进行明细核算。其具体账户形式如下。

```
        借方        原材料        贷方
      验收入库材              发出材料的
      的成本                  成本
      库存材料的成本
```

3. "应付账款"账户

该账户是负债类账户，借方登记已偿还的款项，贷方登记采购材料没有及时承付的款项，余额在贷方，反映尚未偿还的款项。其具体账户形式如下。

```
        借方        应付账款        贷方
      已偿还供应单位          应该支付供应单位
      的款项                  的款项
                              尚未归还的款项
```

4. "预付账款"账户

该账户属于资产类账户，用来核算企业按照合同规定预付供应单位款项而形成的结算债权的增减变动和结余信息。该账户的借方登记预付供应单位款项，贷方登记收到供应单位材料、商品或劳务供应而冲销掉的预付账款；期末余额一般在借方，表示实际预付而尚未结算的预付款项。如为贷方余额，表示应付款项大于预付款项，应向供应单位补付款项。其具体账户形式如下。

```
        借方        预付账款        贷方
      预付供应单位的          收货时冲销掉的
      款项                    预付账款
      尚未收到材料的预付款    应向供应单位初付的款项
```

三、材料采购阶段的主要会计处理

材料采购的核算主要包括支付价款、增值税及材料入库等的核算。

【例3-15】 12月1日，和美公司向昆山工厂购入甲材料4 000 kg，每千克78元，共计买价312 000元，运杂费8 000元，增值税49 920元。价款、运杂费与税金以银行存款支付。

分析： 这项经济业务的发生，一方面使企业材料采购支出增加了320 000（包括材料买价和所含的运杂费），应作为材料采购成本记入"材料采购"的借方；同时产生了49 920元的增值税，应记入"应交税费——应交增值税（进项税额）"账户的借方；另一方面，企业的"银行存款"减少了369 920元，应登记在贷方。

借：材料采购——甲材料　　　　　　　　　　　　　　　320 000

　　应交税费——应交增值税（进项税额）　　　　　　　 49 920

贷：银行存款 369 920

【例3-16】 12月3日，例3-15中的材料点验无误，质量合格，验收入库。

分析： 这项经济业务的发生，使企业入库的材料增加320 000元，应记入"原材料"账户的借方，入库材料的采购成本结转，应记入"材料采购"账户的贷方。

借：原材料——甲材料 320 000
　贷：材料采购——甲材料 320 000

【例3-17】 12月5日，和美公司向红旗工厂购入乙材料1 000 kg，每千克49元，共计买价49 000元，运杂费1 000元，增值税7 840元，材料尚未到达；价款、税金与运杂费尚未支付。

【分析】 这项经济业务的发生，一方面使企业材料采购支出增加了50 000元（包括买价及相应的运杂费），应记入"材料采购"账户的借方；同时支付增值税7 840元，应记入"应交税费——应交增值税（进项税额）"账户的借方；另一方面，企业因购买材料尚未支付货款，所以企业对外负债增加了57 840元，应记入"应付账款"账户的贷方。

借：材料采购——乙材料 50 000
　　应交税费——应交增值税（进项税额） 7 840
　贷：应付账款——红旗工厂 57 840

【例3-18】 12月6日，例3-17中的材料验收入库。

分析： 分析过程同例3-16，略。

借：原材料——乙材料 50 000
　贷：材料采购——乙材料 50 000

【例3-19】 12月10日，和美公司以银行存款偿还前欠红旗工厂价款、税金和代垫运杂费57 840元。

分析： 这项经济业务的发生，一方面使企业的银行存款减少了57 840元，应登记到"银行存款"账户的贷方；另一方面企业的债务也减少了，应登记到"应付账款"账户的借方。

借：应付账款——红旗工厂 57 840
　贷：银行存款 57 840

【例3-20】 12月25日，和美公司向新华公司购入下列材料：甲材料1 000 kg，每千克79元，共计买价79 000元；乙材料400 kg，每千克49元，共计买价19 600元。两种材料的运杂费共计1 400元，应付增值税15 776元。材料尚未验收入库，价款、运杂费及税金全部以银行存款支付。

分析： 由于企业采购甲、乙两种材料，所以运杂费应在甲、乙两种材料之间进行分配。运杂费的分配方法有：按材料的重量分配、按材料的价值量分配、按材料的体积分配等。本例假定运杂费按重量分配。

（1）计算分配率

$$分配率＝应分配运杂费/（甲材料重量＋乙材料重量）$$
$$＝1\ 400/（1\ 000＋400）＝1（元/kg）$$

（2）计算运杂费

$$甲材料应负担的运杂费＝1\ 000×1＝1\ 000（元）$$
$$乙材料应负担的运杂费：400×1＝400（元）$$

根据分配结果得

$$甲材料的采购成本＝79\ 000＋1\ 000＝80\ 000（元）$$
$$乙材料的采购成本＝19\ 600＋400＝20\ 000（元）$$

编制会计分录如下。

借：材料采购——甲材料	80 000
——乙材料	20 000
应交税费——应交增值税（进项税额）	15 776
贷：银行存款	115 776

【例3-21】12月28日，例3-19中的材料点验无误，质量合格，验收入库。

分析略，会计分录如下。

借：原材料——甲材料	80 000
——乙材料	20 000
贷：材料采购——甲材料	80 000
——乙材料	20 000

【例3-22】12月24日，和美公司向华丰工厂购买甲材料，根据合同规定预付5 265元，以银行存款支付。

分析：这项经济业务的发生，一方面使公司的银行存款减少5 265元，应登记到"银行存款"账户的贷方；另一方面，公司预付的购货款增加，应登记到"预付账款"账户的借方。

借：预付账款——华丰工厂	5 265
贷：银行存款	5 265

【例3-23】承例3-22，华丰工厂发出甲材料，和美公司未入库，专用发票载明数量为180 kg，每千克25元，货款共4 500元，增值税720元。

分析：这项经济业务的发生，一方面使公司材料采购成本增加4 500元，应登记到"材料采购"账户的借方，需要支付增值税，登记到"应交税费——应交增值税（进项税额）"账户的借方；同时冲销了企业以前支付的预付款，应该登记到"预付账款"账户的贷方。

借：材料采购——甲材料 4 500

应交税费——应交增值税（进项税额） 720

贷：预付账款——华丰工厂 5 220

上述经济业务不仅要在总账中进行登记，还应当在"材料采购""原材料""应付账款"等账户的所属明细账中进行平行登记。

小　　结

图 3-3 是企业生产准备阶段结算简图。

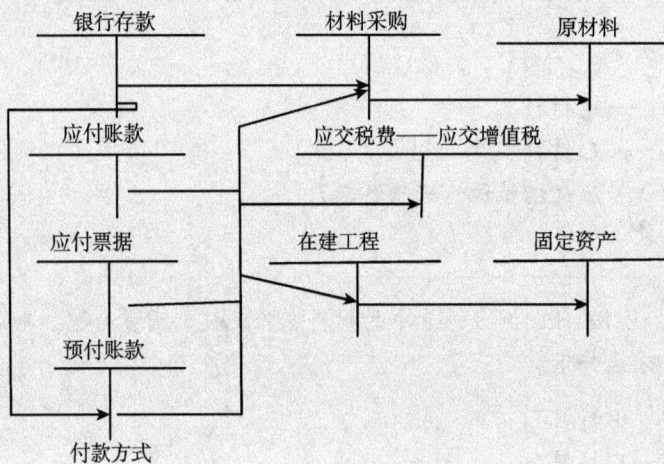

图 3-3　企业生产准备阶段结算简图

职业能力训练

一、单选题

1. 企业固定资产应采用的计价方法是（　　）。

　　A. 原始价值　　　　B. 计划成本　　　　C. 生产成本　　　　D. 销售成本

2. 企业作为固定资产管理的资产，其使用期限应在（　　）。

　　A. 一年以内　　　　B. 一年以上　　　　C. 两年以内　　　　D. 两年以上

3. 企业在设备安装完毕转为固定资产时应记入贷方的账户是（　　）。

　　A. 固定资产　　　　B. 原材料　　　　　C. 应付工资　　　　D. 在建工程

4. 材料按实际成本计价核算时，"原材料"账户的借方和贷方登记的均为（　　）。

　　A. 材料的实际成本　　　　　　　　　B. 材料的计划成本

    C. 材料的估计成本　　　　　　　　　　D. 材料的重置成本

5. 企业用银行存款购入材料但货物尚未到达，一方面涉及企业资产要素内部的增减变化，另一方面涉及企业（　　　　）。

    A. 负债要素的增减变化　　　　　　　　B. 所有者权益要素的增减变化

    C. 收入要素的增减变化　　　　　　　　D. 费用要素的增减变化

二、多选题

1. 企业确认固定资产的标准主要有（　　　　）。

    A. 使用期限标准　　　　B. 资金形态标准　　　　C. 实物形态标准　　　　D. 单位价值标准

    E. 来源渠道标准

2. 企业的固定资产是指企业在经营过程中使用的下列资产（　　　　）。

    A. 使用期限较长的资产　　　　　　　　B. 从银行借入的长期借款

    C. 投资者投入的无形资产　　　　　　　D. 单位价值较高的资产

    E. 使用过程中保持原来实物形态的资产

3. 企业外购的设备按是否进行安装可分为（　　　　）。

    A. 生产经营用设备　　　　　　　　　　B. 需要安装设备

    C. 非生产经营用设备　　　　　　　　　D. 不需要安装设备

    E. 不需用设备

4. 企业从外部购入固定资产的实际成本包括（　　　　）。

    A. 买价　　　　　　　B. 包装费　　　　　　C. 运输费　　　　　　D. 安装费

    E. 应交纳的税金

5. 企业自行建造固定资产需登记贷方的账户可能是（　　　　）。

    A. 固定资产　　　　　B. 原材料　　　　　C. 应付职工薪酬　　　　D. 银行存款

    E. 在建工程

6. 企业在材料采购过程中的经济业务主要有（　　　　）。

    A. 从供应单位购进各种材料物资　　　　B. 支付材料的买价和各种采购费用

    C. 办理材料的验收入库手续　　　　　　D. 办理材料的领用手续

    E. 计算材料采购成本

7. 材料采购成本包括（　　　　）。

    A. 买价　　　　　　　　　　　　　　　B. 运输费

    C. 包装费　　　　　　　　　　　　　　D. 入库前的挑选整理费

    E. 采购人员的差旅费

8. 对材料在采购过程中发生的共同性费用进行分配时，可选用的标准有（　　　　）。

    A. 重量　　　　　　　B. 体积　　　　　　C. 件数　　　　　　D. 买价

    E. 材料名称

三、判断题

1. 企业在自行建造固定资产的过程中，对发生的所有支出业务都应编制转账凭证。（　　　）

2. 企业用长期借款进行固定资产的购建而发生的借款利息应计入固定资产成本。（　　　）

3. 企业设置的"在建工程"账户属于费用类账户。（　　　）

4. 企业的固定资产按实际成本计价。 （　　）

5. 企业固定资产的来源只有外部购入和自行建造两种。 （　　）

6. 企业购入的材料经验收入库后，即为可供生产经营领用的库存材料。 （　　）

7. 企业在采购材料的业务中交纳的增值税不计入材料采购成本。 （　　）

8. 企业在材料采购过程中发生的所有费用支出均可直接计入材料采购成本。 （　　）

四、业务题（练习固定资产购置业务的核算）

1. 某企业本月发生下列固定资产购置业务。

① 企业购入生产用不需要安装的设备一台，买价为 75 000 元，增值税税率为 16%，运杂费为 1 250 元，保险费为 250 元，全部款项已用银行存款支付。

② 企业购入生产用需要安装的乙设备一台，买价为 125 000 元，增值税税率为 16%，运杂费为 2 000 元。款项已用银行存款支付。

③ 企业对上述需要安装的设备进行安装，耗用材料 1 250 元，用银行存款支付安装公司安装费 1 750 元。

④ 上述乙设备安装完毕，经验收合格交付使用。结转工程成本。

⑤ 企业用从中国建设银行借入的长期借款自行组织力量进行机修车间厂房的建造。耗用材料共计 175 000 元，分配工资为 40 000 元，分配制造费用为 35 000 元。

⑥ 企业接中国建设银行通知，借入长期借款的利息为 60 000 元。

⑦ 机修车间厂房建造完毕，经验收合格交付使用，结转建造成本。

要求：写出上述业务的会计分录。

2. 某企业 7 月份发生下列物资采购业务。

① 购入甲材料 6 000 kg，每千克 8 元，增值税税率为 16%，价税款未付。

② 用银行存款 2 722 元支付上述甲材料的运杂费。

③ 购入乙材料 7 200 kg，每千克 10 元，增值税税率为 16%，价税款均通过银行付清。

④ 购进丙材料 2 800 kg，含税单价为 9.36 元；丁材料 10 000 kg，含税单价为 5.85 元，增值税税率为 16%，款项均已通过银行付清。

⑤ 供应单位代垫乙材料、丙材料、丁材料外地运费共 3 300 元（运杂费按采购重量分配）。

⑥ 用银行存款 10 000 元预付订购材料款。

⑦ 以前月份已预付 100 000 元的 A 材料本月到货，并验收入库，价税款合计 116 000 元，增值税税率为 16%，用银行存款补付尾款。

⑧ 本月购入的甲材料、乙材料、丙材料、丁材料均已验收入库，结转其成本。

要求：写出上述业务的会计分录。

五、任务设计

任务描述：学生自主到商店购物一次，以取得的原始凭证为据。4～5 人分成一组，成立模拟公司，公司名各组自定，并设定业务员、仓库保管员、出纳及会计岗位。教师充当供应商、供应商开户银行等角色，各组应按教师下达的任务完成向"供应商"采购的任务。各岗位职能要求如下。

业务员：按规定任务组织采购，协调各方关系，取得相关单据。

仓管员：按规定验收货物后，填制"收料单"或"发料单"，并登记财产物资明细账。

出纳：办理结算手续，登记日记账。

会计：审核有关单据并据以编制记账凭证，登记相关账簿。

假设每组"银行存款"账户期初余额均为 99 000 元，"库存现金"账户期初余额为 1 000 元，"固定资产"账户净值为 100 000 元，"实收资本"账户期初余额为 200 000 元，其余资金来源于银行短期借款，短期借款利率为 10%。

要求：

(1) 各公司出纳开出一张金额为××元的转账支票，由业务员持支票到商店购物。

(2) 业务员与商场签订购物合同，并由商场负责将货物送达企业。

(3) 仓库管理员将货物验收入库。

(4) 企业会计对所发生的经济业务进行账务处理，写出相应的会计分录。

任务3　产品生产过程的核算

【任务目标】

认知目标：掌握生产过程中直接费用和间接费用的区别；理解"生产成本"账户和"制造费用"账户的基本内容；掌握生产过程中发生的料、工、费的账务处理。

能力目标：培养学生账务处理能力和思辨能力，以及用理论支撑观点的能力。

情感目标：培养学生科学严谨、大胆探索、勇于创新的精神，要求学生形成良好的团队意识。

【会计故事】

联想计算机的生产流程

第一道工序：原材料准备。

联想工厂有一套非常先进的库管系统，只要4～5个人就可以操作控制并分配好生产中随时需要使用的各种配件。

第二道工序：IQC检验。

在配件进入整机生产流水线之前，零部件先要经过 IQC（来料质量控制）检验，以把控生产产品的品质。

第三道工序：配餐。

配件检测好以后由工人按照事先订制的单号要求，统一将每一台机器所需的配件装在备件箱内，为接下来的流水线生产做准备。

第四道工序：装配。

工人根据机器的具体配置情况，将主板、显卡、内存、电源、硬盘、光驱等配件一一安装到机箱内的固定位置，并将各种连线接好。整个过程为流水线操作，方便快捷。

第五道工序：基本功能检测。

整装完成后，调试人员要检查产品的外观，测试其性能，以及进行功能性检测，如检测视频播放和音频播放是否正常等。

第六道工序：常温测试和高温测试。

每一台出厂的计算机还必须接受常温测试和高温测试，结束后再对产品的主要性能指标进行检测，一切通过后方能装箱。

工作1　产品生产过程相关内容的认知

一、相关概念

费用是指企业在正常的生产经营过程中所需的各项耗费。生产过程中发生的费用按经济用途可分为生产成本和期间费用，其中期间费用包括销售费用、管理费用、财务费用。

1. 生产成本（制造成本）

生产成本是指为生产一定种类、一定数量的产品所发生的直接材料费、直接人工费和制造费用的总和。构成产品成本的费用，应按不同产品进行归集，并正确区分产成品和在产品的界限，据以正确计算产品的生产成本或制造成本。生产成本可简单地归纳为三部分，即直接材料费、直接人工费、制造费用，简称料、工、费。

直接材料费是指直接用于产品生产，直接消耗的各种原材料、燃料和辅助材料的价值。由于这些费用发生时就能判明属于哪种产品，因此这些费用发生后直接归集到各产品成本中。

直接人工费是指直接从事产品生产的工人的工资和按规定提取的职工福利费。为生产产品而发生的生产工人工资及计提的福利费，应按每种产品所耗用的工时进行分配，然后记入各种产品的生产成本明细账中。

制造费用是指企业各生产车间等生产单位为组织和管理生产而发生的各项期间费用，如车间管理人员的工资和福利费、办公费、保险费、水电费等。

2. 期间费用

期间费用是指企业日常活动发生的不能计入特定核算对象的成本而应计入当期损益的费用。期间费用包括管理费用、财务费用、销售费用。

管理费用是指企业行政管理部门为组织和管理生产经营活动而发生的各种费用，主要包括管理部门的工资和福利费、折旧费、工会经费、劳动保险费、业务招待费、诉讼费等。

财务费用是指企业为筹集生产经营所需资金而发生的费用，主要包括利息净支出、汇兑净损失、银行及其他金融机构手续费等。

销售费用是指企业为销售产品而发生的营业费用，主要包括在产品销售过程中发生的包装费、运输费、广告费等各项费用。

二、生产过程核算的账户设置

1."生产成本"账户

该账户核算企业在产品生产过程中所发生的全部费用，其借方登记产品费用的发生数，即直接材料费、直接人工费、结转的制造费用，贷方登记已完工并验收入库的产品成本。期末如有余额，应在借方，表示尚未完工的产品的成本。其具体账户形式如下。

借方 生产成本 贷方	
直接人工费、直接材料费、结转的制造费用	已完工并验收入库的产品成本
尚未完工的产品的成本	

2."制造费用"账户

该账户核算企业各生产车间等生产单位为管理本部门生产而发生的各项间接费用，其借方登记生产过程中发生的各项费用，月终，当月发生的制造费用自贷方转入"生产成本"账户的借方。结转后，该账户月末一般无余额。其具体账户形式如下。

借方 制造费用 贷方	
登记实际发生的各项间接费用	月末分配转入"生产成本"的制造费用

3."库存商品"账户

该账户是资产类账户，用来核算生产完工且已验收入库的产品的收、发、存情况。其借方登记完工入库的产成品的生产成本，贷方登记已销售产品转出的生产成本。期末如有余额，应在借方，表示库存产品的生产成本。该账户按产品品种设置明细分类账，进行明细核算。其具体账户形式如下。

借方 库存商品 贷方	
完工入库产成品的生产成本	已销售商品转出的生产成本
库存商品的实际成本	

4."管理费用"账户

该账户是损益类账户，用来核算企业行政管理部门为组织和管理生产经营活动而发生的各项费用。其借方登记企业发生的各项管理费用。期末，将该账户借方归集的管理费用自贷方转入"本年利润"账户后，期末无余额。其具体账户形式如下。

借方 管理费用 贷方	
企业发生的各项费用	期末转入"本年利润"的管理费用

5. "应付职工薪酬"账户

应付职工薪酬包括工资和福利费。工资是支付给劳动者的劳动报酬。支付给直接从事产品生产的工人的工资是生产成本的重要组成部分。国家规定，企业可按职工工资总额的一定比例从生产成本和有关费用中提取职工福利费。职工福利费是用于职工医药费、职工生活困难补助等职工福利方面的资金。凡属于生产车间直接从事产品生产人员工资及计提的福利费，均列入"生产成本"账户的"直接人工费"中；企业各生产车间等生产单位为组织和管理所发生的管理人员工资和提取的福利费，应通过"制造费用"账户核算；厂部管理人员工资和提取的福利费应通过"管理费用"账户核算；不计入生产成本、费用的工资和提取的福利费，如福利部门工作人员的工资，则应按照规定由提取的福利费开支，通过"应付职工薪酬——职工福利费"账户进行核算。其具体账户形式如下。

借方	应付职工薪酬	贷方
实际支付给职工的各种薪酬及代扣项		应付给职工的各种薪酬
		应付而未付的职工薪酬

6. "累计折旧"账户

固定资产在较长的使用期限内能保持其原有的物质形态不变，而其价值却随着固定资产的损耗而逐渐减少，固定资产由于损耗减少的价值称为折旧。固定资产的折损在使用过程中通过累计折旧的方式逐步转移到产品成本和期间费用中。因此，计提折旧就表明生产费用或期间费用增加，同时固定资产因为磨损，其价值发生减少。需要强调的是，"固定资产"账户登记的是固定资产的原始价值，而"累计折旧"账户反映的是固定资产因磨损而发生减少的价值。

该账户是"固定资产"账户的备抵调整账户，反映企业现有固定资产损耗的价值。其贷方登记固定资产折旧的增加数，借方登记固定资产减少时累计折旧的冲销数，余额在贷方，表示现有固定资产已提折旧的数额。"固定资产"账户的余额，即固定资产原值减去"累计折旧"账户余额，便是固定资产的净值。"累计折旧"账户的具体账户形式如下。

借方	累计折旧	贷方
固定资产清理时冲减的折旧		计提的折旧
		已提取折旧的数额

对生产用固定资产所提取的折旧额和生产车间管理部门使用的固定资产所提取的折旧额，借记"制造费用"账户；对于企业行政管理部门使用的固定资产所提取的折旧额，借记"管理费用"账户。

工作2　产品生产过程的会计处理

一、材料费用的核算

在生产过程中所需的材料，应填制领料单向材料仓库领取。仓库根据领料单发出材料后，应将领料单按领用材料的用途和种类进行汇总，编制"材料耗用汇总表"，以作为编制材料发出记账凭证的依据。

领用材料时应根据领料的用途，记为：

借：生产成本（直接生产产品用料）
　　制造费用（车间共同用料）
　　管理费用（行政管理部门用料）
　　贷：原材料

【例3-24】和美公司本月仓库发出材料如表3-1所示。

表3-1　和美公司本月仓库发出材料汇总表

用　途	甲材料		乙材料		材料耗用金额合计/元
	数量/kg	金额/元	数量/kg	金额/元	
制造产品领用					
A产品耗用	2 000	1 000	5 000	1 000	2 000
B产品耗用	4 000	2 000	5 000	1 000	3 000
车间一般耗用	1 400	700	2 000	400	1 100
管理部门耗用	1 000	500	2 000	400	900
合　计	8 400	4 200	14 000	2 800	7 000

分析：这笔经济业务的发生，一方面使企业的材料费用增加了7 000元，其中直接用于生产A产品的材料费用2 000元，直接用于生产B产品的材料费用3 000元，作为生产成本，直接记入"生产成本"账户的借方；用于车间耗用1 100元，应作为制造费用，直接记入"制造费用"账户的借方，管理部门耗用材料900元，应作为管理费用记入"管理费用"账户的借方；另一方面，企业库存材料减少了7 000元，其中甲材料4 200元，乙材料2 800元，应记入"原材料"账户的贷方。

借：生产成本——A产品　　　　　　　　　　　　　　　2 000
　　　　　　——B产品　　　　　　　　　　　　　　　3 000
　　制造费用　　　　　　　　　　　　　　　　　　　　1 100
　　管理费用　　　　　　　　　　　　　　　　　　　　　900
　　贷：原材料——甲材料　　　　　　　　　　　　　　　　4 200
　　　　　　　——乙材料　　　　　　　　　　　　　　　　2 800

二、人工费用的核算

（一）月末结算、分配人工费用的核算

借：生产成本（直接生产人员）

　　制造费用（车间辅助、管理人员）

　　管理费用（行政管理人员）

　贷：应付职工薪酬（应付职工薪酬总额）

【例3-25】和美公司根据工时和考勤记录计算的本月职工工资如表3-2所示。

表3-2　和美公司本月职工工资表

用　　　途	金额/元
生产A产品的工人工资	80 000
生产B产品的工人工资	20 000
生产车间管理人员工资	8 400
行政部门管理人员工资	15 600
合　　　计	124 000

分析：这笔经济业务的发生，一方面使企业本月应负担的工资费用增加了124 000元；其中生产A产品的工人工资80 000元，生产B产品的工人工资20 000元，应当记入"生产成本"账户的借方；车间管理人员的工资8 400元，应记入"制造费用"账户的借方；行政部门管理人员的工资15 600元，应记入"管理费用"账户的借方；另一方面企业的债务增加了124 000元，应记入"应付职工薪酬——工资"账户的贷方。会计分录如下。

　　借：生产成本——A产品　　　　　　　　　　　　　　　　　　80 000

　　　　　　　　——B产品　　　　　　　　　　　　　　　　　　20 000

　　　　制造费用　　　　　　　　　　　　　　　　　　　　　　　8 400

　　　　管理费用　　　　　　　　　　　　　　　　　　　　　　15 600

　　　　贷：应付职工薪酬——工资　　　　　　　　　　　　　　124 000

【例3-26】和美公司按例3-25中工资总额的14%提取职工福利费。

分析：这笔经济业务的发生，一方面使企业本月应负担的福利费用增加了17 360元；其中生产A产品的工人的福利费11 200元（80 000×14%），生产B产品的工人的福利费2 800元（20 000×14%），应当记入"生产成本"账户的借方；车间管理人员的福利费1 176元（8 400×14%），应记入"制造费用"账户的借方；行政部门管理人员的福利费2 184元（15 600×14%），应记入"管理费用"的借方；另一方面企业的债务增加了17 360元，应记入"应付职工薪酬——职工福利费"账户的贷方。会计分录如下。

　　借：生产成本——A产品　　　　　　　　　　　　　　　　　　11 200

　　　　　　　　——B产品　　　　　　　　　　　　　　　　　　2 800

　　　　制造费用　　　　　　　　　　　　　　　　　　　　　　　1 176

管理费用	2 184
贷：应付职工薪酬——职工福利费	17 360

（二）工资发放的会计处理

工资的发放程序一般是先从银行提取现金，然后再用现金发放工资。

【例3-27】 和美公司1月15日从银行提取现金124 000元，以备发放职工工资。

分析： 这项经济业务的发生，一方面使企业银行存款减少了124 000元，应记入"银行存款"账户的贷方；另一方面企业的库存现金增加了124 000元，应记入"库存现金"账户的借方。会计分录如下。

借：库存现金	124 000
贷：银行存款	124 000

【例3-28】 1月15日，和美公司以现金发放本月职工工资124 000元。

分析： 这项经济业务的发生，一方面使企业库存现金减少了124 000元，应记入"库存现金"账户的贷方；另一方面企业要负担的债务减少了，应记入"应付职工薪酬"账户的借方。会计分录如下。

借：应付职工薪酬	124 000
贷：库存现金	124 000

三、制造费用的核算

（一）制造费用归集

制造费用归集是指企业各生产车间等生产单位为组织和管理生产而发生的各项间接费用，具体包括间接材料费用（低值易耗品的摊销）、间接人工费用（车间除生产工人以外的人员工资等）、其他制造费用（与生产产品有关的折旧费、修理费等）。

1. 本期已付的费用

【例3-29】 12月31日，和美公司以银行存款支付车间办公费500元，水电费600元，劳保费800元。

分析： 这项经济业务的发生，引起公司车间支付的各种间接费用增加1 900元，应记入"制造费用"账户的借方；此外使公司的银行存款减少1 900元，应记入"银行存款"账户的贷方。会计分录如下。

借：制造费用	1 900
贷：银行存款	1 900

【例3-30】 和美公司按照规定提取本月固定资产折旧共计4 800元。其中，生产车间用

设备提取的折旧为 3 600 元，行政管理部门用设备提取的折旧为 1 200 元。会计分录如下。

借：制造费用   3 600

       管理费用   1 200

  贷：累计折旧   4 800

2. 跨期支付的费用

在会计实务中，经常遇到跨期费用，以前的会计处理主要是通过"预提费用""待摊费用""长期待摊费用"这几个科目核算，但现行会计准则取消了"预提费用"和"待摊费用"科目。那么，在具体的会计实践中，如何对跨期费用进行会计处理呢？理论界对此有多种观点。一是直接计入当期成本费用，借记"管理费用""销售费用""制造费用"等账户，贷记"银行存款"等科目；二是通过"预付账款"账户核算，预付时，先借记"预付账款"账户；贷记"银行存款"等账户，然后分期摊销计入当期成本费用，这体现了权责发生制的核算基础，能正确计算各个会计期间的费用和盈亏。

【例 3-31】 12 月 31 日，和美公司以银行存款支付下一年度财产保险费 2 400 元，主要是生产车间耗费。会计分录如下。

借：预付账款——财产保险费   2 400

  贷：银行存款   2 400

第二年 1—12 月，每月都要进行分摊。会计分录如下。

借：制造费用   200

  贷：预付账款   200

（二）制造费用的分摊

在生产一种产品的车间中，制造费用可直接计入其产品的生产成本；在生产多种产品的车间中，就要采用既合理又简便的分配方法，将制造费用分配计入各种产品成本。分配方法包括：按生产工时、定额工时、机器工时、直接人工费等比例进行分配。

【例 3-32】 期末，和美公司将本月发生的制造费用总额 7 000 元按生产工时在 A、B 两种产品之间分配。其中 A 产品工时为 2 750 小时，B 产品工时为 1 250 小时。

分析： 制造费用分配率为

$$分配率 = 7\ 000 / (2\ 750 + 1\ 250) = 1.75$$
$$A\ 产品应分摊的制造费用 = 2\ 750 \times 1.75 = 4\ 812.50（元）$$
$$B\ 产品应分摊的制造费用 = 1\ 250 \times 1.75 = 2\ 187.50（元）$$

这项经济业务的发生，一方面使企业产品的成本增加了 7 000 元，其中 A 产品应负担 4 812.50 元，B 产品应负担 2 187.50 元，应记入"生产成本"账户的借方；另一方面使企业制造费用分摊转移而减少了 7 000 元，应记入"制造费用"账户的贷方。会计分录如下。

借：生产成本——A 产品   4 812.5

    ——B 产品   2 187.5

 贷：制造费用   7 000

四、结转完工产品生产成本

（一）结转完工产品生产成本的计算

完工产品是指已经完成全部生产过程并已验收入库，可以作为商品对外销售的产品。因此，在会计期末，对于已经完工的产品，应将完工产品验收入库，同时结转已经完工产品的实际生产成本。

计算已经完工产品的生产成本是把生产过程中发生的全部生产成本，按一定的对象进行归集，然后在完工产品和在产品之间分摊，以计算出完工产品的总成本和单位成本。计算公式如下。

$$产品成本＝直接材料费＋直接人工费＋制造费用$$

（二）结转完工入库产品的实际生产成本的会计分录

借：库存商品——A 产品

    ——B 产品

 贷：生产成本——A 产品

    ——B 产品

【例 3-33】根据 A、B 两种产品的成本计算表（见表 3-3），结转本月完工入库产品的实际成本。

表 3-3 完工产品生产成本计算表

成本项目	A产品（100件）		B产品（100件）	
	总成本/元	单位成本/（元/件）	总成本/元	单位成本/（元/件）
直接材料费	37 000	370	45 000	450
直接人工费	28 500	285	35 460	354.6
制造费用	4 812.5	48.13	2 187.5	21.88
合计	70 312.5	703.13	82 647.5	826.48

分析：这项经济业务的发生，一方面使企业 A、B 两种产品分别增加 70 312.5 元、82 647.5元；另一方面使企业生产 A、B 两种产品的成本分别减少 70 312.5 元、82 647.5元。

借：库存商品——A 产品   70 312.5

    ——B 产品   82 647.5

 贷：生产成本——A 产品   70 312.5

    ——B 产品   82 647.5

小　结

产品生产过程结算简图如图3-4所示。

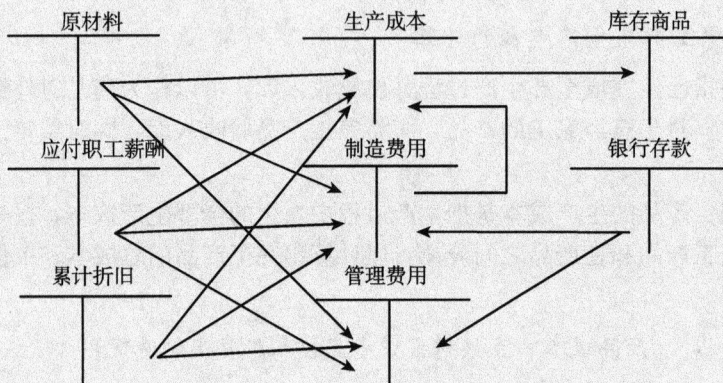

图3-4　产品生产过程结算简图

职业能力训练

一、单选题

1. 企业在一定时期内发生的、用货币表现的生产耗费称为（　　）。

A. 生产费用　　　　B. 生产成本　　　　C. 制造成本　　　　D. 期间费用

2. 产品的生产成本也称为（　　）。

A. 生产费用　　　　B. 制造成本　　　　C. 期间成本　　　　D. 期间费用

3. 企业为生产产品而耗用的原材料、辅助材料、包装物等构成产品成本项目中的（　　）。

A. 原材料　　　　B. 材料费用　　　　C. 辅助材料　　　　D. 直接材料

4. 企业在产品生产过程中发生的期间费用，不应计入产品生产成本，而应直接计入（　　）。

A. 当期损益　　　　B. 生产费用　　　　C. 制造成本　　　　D. 下期费用

5. 在企业生产业务核算过程中，下列不可能与"制造费用"账户发生对应关系的账户是（　　）。

A. "生产成本"　　　　　　　　　　B. "累计折旧"

C. "应付职工薪酬——职工福利费"　　　　D. "库存商品"

6. "累计折旧"账户核算的是固定资产的（　　）。

    A. 原始价值   B. 损耗价值

    C. 净值   D. 清理价值

7. 企业已经完成全部生产过程并已验收入库的产品即为（　　　）。

    A. 在产品   B. 半成品

    C. 库存商品   D. 已销售产品

二、多选题

1. 在进行成本计算时应划清的界限有（　　　）。

    A. 应分清成本与费用的界限

    B. 应分清本企业成本与其他企业成本的界限

    C. 应分清本期成本费用与下期成本费用的界限

    D. 应分清不同资产的成本界限

    E. 应分清在产品成本与产成品成本的界限

2. 下列内容不构成产品生产费用的有（　　　）。

    A. 直接材料费   B. 生产工人工资

    C. 销售人员工资   D. 行政管理人员工资

    E. 车间管理人员工资

3. 企业发生的各项费用按其经济内容可分为（　　　）。

    A. 活劳动的耗费   B. 直接工资费

    C. 劳动对象的耗费   D. 直接材料费

    E. 劳动资料的耗费

4. 企业在生产过程中的经济业务主要有（　　　）。

    A. 归集产品生产过程中所发生的各项费用

    B. 支付材料的买价和各种采购费用

    C. 办理材料验收入库手续

    D. 计算和确定材料采购成本

    E. 计算和确定产品生产成本

5. 下列可在职工福利费中开支的项目有（　　　）。

    A. 职工的医疗补助   B. 职工的困难补助

    C. 职工的退休金   D. 职工教育经费

    E. 生产工人工资

6. 企业的下列账户中，可能与"生产成本"账户发生对应关系的账户包括（　　　）。

    A. "原材料"与"材料成本差异"   B. "库存商品"

    C. "累计折旧"   D. "制造费用"

    E. "应付职工薪酬"

7. 企业在分配制造费用时可选用的标准有（　　　）。

    A. 生产工人工资   B. 车间管理人员工资

    C. 材料的件数   D. 生产工时

    E. 机器设备运转工时

三、判断题

1. 成本计算的对象就是承担和归集费用的对象。 （　　）

2. 将费用与成本联系起来，按其用途分类所形成的各个项目在会计上称为成本项目。

（　　）

3. 对于企业应计入产品成本的有关费用应当按照收付实现制的要求来确定。 （　　）

4. 对企业费用的归集和分配，一方面必须实事求是，具有真实、完整和可靠的原始凭证，另一方面必须遵循企业会计准则和企业会计制度的有关规定。 （　　）

5. 企业产品的生产成本也称制造成本。 （　　）

6. 企业的"制造费用"账户用来核算和监督行政管理部门为组织和管理生产经营活动而发生的各项费用。 （　　）

7. "制造费用"账户在月末一般没有余额。 （　　）

8. "库存商品"账户是企业用来核算产品生产成本的账户。 （　　）

四、业务题（练习产品生产业务的核算）

某企业生产甲、乙两种产品，甲产品期初在产品成本为 8 000 元，本月发生材料费 42 000 元，生产工人工资 7 200 元，月末在产品成本为 5 200 元，完工产品数量为 500 件；乙产品没有期初在产品，本月发生材料费 34 800 元，生产工人工资 4 800 元，月末没有在产品，完工产品数量为 300 件，本月共发生制造费用 6 000 元。

要求：计算甲、乙完工产品总成本和单位成本（制造费用按生产工人工资比例分配），并编制结转完工产品成本的会计分录。

任务4　销售过程的核算

【任务目标】

认知目标：理解销售过程核算的主要内容，掌握主营业务中各个账户的性质。

能力目标：具备根据实务进行主营业务销售过程的会计核算能力。

情感目标：激发学生学习的兴趣；通过合作学习，培养学生主动探究、团结协作、勇于创新的精神。

【会计故事】

华为：一条路走到底的胜利

2015 年，华为预期实现销售收入约 3 900 亿元人民币，利润、现金流稳定增长，成为其聚焦管道战略以来见效显著的一年，华为轮值 CEO 郭平在新年致辞中表示。

新一年中，华为将开始 5～10 年的"让听得到炮声的人能呼唤到炮火"的改革，实现大平台支持精兵作战的战略，并逐步开始实施管理权和指挥权的分离。

1.28 年冲一墙口：一条路走到底的胜利

2015 年实现销售收入 3 900 亿元人民币，这个数字相比 2014 年的 2 882 亿元人民币，增长了 35.32％。在庞大基数上保持增长已然不易，如此大幅度更是堪称"大象跳舞"，但是华为每年动辄 20％～30％的业绩增速已经让人从吃惊到麻木。

曾经有个笑话说：中、美领导用自家企业打牌，华为就是中方手里的"两王四个二"，美方出什么都能管上。笑话归笑话，但也体现了华为今时的地位。不搞金融、不炒房地产，始终扎根实业，华为一路跋涉实现今天的体量与成就，很大程度上得益于其一条路走到底的坚持。

"28 年来，我们从几百人对准一个城墙口冲锋，到后来，几千人、几万人、十几万人对准同一个城墙口持续冲锋，从不畏惧，决不屈服，英勇奋斗。我们现在每年投入 1 000 多亿元人民币（研发约 500 亿元、市场服务约 600 亿元），仍然对准同一个城墙口：大数据传送，终于取得了突破，处在世界领先位置。"郭平说。

华为首席财务官孟晚舟亦曾表示，华为始终坚持聚焦管道战略，"力出一孔"，沿着信息管道进行整合和发展。运营商、企业、消费者业务领域紧密围绕管道进行投资和协同，为客户提供更快、更宽、更智能的信息管道和服务，共同应对大数据时代的机会和挑战。

华为认为，到 2025 年，全球连接数预计将超过 1 000 亿，连接就像空气和水一样融入生活的每一个角落，无所不在。届时其所聚焦的管道行业市场空间将达到 4 000 亿美元，这也意味着它未来仍有极大的增长空间。

2. 把握正确方向，实施内部变革

大公司要保持活力需要内部管理变革来支持，华为在未来 5～10 年也将展开"让听得到炮声的人能呼唤到炮火"的改革。

在郭平看来，把握住正确的方向最重要："在这个复杂多变的时代，华为怎么保证自己不犯方向性的错误？要强化对不确定性的投入。各层各级组织都要把确定性的工作与不确定性的工作区别管理：不确定性的工作考核结果，确定性的工作考核效率、效益。要针对确定性来推进公司内部深化改革，构建应对未来风险和变化能力的基础与平台。在不确定性方面的改革，要以结果为中心。"

而在找到正确的方向后，还要几十年如一日地坚持正确方向，坚持不断纠偏，才能厚积薄发："在主航道上创新是非常难的，要耐得住寂寞。"

针对旗下三大业务的发展方向，郭平指出，运营商业务正处于数字化转型的关键时期，要与客户共同应对行业挑战，坚持管道战略，以敏捷应对未来，构建良好的生态环境，帮助客户取得商业成功。终端要关注全球化布局，各代表处要建立相应的组织，在相应激励机制下实现战略性成长，继续以质量、服务优先的发展策略，努力奋斗。

致辞中还强调，"要宽容，要敢于试错，不要太追求完美"，"自我批判永远是自我纠偏、自我改进的利器"，目的是聚全体员工的努力，"力出一孔，利出一孔"，在正确方向的指引下攻击、前进。

3. 将持续优化激励制度

只有正确的价值分配制度，才能激发全体员工创造价值的热情。郭平在致辞中称："曾有多位外部顾问观察到这几年华为员工积极性和组织活力有明显提高，这也许是我们激励机制改革发挥了作用。我们要让全体员工及时分享到公司的成果，鼓励大家去冲锋。"

"以奋斗者为本"的核心价值观被视为华为成功的一大驱动力。通过员工虚拟持股计划，有超过 8 万名中国籍员工成为该公司股东。近年来，华为还引入了一项以中国员工长期激励机制为蓝本的外籍员工持股计划（TUP）。

"根据我们统计，我们的收入在第一、第二年的时候，跟行业平均水平相比，领先程度并不明显，但是到第三年以后，奖金和长期激励部分就会越来越明显，特别是长期激励。如果有机会到海外去工作，还会增加非常多的补助，收入会有大幅增长。我们内部常讲，奋斗越久越划算，工资变成零花钱。"华为高级副总裁陈黎芳在北大宣讲时提到。

未来，这家公司将继续推动"获取分享"的奖金机制，在全球员工中推行 TUP，加大对关键人才的长期激励力度。

"2016 年我们会持续优化激励制度，实现薪酬所得与资本所得 3∶1 的目标，加大对艰苦区域工作员工的倾斜力度，继续推行明日之星、蓝血十杰等非物质激励的评选，让华为的奋斗者和家属过上物质充裕、精神充实的生活。"郭平说。

资料来源：根据互联网资料整理。

工作1 销售过程相关理论梳理

销售过程是工业企业资金运动的第三个阶段，是生产经营活动的最后一个环节。企业出售产品，按照销售价格和销售数量收取价款，形成销售收入，使产品资金转化为货币资金。在销售过程中，会计核算的主要内容包括：确认和反映销售收入，计算和交纳增值税及消费税等税金，计算并结转销售成本，核算、归集销售费用等。上述内容就是产品销售过程核算的主要内容。

一、销售环节交纳的税金

企业在销售环节应该交纳的税金包括增值税、城市维护建设税、教育费附加等，个别产品还应交纳消费税。

企业实际应交纳的增值税是用销售环节发生的销项税额减去材料购进环节发生的进项税额得到的，计算公式为

$$本期应交增值税＝本期销项税额－本期进项税额$$

应交消费税的消费品有：烟，酒，高档化妆品，贵重首饰及珠宝玉石，鞭炮、焰火，成品油，小汽车，摩托车等。

二、销售过程核算的账户设置

1. "主营业务收入"账户

主营业务收入是企业为完成其经营目标而从事的主要经营活动所取得的收入,包括销售产品、自制半成品、提供劳务等所取得的收入。根据《企业会计准则》的规定,一般情况下,当产品已经发出,产品的所有权已经转移给买方,企业收到货款或取得收取货款的凭证,即可确认为主营业务收入。

该账户属于损益类账户,用来核算销售产品而发生的销售收入。其贷方登记企业实现的销售收入,借方登记全部转入"本年利润"账户的金额,结转后无余额。其具体账户形式如下。

借方	主营业务收入	贷方
期末结转到"本年利润"账户的金额	实现销售收入	

2. "应收账款"账户

该账户属于资产类账户,用来核算企业因销售产品而向购货单位收取的款项。其借方登记由于销售产品而发生的应收账款,贷方登记已经收回的应收账款;期末余额如在借方,表示企业尚未收回的应收账款;期末余额如在贷方,表示企业预收的账款。该账户可以按照购货单位设置明细账户。其具体账户形式如下。

借方	应收账款	贷方
因销售产品发生的应收账款	已经收回的应收账款	
企业尚未收回的应收账款	企业预收的账款	

3. "应收票据"账户

该账户属于资产类账户,用来核算企业与购货单位的商业汇票结算情况。其借方登记收到购买单位开来的商业汇票,贷方登记实际收到的票据款。期末余额出现在借方,表示企业持有的期末尚未收回的票据应收款。其具体账户形式如下。

借方	应收票据	贷方
收到购货单位开来的商业汇票	实际收到票据款	
尚未收回的票据应收款		

4. "预收账款"账户

该账户属于负债类账户,用来核算企业按照合同规定向购货单位预收的款项。其贷方登记预收购货单位的购货款,借方登记用产品或劳务抵偿的预收账款;期末余额如在贷方,表示企业向购货单位预收的款项余额,期末余额如在借方,表示企业应收购货单位补付的货款。对于预收业务不多的企业,可以不单独设置"预收账款"账户,将其并入"应收账款"

账户进行处理。其具体账户形式如下。

借方	预收账款	贷方
用产品或劳务抵偿的款项	预收购货单位货款	
企业应收购货单位补付款	企业向购货单位预收的款项余额	

5. "应交税费"账户

该账户属于负债类账户，用来核算企业向税务部门交纳的各种税金，包括增值税、消费税、资源税、城市维护建设税、所得税等。企业按税金种类设置二级账户，核算应向税务部门交纳的各种税金。工业企业销售环节发生的税金主要有增值税、消费税、城市维护建设税等。企业按税法规定计算的消费税、城市维护建设税、教育费附加等，应记入"税金及附加"账户的借方，同时记入"应交税费——应交消费税（城市维护建设税、教育费附加）"账户的贷方。实际交纳各种税金时，应借记"应交税费——应交××税"账户，贷记"银行存款"账户。其具体账户形式如下。

借方	应交税费	贷方
实际交纳的各种税费	应该交纳的税费	
	应交而尚未交纳的税款	

6. "税金及附加"账户

该账户属于损益类账户，用来核算应由企业经营业务负担的各种税金及其附加的结转情况。企业发生的有关税金，应记入该账户的借方，同时贷记"应交税费——应交××税"。期末，应将该账户的借方发生额自贷方转入"本年利润"账户的借方，该账户期末无余额。其具体账户形式如下。

借方	税金及附加	贷方
按税法规定的计价依据计算的各种税金及其附加额	期末转入"本年利润"账户的各种税金及附加	

7. "销售费用"账户

该账户属于损益类账户，用来核算企业因销售产品而发生的运杂费、包装费、广告费和展览费等。发生的各种费用，登记在该账户的借方，贷方登记期末结转到"本年利润"账户的金额，期末无余额。其具体账户形式如下。

借方	销售费用	贷方
发生的各种与销售有关的费用	期末结转到"本年利润"的金额	

8. "主营业务成本"账户

企业销售产品后，在确认销售收入的同时应该确认产品的销售成本，即从"库存商品"账户结转到"主营业务成本"账户，以便与"主营业务收入"相匹配。

该账户属于损益类账户，用来核算企业产品销售收入时应结转的成本。其借方登记企业从"库存商品"账户结转过来的销售成本，贷方登记全部转入"本年利润"账户的金额，结转后无余额。其具体账户形式如下。

借方	主营业务成本	贷方
从"库存商品"账户结转过来的销售成本	结转到"本年利润"账户的金额	

9. "其他业务收入"账户

该账户属于损益类账户，用来核算企业除产品销售业务以外的其他销售或其他业务（如材料销售、无形资产使用权转让、运输业务）等实现的收入。其贷方登记实现的其他业务收入，借方登记期末转入"本年利润"账户的收入，期末后无余额。其具体账户形式如下。

借方	其他业务收入	贷方
期末结转到"本年利润"账户的金额	实现的其他业务收入	

10. "其他业务成本"账户

该账户属于损益类账户，用来核算企业其他销售或其他业务发生的支出，包括销售成本和发生的相关费用等。其借方登记发生的其他业务支出，贷方登记期末转入"本年利润"账户的金额，期末结转后无余额。其具体账户形式如下。

借方	其他业务成本	贷方
其他销售或其他业务发生的支出	期末结转到"本年利润"账户的金额	

工作 2　销售过程的核算

一、销售货物办理货款结算

企业销售货物办理货款结算主要有三种途径：一是销售货物时获取货款；二是销售货物时未取得货款；三是销售货物前预收了货款。因此按照确定的金额与应收取的增值税额，借记"银行存款""应收账款""应收票据""预收账款"等账户；按确定的收入金额，贷记"主营业务收入""应交税费——应交增值税（销项税额）"等账户。

【例3-34】12月8日，和美公司销售给大华工厂A产品300吨，每吨售价1500元，增值税税率为16%，收到对方的转账支票一张，共计522 000元，已存入银行。

分析：这项经济业务的发生，一方面使和美公司的银行存款增加了522 000元，应登记到"银行存款"账户的借方；另一方面使企业主营业务收入增加450 000元，应登记到"主营业务收入"账户的贷方，同时增值税增加72 000元，应登记到"应交税费——应交增值税（销项税额）"账户的贷方。会计分录如下。

借：银行存款	522 000
贷：主营业务收入	450 000
应交税费——应交增值税（销项税额）	72 000

【例3-35】 12月10日，和美公司销售给三林公司甲产品140件，每件售价380元，货款合计53 200元，增值税8 512元，产品已发出，款项尚未收到。

分析： 这项经济业务的发生，一方面使和美公司的应收账款增加了62 244元，应登记到"应收账款"账户的借方；另一方面使企业主营业务收入增加53 200元，应登记到"主营业务收入"账户的贷方，同时增值税增加8 512元，应登记到"应交税费——应交增值税（销项税额）"账户的贷方。会计分录如下。

借：应收账款——三林公司	61 712
贷：主营业务收入	53 200
应交税费——应交增值税（销项税额）	8 512

【例3-36】 12月8日，和美公司公司采用汇票结算方式向长城公司销售产品一批，价款合计150 000元，增值税24 000元；收到长城公司签发的6个月的商业汇票一张。

分析： 这项经济业务的发生，一方面使和美公司的应收票据增加174 000元，应登记到"应收票据"账户的借方；另一方面使企业的主营业务收入增加了150 000元，应登记到"主营业务收入"账户的贷方；增值税增加24 000元，应登记到"应交税费——应交增值税（销项税额）"账户的贷方。会计分录如下。

借：应收票据	174 000
贷：主营业务收入	150 000
应交税费——应交增值税（销项税额）	24 000

【例3-37】 12月12日，根据合同规定，和美公司预收天海公司购买甲产品的货款56 160元，存入银行。

分析： 这项经济业务的发生，一方面使企业的银行存款增加了56 160元，应登记到"银行存款"账户的借方；另一方面使企业的预收账款增加了56 160元，应登记到"预收账款"账户的贷方。会计分录如下。

借：银行存款	56 160
贷：预收账款——天海公司	56 160

【例3-38】 12月15日，和美公司向天海公司发出甲产品120件，每件售价500元，货款合计60 000元，增值税为9 600元，原预收款不足的部分由天海公司通过银行存款补齐。

分析： 这项经济业务的发生，一方面使企业的预收账款减少了56 160元，银行存款增加了13 440元，分别登记到"预收账款"账户的借方、"银行存款"账户的借方；同时企业的主营业务收入增加了60 000元，登记到"主营业务收入"账户的贷方，增值税增加了9 600元，登记到"应交税费——应交增值税（销项税额）"账户的贷方。会计分录如下。

```
借：预收账款——天海公司                                          56 160
    银行存款                                                  13 440
  贷：主营业务收入                                                      60 000
      应交税费——应交增值税（销项税额）                                    9 600
```

【例3-39】 12月25日，和美公司收到三林公司的购货款62 244元，存入银行。

分析： 这项经济业务的发生，一方面使企业的银行存款增加了62 244元，应登记到"银行存款"账户的借方；另一方面使企业的应收账款减少62 244元，应登记到"应收账款"账户的贷方。会计分录如下。

```
借：银行存款                                                    62 244
  贷：应收账款——三林公司                                                62 244
```

【例3-40】 12月27日，和美公司对外销售不需用的甲材料一批，售价3 000元，增值税税率为16%，款项已收并存入银行。

分析： 这项经济业务涉及"银行存款""其他业务收入""应交税费——应交增值税"三个账户。这项经济业务的发生，一方面使企业的银行存款增加3 480元，另一方面使企业的其他业务收入增加3 000元，增值税销项税额增加了480元。编制的会计分录如下。

```
借：银行存款                                                    3 480
  贷：其他业务收入——甲材料                                              3 000
      应交税费——应交增值税（销项税额）                                      480
```

二、销售费用的归集与核算

销售费用是指企业在销售商品、提供劳务等日常经营环节发生的运输费、装卸费、包装费、保险费、商品维修费、预计商品质量保证损失，商品促销发生的展览费、广告费、租赁费，以及为销售本企业商品专设的销售机构的职工薪酬、业务招待费、折旧费等经常性费用。按照权责发生制和配比原则的要求，企业在确认收入的同时，应该按照发生销售费用的金额借记"销售费用"账户，贷记"银行存款""应付账款"等相关账户。

【例3-41】 和美公司以现金支付销售产品的搬运费300元。

分析： 这项经济业务涉及"库存现金"和"销售费用"两个账户。这项经济业务的发生，一方面使企业的销售费用增加300元，另一方面使企业的库存现金减少300元。会计分录如下。

```
借：销售费用                                                      300
  贷：库存现金                                                        300
```

【例3-42】 和美公司计提本期销售机构使用的固定资产的折旧费1 200元。

分析： 这项经济业务涉及"累计折旧"和"销售费用"两个账户。这项经济业务的发生，一方面使企业的销售费用增加1 200元，另一方面使原有固定资产价值减少，累计折旧增加 1 200 元。会计分录如下。

借：销售费用 1 200
  贷：累计折旧 1 200

【例 3 - 43】和美公司本期应付销售机构人员工资 2 280 元。

分析：这项经济业务涉及"应付职工薪酬"和"销售费用"两个账户。这项经济业务的发生，一方面使企业的销售费用增加 2 280 元，另一方面使企业的负债增加 2 280 元，即应付职工薪酬增加 2 280 元。会计分录如下。

借：销售费用 2 280
  贷：应付职工薪酬——工资 2 280

三、税金及附加的核算

全面试行营业税改征增值税后，利润表中"营业税金及附加"科目调整为"税金及附加"科目。该科目核算企业经营活动发生的消费税、城市维护建设税、资源税、教育费附加及房产税、土地使用税、车船税、印花税等相关税费。

消费税是以特定消费品为课税对象所征收的一种税，属于流转税范畴。征收的主要范围包括：烟，酒，鞭炮、焰火，高档化妆品，成品油，贵重首饰及珠宝玉石等税目。

城市维护建设税是一种附加税，没有独立的征税对象或税基，而是以增值税、消费税"二税"实际缴纳的税额之和为计税依据，纳税人所在地在城市市区的，税率为 7%，纳税人所在地为县城、建制镇的，税率为 5%，纳税人所在地不在城市市区、县城或建制镇的，税率为 1%，教育费附加是专门用于发展地方教育事业，扩大地方教育经费的资金来源而征收的一种税，其也是一种附加税。其他税种略。

特别提醒：以前房产税、车船税、土地使用税、印花税在"管理费用"等科目核算，不在"税金及附加"科目核算。

计提时：

借：税金及附加
  贷：应交税费——应交消费税
      ——应交城市维护建设税
      ——教育费附加
      ……

缴纳时：

借：应交税费——应交消费税
      ——应交城市维护建设税
      ——教育费附加
      ……
  贷：银行存款

结转时：

借：本年利润

　　贷：税金及附加——应交消费税

　　　　　　　　　——应交城市维护建设税

　　　　　　　　　——教育费附加

　　　　　　　　　……

注：结转后本账户应无余额。

【例3-44】12月30日和美公司计算并结转已售产品应交纳的消费税3 500元。

分析：这项经济业务的发生，一方面使企业当期税金及附加增加了3 500元，应登记到"税金及附加"账户的借方；另一方面使企业的负债增加了3 500元，应登记到"应交税费——应交消费税"账户的贷方。

借：税金及附加　　　　　　　　　　　　　　　　　　　　　　3 500

　　贷：应交税费——应交消费税　　　　　　　　　　　　　　　　　　3 500

【例3-45】12月31日，根据本月产品销售应交纳的增值税、消费税总额为66 368元，计算产品销售应交纳的城市维护建设税（税率为7%）和教育费附加（税率为3%）。

分析：应交城市维护建设税=66 368×7%=4 645.76（元）

　　　　　　应交教育费附加=66 368×3%=1 991.04（元）

借：税金及附加　　　　　　　　　　　　　　　　　　　　　　6 636.8

　　贷：应交税费——应交城市维护建设税　　　　　　　　　　　　　4 645.76

　　　　　　　　——应交教育费附加　　　　　　　　　　　　　　　1 991.04

【例3-46】12月31日，用银行存款上缴增值税62 868元、消费税3 500元、城市维护建设税4 645.76元、教育费附加1 991.04元。

分析：这项经济业务的发生，一方面使企业的负债减少73 004.8元，应该登记到"应交税费"账户的借方；另一方面使企业的银行存款减少73 004.8元，应登记到"银行存款"账户的贷方。会计分录如下。

借：应交税费——应交城市维护建设税　　　　　　　　　　　　4 645.76

　　　　　　——应交教育费附加　　　　　　　　　　　　　　　1 991.04

　　　　　　——应交增值税　　　　　　　　　　　　　　　　　62 868

　　　　　　——应交消费税　　　　　　　　　　　　　　　　　3 500

　　贷：银行存款　　　　　　　　　　　　　　　　　　　　　　73 004.8

四、营业成本的核算与结转

企业在确认营业收入的同时，应遵循匹配原则，结算其对应的营业成本。营业成本主要包括主营业务成本和其他业务成本。因销售产品、提供劳务等形成的收入称为主营业务收入，其所对应的成本为主营业务成本；同理，其他业务收入所对应的成本为其他业务成本。对于企业销售产品、原材料等业务的成本计算，通常的计算公式为

本期应结转的主营业务（其他业务）成本＝本期销售产品数量×单位产品的生产成本

从计算公式来看，主营业务成本（其他业务成本）的大小，取决于发出存货的实际成本。由于受加工材料、人工和消耗等多种因素的影响，每批存货的实际成本不同。因此，销售的产品或原材料的实际成本的确认，受到发货成本计算方法的影响，具体的计价方法如下。

1. 个别计价法

个别计价法的计算公式为

每次（批）发出存货的成本＝该次（批）存货发出数量 × 该次（批）存货实际收入的单位成本

2. 先进先出法

假设先入库的存货先发出，发出存货单价按最先入库存货的单价计算，并依存货入库顺序类推。用先进先出法计算成本，可随时计算，也可月末一次计算。

3. 后进先出法

假设后入库的存货先发出，发出存货单价按最后入库存货的单价计算，并依存货入库顺序类推。用后进先出法计算成本，可随时计算，也可月末一次计算。

4. 加权平均法

加权平均法是指在会计期末先计算出全月材料的平均单价，然后以加权平均单价计算本月发出存货的成本。

【例3-47】假设某企业采购和使用A材料的资料如下：1月1日材料余额为200件，每件50元；1月10日，购进800件，每件60元；1月11日，生产领用600件；1月18日，购进500件，每件70元；1月20日，生产领用800件；1月23日，又购入了100件，每件80元。

要求：分别用先进先出法、后进先出法、加权平均法计算A材料本月发出成本和期末存货成本。

计算如表3-4和表3-5所示。

表3-4　存货发出的计价——先进先出法

单位：元

项目	进	出	存
1.1期初（200）			200×50＝10 000
1.10购入（800）	800×60＝48 000		10 000＋48 000＝58 000
1.11领用（600）		200×50＋400×60＝34 000	400×60＝24 000
1.18购入（500）	500×70＝35 000		24 000＋35 000＝59 000
1.20领用（800）		400×60＋400×70＝52 000	100×70＝7 000
1.23购入（100）	100×80＝8 000		7 000＋8 000＝15 000
1.31期末（200）			15 000
合计	9 1000	86 000	—

（期初）10 000＋（购入）91 000＝（领用）86 000＋（期末）15 000

表3-5 存货发出的计价——后进先出法

单位：元

项目	进	出	存
1.1期初（200）			200×50＝10 000
1.10购入（800）	800×60＝48 000		10 000＋48 000＝58 000
1.11领用（600）		600×60＝36 000	200×50＋200×60＝22 000
1.18购入（500）	500×70＝35 000		22 000＋35 000＝57 000
1.20领用（800）		500×70＋200×60＋100×50＝52 000	100×50＝5 000
1.23购入（100）	100×80＝8 000		5 000＋8 000＝13 000
1.31期末（200）			13 000
合计	91 000	88 000	—

（期初）10 000＋（购入）91 000＝（领用）88 000＋（期末）13 000

加权平均法计算如下。

期末计算的加权平均单价＝（期初存货成本＋本期购入存货成本）/
（期初存货数量＋购入存货的数量）
发出存货成本＝发出存货数量×加权平均单价
期末存货成本＝期末存货数量×加权平均单价

本例中，

加权平均单价＝101 000/1 600＝63.125（元/件）
发出存货成本＝63.125×1 400＝88 375（元）
期末存货成本＝63.125×200＝12 625（元）
（期初）10 000＋（购入）91 000＝（领用）88 375＋（期末）12 625

【例3-48】结转和美公司12月份销售产品的成本，其中A产品29 000元，B产品34 500元。

分析：这项经济业务的发生，一方面使企业销售商品的主营业务成本增加了63 500元，应登记到"主营业务成本"账户的借方，另一方面使企业库存的A产品减少了29 000元、库存的B产品减少了34 500元，应登记到"库存商品"账户的贷方。会计分录如下。

借：主营业务成本——A产品　　　　　　　　　　　　　　　　　　29 000
　　　　　　　　——B产品　　　　　　　　　　　　　　　　　　34 500
　　贷：库存商品——A产品　　　　　　　　　　　　　　　　　　　29 000
　　　　　　　　——B产品　　　　　　　　　　　　　　　　　　　34500

【例3-49】月末，和美公司结转已经出售的不需用甲材料的实际成本2 300元。

分析：这项经济业务涉及"其他业务成本"和"原材料"两个账户。这项经济业务的发生，一方面使企业的其他业务成本增加了2 300元，另一方面使企业的原材料减少了2 300

元。编制的会计分录如下。

借：其他业务成本 2 300
 贷：原材料——甲材料 2 300

小　　结

图 3-5 是销售过程业务核算的简单图示。

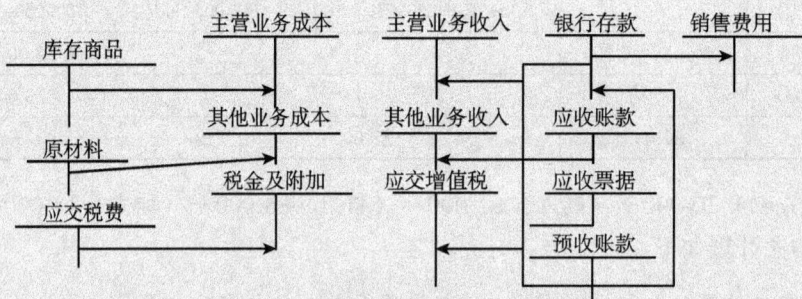

图 3-5　销售过程业务核算简图

职业能力训练

一、业务题（练习企业销售过程的核算）

1. 某企业 20×7 年 7 月份发生有关经济业务如下。

① 向甲工厂出售 A 产品 500 件，每件售价 60 元，增值税税率为 16%，货款已收到且存入银行。

② 向乙公司出售 B 产品 300 件，每件售价 150 元，增值税税率为 16%，货款尚未收到。

③ 按出售的两种产品的实际销售成本结转（A 产品每件 45 元，B 产品每件 115 元）。

④ 以银行存款支付 A、B 产品在销售过程中的运输费 800 元、包装费 200 元。

⑤ 结算本月销售机构职工工资 1 000 元，并按工资总额的 14% 计提职工福利费。

⑥ 按规定计算和登记 B 产品应交纳的消费税（消费税税率为 10%）。

⑦ 向丙工厂出售材料物资 100 kg，每千克售价 12 元，货款 1 392 元（含税）已收到，存入银行。

⑧ 按出售的材料物资的实际销售成本结转（每千克 10 元）。

要求：根据上述各项经济业务编制会计分录。

2. 甲公司本月发生的有关经济业务如下。

① 甲公司销售给 Y 公司 B 产品 300 件，每件售价 500 元，价款为 150 000 元，增值税额为 24 000 元，共计货款 174 000 元，双方以商业汇票结算。

②甲公司预收乙企业货款 50 000 元。

③甲公司销售一批不需用材料，共 500 kg，每千克 40 元，价款为 20 000 元，增值税额为 3 200 元，共计货款 23 200 元，款项已经收到。

④以银行存款支付应由本公司负担的销售产品运输费 30 000 元。

⑤月末，甲公司结转本月已销产品的销售成本。A 产品 500 件的销售成本为 50 000 元，B 产品 300 件的销售成本为 66 000 元。

⑥月末，甲公司结转已售材料的成本 12 000 元。

⑦甲公司月末应交城市维护建设税 3 150 元，并以银行存款上交。

要求：根据上述业务编制会计分录。

任务5　财务成果的核算

【任务目标】

知识目标：能够正确概括利润的构成、营业外收支的主要内容等，能正确计算利润。

能力目标：学会利润形成的核算，具有利润观念。

情感目标：培养学生遵纪守法的观念，真实合法地核算收入、费用和利润，不隐瞒收入、利润和税金。

【会计故事】

如何增加利润

A 先生和 B 先生去世后，他们的儿子 C 先生和 D 先生分别继承了他们的农场和工厂，但他们不想像父辈一样做慈善事业，希望从农场和工厂获得利益。于是农场和工厂不断提高产量，开发新产品，生意规模扩大，换得更多的货物用于农场和工厂的再生产，还出现了更好的奢侈用品，由 C 先生和 D 先生及家人享用。C 先生和 D 先生的生产目标，从慈善事业转变为自己的生活享受。他们发现，要想自己得到更多的奢侈生活品，必须在销售增加的时候，不给职工相应增加报酬，这时 C 先生和 D 先生有了利润的概念，生产的目标是农场或工厂的利润。职工的工资增长放慢，有时候不增长。

C 先生和 D 先生是怎样增加自己企业利润的？

工作1　利润形成的核算

一、利润的概念

利润也称收益或损益，是指企业在一定会计期间的经营成果，包括收入减去费用后的净额、直接计入当期利润的利得和损失等。企业利润的计算主要包括如下几个方面。

1. 利润总额的计算

$$利润总额＝营业利润＋投资收益＋营业外收入－营业外支出$$

2. 主营业务利润的计算

$$主营业务利润＝主营业务收入－主营业务成本－主营业务税金及附加$$

3. 营业利润的计算

$$营业利润＝主营业务利润＋其他业务利润－营业费用－管理费用－财务费用$$

4. 其他业务利润的计算

$$其他业务利润＝其他业务收入－其他业务成本$$

5. 净利润的计算

$$净利润＝利润总额－所得税$$

对于一个企业而言，其财务成果的核算包括利润的形成及利润分配两个环节。

二、相关账户的设置

"主营业务收入"账户、"主营业务成本"账户、"税金及附加"账户、"其他业务收入"账户、"其他业务成本"账户在上文中已介绍，这里不再赘述。

1. "营业外收入"账户

该账户用来核算企业发生的与其生产经营无直接关系的各项收入，包括处理固定资产净收益、出售无形资产净收益、罚款净收入、接受捐赠等。其贷方登记营业外收入的增加额，借方登记会计期末结转到"本年利润"账户的金额，结转后期末无余额。其具体账户形式如下。

借方	营业外收入	贷方
期末转入"本年利润"账户的金额	发生营业外收入	

2. "营业外支出"账户

该账户用来核算企业发生的与其生产经营无直接关系的各项支出，包括固定资产盘亏、罚款支出、捐赠支出和非常损失等。其借方登记营业外支出的增加，贷方登记期末结转到"本年利润"账户中的金额，结转后期末无余额。其具体账户形式如下。

借方	营业外支出	贷方
发生营业外支出	期末结转到"本年利润"账户的金额	

3. "投资收益"账户

该账户用来核算企业对外投资的收益和损失。其借方登记发生的投资损失和期末结转到"本年利润"账户的投资净收益，贷方登记发生的投资收益和期末结转到"本年利润"账户的净损失，结转后期末无余额。其具体账户形式如下。

借方	投资收益	贷方
发生的投资损失和期末结转到"本年利润"账户的投资净收益	发生的投资收益、期末结转到"本年利润"账户的投资净损失	

4. "期间费用"账户

期间费用是指与一定会计期间相联系，但与产品生产没有直接关系，应直接计入当期损益的费用。期间费用主要包括管理费用、销售费用、财务费用。该账户的借方登记期间费用的增加额，贷方登记期末结转到"本年利润"账户的金额。其具体账户形式如下。

借方	期间费用（财务费用、管理费用、销售费用）	贷方
发生的各种期间费用	结转到"本年利润"账户的金额	

5. "本年利润"账户

该账户是所有者权益类账户，用来核算企业实现的利润或发生的亏损。其贷方登记从损益类账户转入的收入数，如"主营业务收入""其他业务收入""投资收益""营业外收入"等账户；借方登记从损益类账户转入的费用数，如"营业费用""管理费用""财务费用"等账户。其具体账户形式如下。

借方	本年利润	贷方
期末结转的主营业务成本、税金及附加、其他业务成本、管理费用、财务费用、销售费用、营业外支出	期末结转的主营业务收入、其他业务收入、营业外收入、投资收益(投资净收益)、公允价值变动收益	
（亏损总额）	利润总额	
所得税费用		
	净利润	
将净利润结转至"利润分配"账户的贷方		

若为亏损，则从贷方结转至"利润分配"账户的借方。

三、利润形成的会计处理

【例3-50】和美公司出售材料一批，价值4 000元，增值税税率为16%，款已收到且存入银行。

分析：该项经济业务的发生，一方面使企业资产中的"银行存款"增加，登记到借方，另一方面使企业的"其他业务收入"增加，登记到贷方，"应交税费——应交增值税（销项税额）"增加，登记到贷方。具体分录如下。

借：银行存款 4 640
   贷：其他业务收入 4 000
      应交税费——应交增值税（销项税额） 640

【例3-51】 和美公司结转出售材料的实际成本3 000元。

分析： 该项经济业务的发生，一方面使公司的"其他业务成本"增加3 000元，登记到借方；另一方面使公司资产中的"原材料"减少3 000元，登记到贷方。具体分录如下。

借：其他业务成本 3 000
   贷：原材料 3 000

【例3-52】 和美公司没收逾期未退的包装物的押金148.72元，其中包含20.51元增值税。

分析： 该项经济业务的发生，一方面使公司的"其他应付款"减少148.72元，登记到借方；另一方面使公司的"其他业务收入"增加128.21元，登记到贷方，"应交税费——应交增值税（销项税额）"增加20.51元，登记到贷方。具体分录如下。

借：其他应付款 148.72
   贷：其他业务收入 128.21
      应交税费——应交增值税（销项税额） 20.51

【例3-53】 和美公司以银行存款支助职工子弟学校经费1 000元。

分析： 该项经济业务的发生，一方面使公司的"银行存款"减少1 000元，登记到贷方；另一方面使公司的"营业外支出"增加1 000元，登记到借方。具体分录如下。

借：营业外支出 1 000
   贷：银行存款 1 000

【例3-54】 和美公司收到职工交来的违章罚款100元。

分析： 该项经济业务的发生，一方面使公司的"库存现金"增加100元，登记到借方；另一方面使公司的"营业外收入"增加100元，登记到贷方。具体分录如下。

借：库存现金 100
   贷：营业外收入 100

【例3-55】 和美公司收到被投资单位发放的现金股利1 000元，已存入银行。

分析： 该项经济业务的发生，一方面使公司的"银行存款"增加1 000元，登记到借方；另一方面使公司的"投资收益"增加1 000元，登记到贷方。具体分录如下。

借：银行存款 1 000
   贷：投资收益 1 000

【例3-56】年末，和美公司结转企业本年度的主营业务收入90 000元，其他业务收入4 128.21元，营业外收入100元，投资收益1 000元；本年度主营业务成本为58 649.20元，税金及附加为9 000元，其他业务成本为3 000元，管理费用为12 084元，销售费用为900元，财务费用500元，营业外支出1 000元，将其全部结转到"本年利润"账户。

分析：该项经济业务的发生，使"主营业务收入""其他业务收入""营业外收入""投资收益"账户的金额结转到"本年利润"账户，使"本年利润"增加95 228.21元登记到贷方，其余账户登记到借方。同时成本费用类账户结转，使"本年利润"减少85 133.20元，登记在借方，其余账户登记到贷方。具体分录如下。

结转本期收入类账户发生额至"本年利润"账户：

借：主营业务收入	90 000
其他业务收入	4 128.21
营业外收入	100
投资收益	1 000
贷：本年利润	95 228.21

结转本期成本、费用类账户发生额至"本年利润"账户：

借：本年利润	85 133.20
贷：主营业务成本	58 649.20
税金及附加	9 000
其他业务成本	3 000
管理费用	12 084
销售费用	900
财务费用	500
营业外支出	1 000

【例3-57】计算并结转本期应交所得税（所得税税率为25%）。

分析：利润总额＝95 228.21－85 133.20＝10 095.01（元）

$$本期应交所得税＝利润总额×所得税税率$$
$$＝10\ 095.01×25\%＝2\ 523.75（元）$$

计算本期应交所得税：

借：所得税费用	2 523.75
贷：应交税费——应交所得税	2 523.75

结转本期所得税：

借：本年利润	2 523.75
贷：所得税费用	2 523.75

"本年利润"账户余额如下。

本年利润			
期末结转的主营业务成本	58 649.20	期末结转的主营业务收入	90 000
税金及附加	9 000	其他业务收入	4 128.21
其他业务成本	3 000	营业外收入	100
管理费用	12 084	投资收益	1 000
销售费用	900		
财务费用	500		
营业外支出	1 000		
		利润总额	10 095.01
所得税费用	2 523.75		
		净利润	7 571.26

工作 2 利润分配的账务处理

一、利润分配的程序及账户的设立

（一）利润分配的程序

企业实现的净利润，应当按照国家的有关规定进行分配。利润分配过程和分配结果不仅关系到所有者的合法权益是否得到保障，而且关系到企业是否长期、稳定发展。企业实现的利润总额按国家规定做相应调整后，在不超过规定期限（5 年）内可弥补以前年度亏损，然后依法缴纳所得税，减去缴纳所得税后的余额即为可供分配的利润。除国家另有规定外，可供分配利润按下列顺序分配。

① 被没收的财务损失、支付各项税收的滞纳金和罚款。

② 弥补企业以前年度亏损，即弥补超过用所得税的利润抵补期限，按规定用税后利润弥补的亏损。

③ 提取法定盈余公积金。即按税后利润扣除前两项后的 10％提取法定盈余公积金。盈余公积金达到注册资金的 50％时可不再提取。盈余公积金可用于弥补亏损或按国家规定转增资本金。

④ 提取公益金。公益金主要用于企业职工的集体福利设施。

⑤ 向投资者分配利润。企业以前年度未分配的利润，可以并入本年度向投资者分配，分配顺序为：支付优先股股利；按公司章程或股东会决议提取任意盈余公积金；支付普通股股利。

（二）账户设置

1. "利润分配"账户

"利润分配"账户属于所有者权益类账户，用来反映企业的利润分配（或亏损的弥补）或历年分配（或弥补）后的结存余额。其借方登记企业实际分配的利润数额，贷方登记可供分配的利润数额。年末，企业将全年实现的净利润从"本年利润"账户转入"利润分配"账户。结转后，"利润分配"账户如为借方余额，表示企业年末未弥补的亏损数额；若为贷方余额，表示企业年末未分配的利润数额。其具体账户形式如下。

借方	利润分配	贷方
未弥补亏损，年终从"本年利润"账户转来的亏损总额；利润分配数(提取盈余公积、向投资者分配等)		未分配利润，年终从"本年利润"账户转来的净利润数；用盈余公积弥补以前年度亏损
历年发生的未弥补亏损		历年累积的未分配利润

2. "盈余公积"账户

该账户属于所有者权益类账户，用来核算企业从税后利润中提取的盈余公积的增减变动情况和结余情况。该账户的贷方登记从税后利润中提取的盈余公积，借方登记盈余公积的使用，如转增资本、弥补亏损等，期末余额在贷方，表示企业盈余公积的结存数。其具体账户形式如下。

借方	盈余公积	贷方
盈余公积的使用		从税后利润中提取的盈余公积
		盈余公积结存数

3. "应付股利"账户

该账户属于负债类账户，用来核算企业分配的股利或利润情况。该账户的贷方登记企业按照规定计算的应向投资者分配的利润，借方登记企业实际向投资者支付的利润，期末余额在贷方，表示企业尚未支付给投资者的应付股利或利润。其具体账户形式如下。

借方	应付股利	贷方
实际向投资者支付的利润		应向投资者支付的利润
		企业尚未支付的应付股利

① 净利润转入"利润分配"账户时，会计分录如下。

借：本年利润
    贷：利润分配——未分配利润

亏损时做相反的会计分录。

借：利润分配
    贷：本年利润

② 核算企业用盈余公积补亏时，会计分录如下。

借：盈余公积
    贷：利润分配——盈余公积补亏

③ 核算企业提取盈余公积时，会计分录如下。

借：利润分配——提取盈余公积
    贷：盈余公积

④ 核算按规定支付给投资人利润时，会计分录如下。

借：利润分配——应付股利
　　贷：应付股利

二、相关业务处理

【例 3 - 58】 年末，和美公司将例 3 - 57 的税后净利结转至"利润分配"账户。

分析： 因公司获取的净利润为 7 571.26 元，属于盈利状态，因此分录如下。

借：本年利润　　　　　　　　　　　　　　　　　　　　　　　　　7 571.26
　　贷：利润分配　　　　　　　　　　　　　　　　　　　　　　　　　　7 571.26

【例 3 - 59】 和美公司按税后净利润的 10％计提法定盈余公积。

分析： 公司按净利润 7 571.26 元的 10％计提法定盈余公积，即 757.13 元。该项业务使"盈余公积"增加 757.13 元，登记在贷方，借方登记"利润分配"账户中。具体分录如下。

借：利润分配　　　　　　　　　　　　　　　　　　　　　　　　　　757.13
　　贷：盈余公积　　　　　　　　　　　　　　　　　　　　　　　　　　757.13

【例 3 - 60】 和美公司按税后净利润的一定比例向投资者分配利润。假设按税后净利润的 50％向投资者分配利润。

分析： 公司按税后净利润的 50％分配股利，即 7 571.26×50％＝3 785.63。该项业务使企业负债"应付股利"增加 3 785.63 元，登记在贷方，借方登记到"利润分配"账户中。具体分录如下。

借：利润分配　　　　　　　　　　　　　　　　　　　　　　　　　3 785.63
　　贷：应付股利　　　　　　　　　　　　　　　　　　　　　　　　　3 785.63

小　　结

图 3 - 6 是账务成果核算简图。

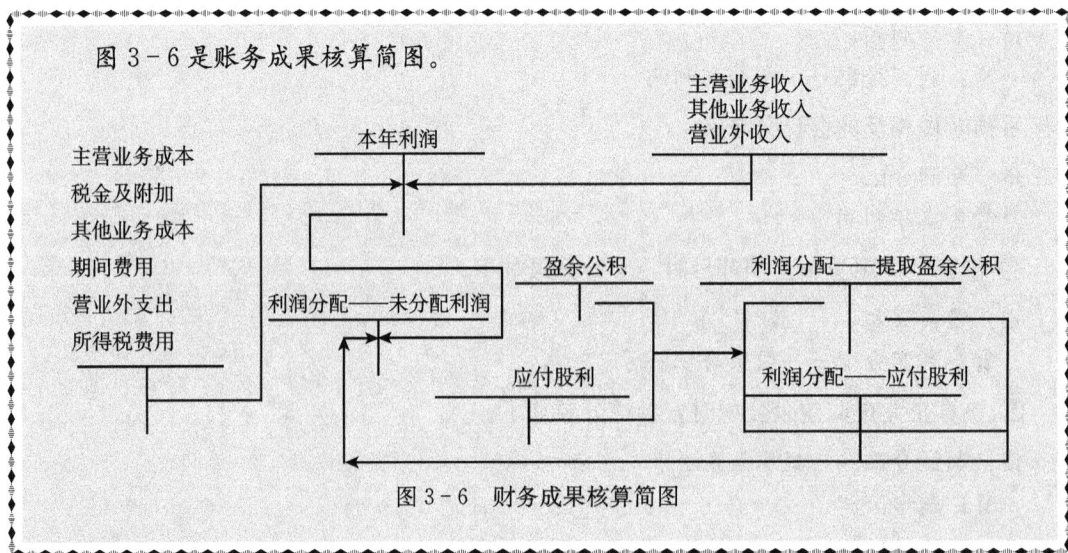

图 3 - 6　财务成果核算简图

职业能力训练

一、单选题

1. 某企业20×7年实现营业收入 5 000 000 元，发生营业成本 2 200 000 元，税金及附加 120 000 元，财务费用 50 000 元，管理费用 25 000 元，销售费用 15 000 元，营业外收入 30 000 元，营业外支出 20 000 元，则该企业 20×7 年的利润总额应为（　　）元。
   A. 620 000　　　　　　B. 2 600 000　　　　　C. 590 000　　　　　D. 570 000

2. 某企业20×7年年初的未分配利润贷方余额为 120 000 元，盈余公积贷方余额为 400 000 元。当年实现净利润 600 000 元，在按净利润的 10% 提取法定盈余公积后，再向投资者分配现金股利 100 000 元。假定不考虑其他因素，则年末，该企业留存收益的余额为（　　）元。
   A. 1020 000　　　　　B. 560 000　　　　　C. 500 000　　　　　D. 1 120 000

3. 关于营业利润，以下计算公式正确的是（　　）
   A. 营业利润＝营业收入－营业成本－税金及附加－销售费用－管理费用－财务费用
   B. 营业利润＝营业收入－营业成本－税金及附加－销售费用－管理费用－财务费用－资产减值损失＋公允价值变动收益＋投资收益
   C. 营业利润＝营业收入－营业成本－税金及附加－销售费用－管理费用－财务费用－资产减值损失＋公允价值变动收益＋投资收益＋营业外收入－营业外支出
   D. 营业利润＝营业收入－营业成本－税金及附加

4. 下列各项中，不影响营业利润的是（　　）。
   A. 管理费用　　　　　　　　　　　　B. 所得税费用
   C. 主营业务收入　　　　　　　　　　D. 其他业务支出

5. F公司"盈余公积"账户年初余额为 100 万元，本年提取法定盈余公积 135 万元，用盈余公积转增实收资本 80 万元。假定不考虑其他因素，则下列表述中不正确的是（　　）。
   A. 所有者权益总额维持不变
   B. 所有者权益总额增加 55 万元
   C. "盈余公积"账户年末余额为 155 万元
   D. "实收资本"账户增加 80 万元

6. 甲公司20×7年年初"利润分配——未分配利润"账户的余额在借方，金额为 50 万元，20×7年实现净利润 200 万元，提取盈余公积 20 万元，分配利润 50 万元，则 20×7年年末未分配利润的数额为（　　）万元。
   A. 130　　　　　　B. 150　　　　　　C. 80　　　　　　D. 180

7. F公司"盈余公积"账户年初余额为 100 万元，本年提取法定盈余公积 135 万元，用盈余公积转增实收资本 80 万元。假定不考虑其他因素，则下列表述中不正确的是（　　）。

A. 所有者权益总额保持不变　　　　B. 所有者权益总额增加 55 万元

C. "盈余公积"账户年末余额为 155 万元　　　D. "实收资本"账户增加 80 万元

8. 企业提取盈余公积金，编制会计分录正确的是（　　）。

A. 借：本年利润　　　　　　　　　B. 借：利润分配

　　　贷：盈余公积　　　　　　　　　　　贷：盈余公积

C. 借：盈余公积　　　　　　　　　D. 借：盈余公积

　　　贷：本年利润　　　　　　　　　　　贷：利润分配

9. "利润分配"账户的年末贷方余额表示（　　）。

A. 累计尚未分配的利润　　　　　　B. 本期发生的净亏损

C. 本期实现的净利润　　　　　　　D. 累计尚未弥补的亏损

10. 关于"本年利润"账户，下列说法不正确的是（　　）。

A. 该账户的余额年终应该转入"利润分配"账户

B. 该账户年终结转之后没有余额

C. 该账户各个月末的余额可能在借方也可能在贷方，也可能为零

D. 该账户期末借方余额表示自年初开始至当期期末为止累计实现的盈利

11. 企业经股东大会批准，向投资者宣告分配现金股利 1 600 元，下列分录中正确的是（　　）。

A. 借：本年利润　　　　　　　　　　　　　　　　　　　　　　　1 600

　　　贷：应付股利　　　　　　　　　　　　　　　　　　　　　　　　1 600

B. 借：应付股利　　　　　　　　　　　　　　　　　　　　　　　1 600

　　　贷：银行存款　　　　　　　　　　　　　　　　　　　　　　　　1 600

C. 借：利润分配——应付现金股利　　　　　　　　　　　　　　　1 600

　　　贷：应付股利　　　　　　　　　　　　　　　　　　　　　　　　1 600

D. 借：利润分配——应付现金股利　　　　　　　　　　　　　　　1 600

　　　贷：银行存款　　　　　　　　　　　　　　　　　　　　　　　　1 600

12. 某企业 20×7 年度利润总额为 500 万元，假定该企业无其他纳税调整项目，适用的所得税税率为 25%。该企业 20×7 年净利润为（　　）万元。

A. 125　　　　　　　B. 375　　　　　　　C. 500　　　　　　　D. 325

二、判断题

1. 企业计算所得税费用时应以净利润为基础，加上或减去各项调整因素。　　　　（　　）

2. 企业在对利润进行分配时，可根据实际发展对其进行分配，以满足企业长期、健康、稳定发展。　　　　（　　）

3. 企业的利润一般分为营业利润、利润总额和净利润三个部分。　　　　（　　）

4. 年度终了，企业"利润分配"账户中的"未分配利润"明细账户如为贷方余额，则说明企业有尚未弥补的亏损。　　　　（　　）

5. 年度终了，企业应将本年实现的净利润或发生的净亏损，自"本年利润"账户转入"利润分配"账户，如为盈利，借记"利润分配——未分配利润"账户，贷记"本年利润"账户。　　　　（　　）

6. 用盈余公积弥补亏损时，应借记"盈余公积"账户，贷记"本年利润"账户。

（　　）

7. 留存收益包括计提的盈余公积和未分配利润。　　　　　　　　　　　（　　）

三、业务题（练习利润形成及利润分配的核算）

某工厂 20×8 年 12 月份发生的部分经济业务如下。

① 发生确实无法偿还的应付账款一笔，金额 3 000 元，经批准转作营业外收入。

② 因销售产品出借给大华公司包装物一批，收取大华公司交来的包装物押金 590 元，存入银行。

③ 大华公司因将包装物丢失，未能返还包装物，没收其全部押金 590 元。

④ 出售多余甲材料一批，取得价款收入 1 500 元，收取销项税额 240 元，存入银行。

⑤ 结转甲材料的销售成本，其账面价值为 1 000 元。

⑥ 以现金支付出售甲材料的搬运费 120 元。

⑦ 出售专利权一项，取得价款收入 1 000 元，存入银行。该专利权的账面价值为 600 元。

⑧ 接到银行通知，已收取出租固定资产的租金收入 850 元。

⑨ 企业因火灾造成乙材料净损失 7 200 元。

⑩ 以银行存款支付违约罚款 500 元。

⑪ 收到股利收入 2 000 元，存入银行。

⑫ 30 日，结转本月实现的有关收入及费用。假设 12 月末，各有关损益类账户的本月发生额如下。

　主营业务收入 85 000 元，主营业务成本 48 000 元

　销售费用 4 200 元，　　　税金及附加 1 500 元

　管理费用 1 300 元，　　　财务费用 800 元

　营业外收入 3 600 元 ，　营业外支出 9 000 元

　其他业务收入 4 200 元，　其他业务成本 3 000 元

　投资收益 2 000 元

⑬ 按以上利润总额的 25% 计提本月应交所得税。

⑭ 结转所得税到"本年利润"账户。

⑮ 假设 12 月初，"本年利润"账户的贷方余额为 250 000 元，分别按当年净利润的 10% 提取法定盈余公积金。

⑯ 按当年净利润的 50% 向投资者分配利润。

要求：

（1）根据资料编制会计分录。

（2）分别计算 12 月份的营业利润、利润总额及净利润。

项目 4

凭证的填制和审核

任务 1 原始凭证的填制与审核

【任务目标】

认知目标：掌握原始凭证的基本内容、填制方法及会计凭证的传递程序和审核内容。

能力目标：使学生具有较强的职业判断能力、融会贯通的学习能力、独立的思考能力和解决问题的能力。

情感目标：通过接触生活中的各种原始凭证进一步激发学生学习的兴趣。

【会计故事】

和美公司经济业务后的会计凭证

和美公司是一家食品生产企业，被税务机关核定为增值税一般纳税人。公司基本信息如下。

地址：湖北省武汉市球场路 30 号　　　　　　电话：027 - 82896755

开户银行：中国银行武汉市球场支行　　　　　账号：206615368

纳税人识别号：420100196578432

公司组织机构和各部门部分人事安排如图 4-1 所示。

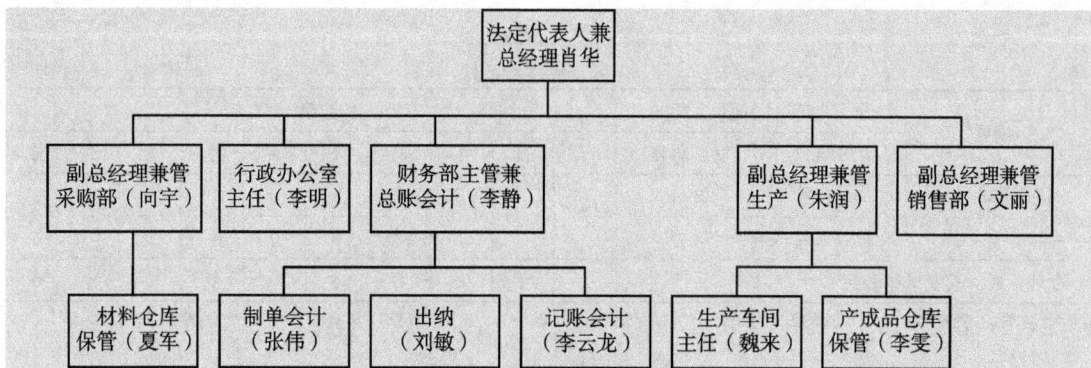

图4-1 和美公司组织机构和各部门部分人事安排

12月6日，和美公司上月向江南商都购买的原材料淀粉已到货，仓库根据随寄来的增值税发票（见表4-1）将材料验收入库，财务部收到仓库保管员填制的"收料单"（见表4-2）。

表4-1 湖北省增值税专用发票 N020288444

60009910　　　　　　　　　　抵扣联　　　　　　　　　　开票日期　20×7年12月4日

购货单位	名称：和美公司 纳税人识别号：420100196578432 地址及电话：武汉市球场路30号 027-82896755 开户行及账号：中国银行武汉市球场支行 206615368					密码区		
货物或应税劳务名称	规格型号	单位	单价	数量	金额	税率	税额
淀粉	K342	吨	15 200.00	15	228 000.00	16%	36 480.00
合计			15 200.00	15	228 000.00	16%	36 480.00
价税合计（大写）	贰拾陆万肆仟肆佰捌拾元整			小写 ￥264 480.00				
销货单位	名称：江南商都 纳税人识别号：280602100200229 地址及电话：武汉市雁塔新村 027-89123645 开户行及账号：中国工商银行南塔分行 46900980				备注			

收款人：陈明　　　　　复核：　　　　　开票人：张红　　　　　销货单位：（章）

第二联：抵扣联 购货方扣税凭证

表4-2 收 料 单

供货单位：江南商都　　　　　　　　　　　　　　　　材料科目：原材料　编号：收10
发票号码：20288444　　　　　　20×7年12月6日　　　材料类别：主要材料　仓库：2号库

材料编号	名称	规格	数量		实际成本			合计
			应收	实收	单价	金额	运杂费	
1102	淀粉	K342	15 吨	15 吨	15 200.00	228 000.00		228 000.00

收料人：东英　　　　　　　　　　　　　　　　经手人：王毅

会计人员根据收料单填制转账凭证（见表4-3）。

表4-3 转账凭证

201×7 年 12 月 6 日　　　　　　　　　　　　　　　　转字第 139 号

摘要	科目名称		金额									
	总账科目	明细科目	千	百	十	万	千	百	十	元	角	分
淀粉验收入库	原材料	淀粉			2	2	8	0	0	0	0	0
	材料采购	淀粉			2	2	8	0	0	0	0	0
合计：贰拾贰万捌仟元整				¥	2	2	8	0	0	0	0	0

会计主管：李静　　　　记账：张伟　　　　出纳：刘敏　　　　审核：王丹　　　　制单：刘丽

工作1　原始凭证的填制

一、理论梳理

1. 原始凭证填制的基本要求

不同类型的经济业务，其填制或取得的原始凭证的格式是不相同的，其具体的填制方法和内容也不相同。但在任何一张原始凭证的填制过程中，都应遵守下列基本要求。

（1）真实、正确

原始凭证是用以证明经济业务的发生或完成情况的，是编制记账凭证的依据，其内容正确与否直接影响下一步的会计核算和会计信息的真实可靠性。所以在填制原始凭证时，不允许以任何手段弄虚作假，伪造或变造原始凭证，要以实际发生的经济业务为依据，真实、正确地填写。

（2）内容完整

原始凭证虽然千差万别，但它有7个基本要素。填制原始凭证时，要认真填写，要求内容完整、齐全，不可缺漏。若项目填写不全、单位公章模糊或有其他不符合规定的，不得作为会计核算的原始凭证。

（3）填制及时

会计核算的及时性原则要求企业的会计核算应当及时进行，不得提前或延后。在经济业务发生后，要及时取得或填制原始凭证，据以编制记账凭证、登记账簿，从而保证会计信息的时效性。

（4）手续完备

填制原始凭证时，必须符合手续完备的要求，经济业务的有关部门和人员要认真审核、签名盖章。

（5）书写格式要规范

原始凭证要用蓝色或黑色墨水书写，字迹清楚、规范，填写支票必须使用碳素墨水，需要套写的凭证，必须一次套写清楚，合计的小写金额数字前应加注币值符号，如人民币符号"¥"等。大写金额至分的，后面不加整字，其余一律在末尾加"整"字。大写金额前还应加注币值单位，注明"人民币""港币""美元"等字样，且币值单位与金额数字之间，以及金额数字之间不得留有空隙。

各种凭证不得随意涂改、刮擦、挖补，若填写错误，应采用规定的方法予以更正。对于重要的原始凭证，如支票及各种结算凭证，一律不得涂改。对于预先印有编号的各种凭证，在填写错误后，要加盖"作废"戳记，并单独保管。

阿拉伯数字应一个一个地写，不得连笔写。金额数字前应写人民币符号"￥"。人民币符号"￥"与阿拉伯数字之间不得留有空白。凡阿拉伯数字前写有人民币符号"￥"的，数字后面不再写"元"字。所有以元为单位的阿拉伯数字，除表示单价情况外，一律填写到角分，无角分的，角位和分位可写"00"；有角无分的，分位应写"0"，不得用符号"—"代替。

汉字大写金额数字，一律用正楷字书写，如壹、贰、叁、肆、伍、陆、柒、捌、玖、拾、佰、仟、万、亿、元、角、分、零、整等易于辨认、不易涂改的字样。不得用一、二（两）、三、四、五、六、七、八、九、十、毛、另（或○）等字样代替，不得任意自选简化字。

阿拉伯数字中间有"0"时，汉字大写金额要写"零"字，如￥101.50，汉字大写金额应写成"人民币壹佰零壹元伍角整"。阿拉伯数字中间连续有几个"0"时，汉字大写金额中可以只写一个"零"，如￥1 004.56，汉字大写金额应写成"人民币壹仟零肆元伍角陆分"。阿拉伯数字元位是"0"或数字中间连续有几个"0"，元位也是"0"，但角位不是"0"时，汉字大写金额可只写一个"零"字，也可不写"零"字，如1 320.56，汉字大写金额应写成"人民币壹仟叁佰贰拾元零伍角陆分"或"人民币壹仟叁佰贰拾元伍角陆分"。

2. 原始凭证填制的附加要求

原始凭证的填制除应符合上述基本要求外，还应符合一定的附加要求。

① 从外单位取得的原始凭证，必须盖有填制单位的公章；从个人取得的原始凭证，必须有填制人员的签名或签章。自制原始凭证必须有收款人、经办人、经办部门负责人或指定人员的签名或签章。对外开出的原始凭证，必须加盖本单位公章。所谓"公章"，应是具有法律效力和规定用途，能够证明单位身份和性质的印章，如业务公章、财务专用章、发票专用章、收款专用章、结算专用章等。

② 凡填有大小写金额的原始凭证，大小写金额必须相符。在我国，大小写金额不一致的原始凭证，不能作为经济业务的合法证明，也不能作为有效的会计凭证。

③ 购买实物的原始凭证，必须有验收证明。实物购入以后，要按照规定办理验收手续，这有利于明确经济责任，保证账实相符，防止盲目采购，避免物资短缺和流失。实物验收工作应由经管实物的人员负责办理，会计人员通过有关的原始凭证进行监督、检查。需要入库的实物，必须填写入库验收单，由实物保管人员验收后在入库验收单上如实填写实收数额，并签名或盖章。不需要入库的实物，除由经办人员在凭证上签名或盖章外，必须交由实物保管人员或使用人员验收，并由实物保管人员或使用人员在凭证上签名或盖章。总之，必须由购买人以外的第三者查证、核实以后，会计人员才能据此报销付款并做进一步的会计处理。

④ 支付款项的原始凭证，必须有收款单位和收款人的收款证明，不能仅以支付款项的有关凭证（如银行汇款凭证等）代替，以防止舞弊行为的发生。

⑤ 一式几联的原始凭证，必须注明各联的用途，只能以其中一联作为报销凭证；一式

几联的发票和收据，必须用双面复写纸套写，或本身具备复写功能，并连续编号。作废时，应在各联加盖"作废"戳记，连同存根一起保存，不得缺联，不得销毁。

⑥ 发生销货退回及退款时，必须填制退货发票，附有退货验收证明和对方单位的收款收据，不得以退货发票代替收据。如果情况特殊，可先用银行的有关凭证，如汇款回单等，作为临时收据，待收到收款单位的收款证明之后，再将其附在原付款凭证之后，作为正式的原始凭证。在实际工作中，有的单位发生销货退回时，对收到的退货没有验收证明，造成退货流失；办理退货时，仅以开出的红字发票的副本作为本单位退款的原始凭证，既不经过对方单位盖章收讫，也不附对方单位的收款收据。这种做法漏洞很大，容易造成舞弊行为，应该予以纠正。

⑦ 职工因公借款，应填写正式借据，且必须附在记账凭证之后。职工因公借款时，应由本人按照规定填制借款单，由所在单位领导或其指定的人员审核，并签名或盖章，然后办理借款。借据是此项借款业务的原始凭证，是办理有关会计手续、进行相应会计核算的依据。在收回借款时，应当另开收据或退还借据的副本，不得退还借据。因为借款和收回借款虽有联系，但又有区别，在会计上需分别进行处理，如果将原借据退还给了借款人，就会损害会计资料的完整性，使其中一项业务的会计处理失去依据。

⑧ 经上级有关部门批准的经济业务，应当将批准文件作为原始凭证的附件。如果批准文件需要单独归档，应当在凭证上注明批准机关名称、日期和文件字号。

⑨ 发现原始凭证有错误的，应当由开出单位重开或者更正，并在更正处加盖开出单位的公章。原始凭证金额有错误的，应当由开出单位重开，不得在原始凭证上更正。

二、原始凭证填制实例

（一）增值税发票的填写

发票是指在购销商品、提供或接受服务，以及从事其他经营活动中开具、收取的收付款凭证。购买有形商品时，得到的通常是国税发票，国税发票包括增值税专用发票、增值税普通发票和其他发票。购买无形的服务时，得到的通常是地税发票，又称服务发票。

增值税专用发票是企事业单位、行政部门和个人经济交往中的重要商事凭证，也是销货单位纳税和购货单位抵扣税款的合法证明和依据。

增值税专用发票包括基本联次和附加联次。其中，基本联次共有三联：第一联是抵扣联，是购货单位的扣税凭证，此联最终由购货单位交给税务机关进行抵扣税款；第二联是发票联，是购货单位的记账凭证，此联是购货单位作为购买产品的原始凭证入账；第三联是记账联，是销货单位的记账凭证，此联是销货单位作为销售产品的原始凭证入账。

【例4-1】20×7年12月4日和美公司从江南商都购买淀粉一批，价款为228 000元，江南商都随货物送来增值税专用发票一张，如表4-4所示。

表4-4　湖北省增值税专用发票　　　N020288444

| | | 抵扣联 | | | 开票日期 | 20×7年12月4日 |

60009910

购货单位	名称：和美公司 纳税人识别号：税务420100196578432 地址及电话：武汉市球场路30号 027-82896755 开户行及账号：中国银行武汉市球场支行 206615368				密码区		
货物或应税劳务名称	规格型号	单位	单价	数量	金额	税率	税额
淀粉	K342	吨	15 200.00	15	228 000.00	16%	36 480.00
合计			15 200.00	15	228 000.00	16%	36 480.00
价税合计（大写）	贰拾陆万肆仟肆佰捌拾元整			小写　¥264 480.00			
销货单位	名称：江南商都 纳税人识别号：280602100200229 地址及电话：武汉市雁塔新村 027-89123645 开户行及账号：中国工商银行南塔分行 46900980				备注		

收款人：陈明　　　复核：　　　　开票人：张红　　　销货单位：（章）

第二联：抵扣联　购货方扣税凭证

（二）支票的填写

支票的填写项目有：出票日期、收款人、金额、用途、出票人开户行、出票人账号。支票正联的出票日期必须使用中文大写，存根联出票日期可用阿拉伯数字书写。收款人名称必须填写全称并与银行印鉴中的单位名称保持一致，如果是本单位到银行提取现金，"收款人"处可以写"本单位"。中文大写金额前应标明"人民币"字样，并不得留有空白。阿拉伯数字前均应填写人民币符号"¥"。另外，应如实写明用途，支票正联与存根联的用途应该一致。支票必须加盖出票人的财务专用章和法人代表印章。支票签发后，将支票沿存根联与正联之间的裁剪线剪开，正联交收款人办理转账，存根联留下作为记账依据。

【例4-2】20×7年9月1日，和美公司签发现金支票一张，金额为2 000元，现填写现金支票如表4-5所示。

表4-5　中国银行　现金支票

ITEM 4

【例4-3】20×7年12月4日，和美公司采购员持江南商都开具的发票到财务科以转账支票（见表4-6）办理货款结算。

表4-6　中国银行转账支票　　　　支票号码 2008683

中国工商银行转账支票存款 支票号码2008683 科目 对方科目 签发日期　　20×7年12月4日 收款人：江南商都 金额：¥264480.00 用途：支付货款 备注 单位主管　　　　会计 复核　　　　　　记账	出票日期（大写）贰零叉染年壹拾贰月零肆日　开户行名称中国银行球场支行 签发人账号：206615368

（表内主体部分）

		本收款人：江南商都										
本支票支付期十天	人民币（大写）	贰拾陆万肆仟肆佰捌拾元整	千	百	十	万	千	百	十	元	角	分
					¥	2	6	4	4	8	0	0	0

用途：支付货款　　　　　　　　　　对方科目（贷）

上列款项从我行账户内支付　　　付讫日期20×7年12月4日

　　　　　　　　　　　　　　　　　出纳　　　　记账
签发人盖章（盖章）　　　　　　　　复核　　　　复核

（三）进账单的填写

单位将收到的转账支票送存开户行，或将现金送存开户行，均应填写进账单向银行办理进账手续。

进账单第一联为回单或收款通知单，是收款人开户行交给收款人的回单；第二联为收入凭证联，由收款人开户行作为收入传票。

转账支票进账有"顺进账"和"倒进账"两种方式。"顺进账"是指付款人将支票交给收款人，由收款人交到自己的开户行并填写进账单，其特点是入账时间较长；"倒进账"是指付款人直接将支票送到自己的开户行并填写进账单，其特点是入账时间短。

对于现金进账单，收款人应该填写本单位的名称，并写清存入现金的总金额和各种票币的金额，注意合计数要相等。

对于票据进账单，进账单的填写应注意根据票据上的资料正确填写出票人（也称签发人、付款人）、收款人的名称、开户行和账号等信息，除金额的大小写外，还应该注意填写票据的种类、张数和票据号码。

【例4-4】承例4-3，江南商都财务人员收取和美公司的支票后，当日填写进账单，如表4-7～表4-9所示。

表 4-7　中国银行对账单（回单）1

20×7年12月4日　　　　　　　　　　　　　　　第22号

收款人	全称	江南商都	付款人	全称	和美公司								
	账号	46900980		账号或地址	206615368 武汉市球场路30号								
	开户行	中国工商银行南塔分行		开户银行	中国银行武汉市球场支行								

人民币（大写）贰拾陆万肆仟肆佰捌拾元整	千	百	十	万	千	百	十	元	角	分
		¥	2	6	4	4	8	0	0	0

票据种类	转账支票	
票据张数	1	收款人开户银行盖章
单位主管　××　会计××复核××记账××		

此联是银行交给收款人的回单

表 4-8　中国银行对账单（贷方凭证）2

20×7年12月4日　　　　　　　　　　　　　　　第22号

收款人	全称	江南商都	付款人	全称	和美公司
	账号	46900980		账号或地址	206615368 武汉市球场路30号
	开户行	中国工商银行南塔分行		开户银行	中国银行武汉市球场支行

人民币（大写）贰拾陆万肆仟肆佰捌拾元整	千	百	十	万	千	百	十	元	角	分
		¥	2	6	4	4	8	0	0	0

票据种类	转账支票	
票据张数	1	收款人开户银行盖章
单位主管　××　会计××复核××记账××		

此联由收款人开户银行作贷方凭证

表 4-9　中国银行对账单（收款通知单）3

20×7年12月4日　　　　　　　　　　　　　　　第22号

收款人	全称	江南商都	付款人	全称	和美公司
	账号	46900980		账号或地址	206615368 武汉市球场路30号
	开户行	中国工商银行南塔分行		开户银行	中国银行武汉市球场支行

人民币（大写）贰拾陆万肆仟肆佰捌拾元整	千	百	十	万	千	百	十	元	角	分
		¥	2	6	4	4	8	0	0	0

票据种类	转账支票	
票据张数	1	收款人开户银行盖章
单位主管　××　会计××复核××记账××		

此联是银行给收款人的收账通知

（四）差旅费报销单的填制

差旅费报销单是根据出差人员在外出途中取得的允许在费用中开支的各项原始凭证汇总填制的。

所附原始凭证的处理：对于纸张面积大于记账凭证的原始凭证，可按记账凭证的面积尺寸进行折叠。注意：应把凭证的左上角或左侧面让出来，以便装订后还可以展开查阅。

对于纸张面积过小的原始凭证，一般不能直接装订，可先按一定次序和类别排列，再粘在一张同记账凭证大小相同的纸上。小票应分张排列，同类同金额的单据尽量粘在一起，同时应在一旁注明张数和合计金额。

【例4-5】20×7年12月8日，采购员吴飞持住宿票、火车票和汽车票报销差旅费，企业规定出差期间按每天30元给予伙食补助（出差时间共4天）。吴飞原借款800元，余款退回后由出纳员根据差旅费报销单开具收据。差旅费报销单如表4-10所示。

表4-10　差旅费报销单

20×7年12月8日　　　　　　　　　　　　　　　　　　　　　附件张数：6张

姓名：吴飞　　　　　　　　　　部门：采购部　　　　　　　　出差事由：材料采购

起止时间	起止地点	飞机票	火车票	市内车费	住宿费	途中伙食补助			合计
						标准	天数	金额	
20×7.12.1—12.1	武汉—襄樊		65.00	60.00	300.00	30.00	4	120.00	545.00
20×7.12.4—12.4	襄樊—武汉		65.00						65.00
合计			130.00	60.00	300.00	30.00		120.00	610.00

人民币（大写）陆佰壹拾元整　　备注：原预借 800.00　　　应退（补）190.00

审核××　　　　　　　　　部门主管××　　　　　　　　　财务主管××

（五）收据的填制

收据是企业在收到现金或票据时向对方开出的原始凭证。开具收据应当按照规定的时限、顺序，逐栏、全部联次一次性地如实填写，即必须按号码填开，填写项目要齐全，内容真实，字迹清楚，全部联次一次性复写或打印，且内容完全一致，并在收据联或者存根联加盖单位财务印章或收据专用章。

收据上应写明交款人（或单位）的名称、事由和收到现金的金额（或收到票据上载明的金额）。收据由收款人签字并加盖财务专用章，收到现金时要加盖"现金收讫"章。

【例4-6】根据例4-5，出纳员收到吴飞退还的预借差旅费，开出收据一张，如表4-11和表4-12所示。

表4-11　收　据

20×7年12月8日　　　　　　　　　　　　　　　　　　　　　第20号

今收到：吴飞				
人民币（大写）壹佰玖拾元整		¥190.00		
事由：退还出差预借差旅费余额		现金		
		支票第　　　号		
收款单位	和美公司	财务主管	××	收款人	××

第一联存根

表 4-12　收　据

20×7 年 12 月 8 日　　　　　　　　　　　　　　　　　第 20 号

今收到：吴飞				
人民币（大写）壹佰玖拾元整		￥190.00		
事由：退还出差预借差旅费余额		现金		
		支票第　　　号		
收款单位	和美公司	财务主管	××	收款人	××

第二联记账凭证

工作 2　原始凭证的审核

一、原始凭证审核的内容

对原始凭证进行审核，是确保会计信息质量、充分发挥会计监督作用的重要环节，也是会计机构、会计人员的法定职责。原始凭证审核的内容如下。

1. 审核原始凭证的真实性

主要审核原始凭证所反映的内容是否符合所发生的实际情况。主要包括：内容记载是否清晰；经济业务发生的时间、地点和填制的日期是否准确；经济业务的内容及其数量方面（实物数量、计量单位、单价、金额）是否与实际情况相符等。特别要注意数字、文字有无伪造、涂改、重复使用，大头小尾、各联之间数字不符等情况。

2. 审核原始凭证的合法性

主要审核原始凭证所反映的经济业务是否符合国家法律、法规和制度的规定，有无违反财经法纪等违法行为，有无弄虚作假、营私舞弊、伪造涂改有关凭证等违法行为。

3. 审核原始凭证的正确性

主要审核原始凭证的各项计算及其相关部分是否正确，特别要注意经济业务内容摘要与数量、金额是否相对应。

4. 审核原始凭证的完整性

主要审核原始凭证的各项基本内容是否填写齐全、是否有漏项、数字是否清晰、日期是否完整、有关签名或盖章是否齐全、凭证联次是否正确等。应注意须经上级有关部门或领导批准的经济业务，审批手续是否按规定履行。

5. 审核原始凭证的合理性

主要审核原始凭证中所反映的经济业务是否符合厉行节约、反对浪费、有利于提高经济效益的原则，有否违反该原则的现象。

二、原始凭证审核结果的处理

经过审核的原始凭证，应根据具体情况分别处理。

① 对于符合要求的原始凭证，应及时办理各种必要的会计手续。

② 对于真实、合法但内容不完整、手续不完备、计算有错误或填写不符合要求的原始

凭证，应退回经办单位或经办人补办手续，更正错误或重新填制。

③ 对于不真实、不合法的原始凭证，会计人员应拒绝办理，并及时向单位领导汇报（必要时，可以向上级机关反映）。会计机构和会计人员对违法收支既不予制止和纠正又不报告的，也应承担相应的责任。

小　　结

原始凭证在填制工程中要遵从填制要求，对常见原始凭证能够科学填制。原始凭证审核的内容包括：审核原始凭证的真实性、审核原始凭证的合法性、审核原始凭证的正确性、审核原始凭证的完整性、审核原始凭证的合理性。

职业能力训练

一、单选题

1. 对外来原始凭证的审核，不包括（　　　）。

　　A. 经济业务的内容是否真实　　　　B. 填制单位公章和填制人员签章是否齐全

　　C. 填制凭证的日期是否真实　　　　D. 是否有本单位公章和经办人签章

2. 在审核原始凭证时，对于内容不完整、填制有错误或手续不完备的原始凭证，应（　　　）。

　　A. 拒绝办理，并向本单位负责人报告

　　B. 予以抵制，对经办人员进行批评

　　C. 由会计人员重新填制或予以更正

　　D. 予以退回，要求更正、补充或重开

3. 单位在审核原始凭证时，发现外来原始凭证的金额有错误，应由（　　　）。

　　A. 接受凭证单位更正并加盖公章　　　B. 原出具凭证单位更正并加盖公章

　　C. 原出具凭证单位重开　　　　　　　D. 经办人员更正并报领导审批

4. 原始凭证退回补充完整或更正错误，属于（　　　）。

　　A. 原始凭证违法行为

　　B. 原始凭证真实、合法、合理

　　C. 原始凭证不真实、不合法

　　D. 原始凭证内容真实、合法、合理但不完整

5. 原始凭证是由（　　　）取得或填制的。

　　A. 总账会计　　　　　　　　　　　B. 业务经办单位或人员

　　C. 会计主管　　　　　　　　　　　D. 出纳人员

二、多选题

1. 原始凭证的审核内容包括（　　　）。

A. 真实性　　　　B. 合法性　　　　C. 完整性　　　　D. 正确性、及时性

2. 外来原始凭证的审核内容包括（　　）。

A. 经济业务的内容是否真实　　　　B. 填制单位公章和填制人员签章是否齐全

C. 填制凭证的日期是否真实　　　　D. 是否有本单位公章和经办人签章

3. 原始凭证的填制要求包括（　　）。

A. 记录真实　　　　B. 内容完整　　　　C. 填制及时　　　　D. 书写清楚

4. 填制和审核原始凭证的意义有（　　）。

A. 记录经济业务，提供记账依据　　　　B. 明确经济责任，强化内部控制

C. 监督经济活动，控制经济运行　　　　D. 促使企业盈利，提高企业竞争力

5. 对外来原始凭证进行真实性审核的内容包括（　　）。

A. 经济业务的内容是否真实

B. 填制的凭证日期是否正确

C. 填制单位公章和填制人员签章是否齐全

D. 是否有本单位公章和经办人签章

三、业务题

表4-13～表4-16是一些公司开出的原始凭证。

要求：识别原始凭证中的错误并改正。

表4-13　湖北省增值税普通发票

发票代码 003456287109
发票号码 0023459

客户名称：白云食品厂　　20×7年12月5日

品号及规格	货物或劳务名称	单位	数量	单价	金额（百十元角分）
	笔记本	本	10	5.00	5 0 0 0
	中性笔	支	50	1.00	5 0 0 0
合计（大写）	壹佰零拾零元零角零分			￥	100.00

②付款方报销凭证

单位：（盖章）　　开票人：张福　　收款人：雷明

表4-14　借支单

20×7年1月9日　　部门：销售部

借支人姓名	陈红	职务	经理
借支事由	出差		
人民币（大写）	叁仟元整	￥	3000.00
核准	刘雪华	会计 宋珍	出纳 江华　借支人

表4-15　湖北省增值税普通发票

发票代码　005626287983
发票号码　0023459

客户名称：江华纺织厂　　　　　　20×7 年 6 月 9 日

品号及规格	货物或劳务名称	单位	数量	单价	金　额					
					百	十	元	角	分
	轴承	只	20	5	2	0	0	0	0
合计（大写）　壹佰零拾零元零角零分					¥ 200.00					

单位：（盖章）　　　　　开票人：张福　　　　　收款人：雷明

②付款方报销凭证

表4-16　湖北省增值税普通发票

发票代码　005626287983
发票号码　0023599

客户名称：　　　　　　　　　20×7 年 4 月 12 日

品号及规格	货物或劳务名称	单位	数量	单价	金　额					
					百	十	元	角	分
	轴承	只	20	5	1	0	0	0	0
合计（大写）　壹佰零拾零元零角零分					¥ 100.00					

单位：（盖章）　　　　　开票人：张福　　　　　收款人：雷明

②付款方报销凭证

任务2　记账凭证的填制和审核

【任务目标】

　　认知目标：掌握记账凭证的基本内容、填制要点及记账凭证审核的相关要点。

　　能力目标：能依据经济业务表述或原始凭证正确、完整地填制、审核记账凭证，并将所学理论知识运用到实际操作中。

　　情感目标：培养学生严谨、认真的工作作风，树立正确的职业责任感。

【会计故事】

会计李明是如何记账的

　　和美公司会计李明20×7年12月20日收到开户银行传来的一张电汇回单（见表4-17）。

表 4 - 17　中国银行电汇凭证（回单）

委托日期　　20××年 12 月 20 日

付款人	全称	和美公司		收款人	全称	烟台钢材厂	
	账号	206615368			账号	22100743	
	汇出地点	武汉市球场路 30 号			汇入地点	山东省烟台市	
汇出行全称：中国银行武汉市球场支行				汇入行全称：中国银行烟台分行			

金额 （人民币）	叁拾万零陆仟元整	千	百	十	万	千	百	十	元	角	分
			￥	3	0	6	0	0	0	0	0

汇款用途：前欠货款

汇出行签章：20××年 12 月 20 日

以上款项已根据委托办理，如需要查询，请持此回单面洽

此联是汇款人开户银行给汇款人的回单

李明按照原始凭证填制了一张付款凭证（见表 4 - 18）。

表 4 - 18　付款凭证

贷方科目：银行存款　　　　　20××年 12 月 20 日　　　　　银付　字第 5 号

摘要	借方科目		金额									
	总账科目	明细科目	千	百	十	万	千	百	十	个	角	分
偿还前欠货款	应付账款	烟台钢铁厂		3	0	6	0	0	0	0	0	0
									付讫			
单据张数：1 张		合计	￥	3	0	6	0	0	0	0	0	0
会计主管：××	记账××	出纳××	审核××				制单××					

工作 1　记账凭证的填制

一、记账凭证的填制要求

记账凭证虽然种类不一，编制依据各异，但主要作用都是对原始凭证进行归类整理，运用账户和复式记账方法，编制会计分录，为登记账簿提供直接依据。因此，记账凭证必须按规定及时、准确、完整地填制。记账凭证基本要素的填写要求如下。

1. 日期的填写

现金收付记账凭证的日期按办理现金收付的日期填写；银行付款业务的记账凭证，一般按财务部门开出付款单据的日期或承付的日期填写；银行收款业务的记账凭证，一般按银行进账单或银行受理回执的戳记日期填写；月末结转的业务，按当月最后一天的日期填制。

2. 摘要的填写

填写摘要，一是要真实准确，其内容与经济业务的内容和所附原始凭证的内容相符；二是要简明扼要，书写整齐清洁。为了满足登记明细分类账的需要，对不同性质的账户，其摘要填写应有区别。例如，反映原材料等实物资产的账户，摘要中应注明品种、数量、单价；

反映现金、银行存款或借款的账户，摘要中应注明收付款凭证和结算凭证的号码，以及款项增减原因、收付款单位名称等。

3. 会计科目的填写

填写会计科目时，应填写会计科目的全称或会计科目的名称和编号，不得简写或只填会计科目的编号而不填写名称。需填写明细科目的，应在"明细科目"栏填写明细科目的名称。"借""贷"的记账方向和账户对应关系必须清楚；编制复合会计分录时，应是一"借"多"贷"或多"借"一"贷"，一般不编制多"借"多"贷"的会计分录。

4. 金额的填写

记账凭证的金额必须与原始凭证的金额相符。在记账凭证的"合计"行填列合计金额；阿拉伯数字的填写要规范；在合计数字前应填写货币符号，不是合计数字的，前面不应填写货币符号。一笔经济业务因涉及会计科目较多，需填写多张记账凭证的，只在最末一张记账凭证的"合计"行填写合计金额。

5. 记账凭证附件张数的计算

记账凭证一般附有原始凭证。附件张数的计算方法有两种：一种是按构成记账凭证金额的原始凭证（或原始凭证汇总表）计算张数；另一种是以所附原始凭证的自然张数为准，即凡与经济业务内容相关的凭证，都作为记账凭证的附件。凡属于收付款业务的，原始凭证张数均以自然张数为准。但对差旅费、市内交通费、医疗费等报销单据，可贴在一张纸上，作为一张原始凭证（报销清单）。附件张数应用阿拉伯数字填写。对简单的摊提转账业务，可以在摘要栏注明计算依据，而不需分摊或计算的纯结转性业务的记账凭证可不附原始凭证。当一张或几张原始凭证涉及几张记账凭证时，可将原始凭证附在一张主要的记账凭证后，在摘要栏说明"本凭证附件包括×号记账凭证业务"字样，在其他记账凭证上注明"原始凭证在××号记账凭证后面"字样。

6. 记账凭证的编号

填制记账凭证时，应当对记账凭证进行连续编号。采用专用记账凭证的，按经济业务内容加以归类，可按收、付、转字三类编号或按现收字、现付字、银收字、银付字、转字进行编号，如现收字1号、转字5号等。采用通用记账凭证的，可按经济业务发生的先后顺序统一编号，即每月从第一号记账凭证起，依次编号。一笔经济业务需要填制两张以上记账凭证的，可以采用分数编号法编号。例如第一个会计事项需要填制三张记账凭证，就可以编成 $1\frac{1}{3}$ 号、$1\frac{2}{3}$ 号、$1\frac{3}{3}$ 号。

7. 签名或盖章

记账凭证上规定的有关人员的签名或盖章，应全部签章齐全，以明确经济责任。付款凭证是根据货币资金付出业务的原始凭证编制的记账凭证，它们既是登记现金日记账、银行存款日记账的依据，也是出纳人员收付款项的依据。

二、记账凭证填制实例

（一）收款凭证的填制

收款凭证根据现金和银行存款收款业务的原始凭证填制。凡是涉及增加现金或者银行存款账户金额的，都必须填制收款凭证。收款凭证左上方的"借方科目（或账户）"，应填写

"库存现金"或"银行存款";右上方应填写凭证编号。收款凭证的编号一般按"现收×号"和"银收×号"分类,业务量少的单位也可不分"现收"与"银收",而按收款业务发生的先后顺序统一编号,如"收字×号"。"摘要"栏填写经济业务的内容;"贷方科目(或账户)"栏填写与"库存现金"或"银行存款"科目相对应的总账(一级)科目及其所属明细(二级)科目;"金额"栏填写实际收到的现金或银行存款数额;"过账"栏供记账员在根据收款凭证登记有关账簿以后做记号用,表示该项金额已经记入有关账户,避免重记或漏记。

【例4-7】20××年12月8日,出纳员收到吴飞退还的差旅费190元,根据收据(见表4-19)填制现金收款凭证(见表4-20)。

表4-19 收 据
20××年12月8日　　　　　　　　　　　　　第20号

今收到:吴飞			
人民币(大写)壹佰玖拾元整		¥190.00	
事由:退还出差预借差旅费余额		现金	
		支票第　　　号	
收款单位	和美公司	财务主管　××	收款人　××

表4-20 收款凭证

借方科目:库存现金　　　　　　　20××年12月8日　　　　　　　　　　现收 字第23号

摘要	贷方科目		过账	金额									
	总账科目	明细科目		千	百	十	万	千	百	十	个	角	分
退还差旅费	其他应收款	吴飞						1	9	0	0	0	
									收讫				
附件张数:1张	合计						¥	1	9	0	0	0	

会计主管:××　　　记账××　　　　　出纳××　　　　　审核××　　　　　制单××

【例4-8】12月20日,企业向银行申请取得短期流动资金贷款500 000元,存入银行。财务人员应根据借款合同与借款借据,填制银行存款收款凭证(见表4-21)。

表4-21 收款凭证

借方科目:银行存款　　　　　　　20×7年12月8日　　　　　　　　　　银收 字第18号

摘要	贷方科目		过账	金额									
	总账科目	明细科目		千	百	十	万	千	百	十	元	角	分
取得短期借款	短期借款			5	0	0	0	0	0	0	0	0	0
									收讫				
附件张数:2张	合计			¥	5	0	0	0	0	0	0	0	0

会计主管:××　　　记账××　　　　　出纳××　　　　　审核××　　　　　制单××

（二）付款凭证的填制

付款凭证根据现金和银行存款付款业务的原始凭证填制。凡是涉及现金或者银行存款账户金额减少的，都必须填制付款凭证。付款凭证的填制方法和要求与收款凭证基本相同，不同的是在付款凭证的左上方应填列贷方科目（或账户），因为现金和银行存款的减少应记入账户的贷方；付款凭证的对应科目为"借方科目（或账户）"，需填写与现金或银行存款支出业务有关的总账（一级）科目和明细（二级）科目。

对于只涉及"现金"与"银行存款"这两个账户的业务，会计制度规定，从银行提取现金的业务编制银行付款凭证，现金存入银行的业务编制现金付款凭证，不再填制收款凭证。在会计实务中，主要考虑谁减少、谁重要，以免重复记账。

【例4-9】20×7年9月1日和美公司签发现金支票一张（见表4-22），提取现金2000元，据此填制银行付款凭证（见表4-23）。

表4-22　中国银行现金支票

中国银行现金支票存根　　　　　　　　　　　　XII006510

XII006510

| 出票日期（大写）贰零叉染年　玖月　零壹日 | 开户行名称 中国银行球场支行 |
| 收款人：本单位 | 签发人账号 206615368 |

人民币（大写）贰仟元整　　　　千 百 十 万 千 百 十 元 角 分　¥ 2 0 0 0 0 0

附加信息

签发日期20×7年9月1日

收款人　本单位

金　额　¥2,0000.00

用　途　备用

单位主管　　会计

备用

科　目（借）_____

对方科目（贷）_____

上列款项从我账户内支付　　付讫日期　年　月　日

出　纳　　　记账

签发人盖章　　　复　核　　　复核

表4-23　付款凭证

贷方科目：银行存款　　　　　　20×7年9月1日　　　　　　　银付字第16号

摘要	借方科目		金额								
	总账科目	明细科目	千	百	十	万	千	百	十	个	角	分
提现	库存现金						2	0	0	0	0	
附件张数：1张	合计					¥	2	0	0	0	0	0

会计主管：××　　　记账××　　　出纳××　　　审核××　　　制单××

【例4-10】20×7年12月8日和美公司收到供应单位开具的发票1张，开列：甲材料500 kg，单价15元，价款7 500元，增值税1 200元；随发票（见表4-24）寄来甲材料运单（见表 4-25）开列运费 50 元。材料未到，价款已通过银行存款支付。填制付款凭证如表 4-26 所示。

表 4-24　湖北省增值税专用发票　　　NO20288456

校验码：60009910 89701234　　　　　　发票联　　　　　开票日期　　20×7 年 12 月 8 日

购货单位	名称：和美公司 纳税人识别号：420100196578432 地址及电话：武汉市环球路 30 号　027-82896755 开户行及账号：中国银行球场支行 206615368					密码区		
货物或应税劳务名称	规格型号	单位	单价	数量	金额	税率	税额
甲材料	K342	kg	15.00	500	7 500.00	16%	1 200.00
合计			15.00	500	7 500.00	16%	1 200.00
价税合计（大写）	捌仟柒佰元整		小写　　¥8 700.00				
销货单位	名称：A 单位 纳税人识别号：9500016980234 地址及电话：武汉市文化新村 891234567 开户行及账号：中国工商银行南塔分行 46900980					备注		

收款人：王丽　　　　复核：崔元　　　　开票人：张军　　　　　　　销货单位：（章）

第三联：发票联　购货方记账凭证

表 4-25　运费结算单

日期：20×7 年 12 月 8 日　　　　　　车号：255　　　　　　驾驶员手机：13996009213

单位名称	运货地点	货物名称	数量	距离	运价	拼车情况	备注
武汉和美公司	球场路	甲材料	500 kg	3 公里	50.00	否	已付
运费合计	大写	伍拾元整			¥	50.00	

审核：高明　　　　　　　　　　　　　　经办人：吴东

表 4-26　付款凭证

贷方科目：银行存款　　　　　　20×7 年 12 月 8 日　　　　　　银付　字第 17 号

摘要	借方科目		过账	金额									
	总账科目	明细科目		千	百	十	万	千	百	十	个	角	分
存款支付甲材料价款及运费	材料采购	价款						7	5	0	0	0	0
		运费							5	0	0	0	0
	应交税费	应交增值税						1	2	0	0	0	0
附件张数：2 张	合计						¥	8	7	5	0	0	0

会计主管：××　　　　记账××　　　　出纳××　　　　审核××　　　　制单××

【例 4-11】20×7 年 12 月 10 日，和美公司用库存现金支付购买办公用笔费用 174 元，根据发票（见表 4-27）填制付款凭证（见表 4-28）。

ITEM 4

表 4－27 湖北省增值税专用发票 NO20246789

开票日期 20×7 年 12 月 10 日

购货单位	名称：和美公司 纳税人识别号：420100196578432 地址及电话：武汉市环球路 30 号 027－82896755 开户行及账号：中国银行球场支行 206615368		密码区			

货物或应税劳务名称	规格型号	单位	单价	数量	金额	税率	税额
钢笔	N2073	支	15.00	10	150.00	16％	24.00
			15.00	10	150.00	16％	24.00

价税合计（大写）	壹佰柒拾肆元整	小写 ￥174.00

销货单位	名称：×××× 纳税人识别号：×××××× 地址及电话：027－×××× 开户行及账号：××××××	备注

收款人：×× 复核：×× 开票人：×× 销货单位：（章）

第二联：抵扣联 购货方扣税凭证

表 4－28 付款凭证

贷方科目：库存现金 20×7 年 12 月 10 日 现付 字第 14 号

摘要	借方科目		过账	金额									
	总账科目	明细科目		千	百	十	万	千	百	十	个	角	分
现付办公笔	管理费用	办公费						1	7	4	0	0	
									付讫				
附件张数：1 张		合计						￥	1	7	4	0	0

会计主管：×× 记账×× 出纳×× 审核×× 制单××

（三）转账凭证的填制

转账凭证根据不涉及现金和银行存款收付的转账业务的原始凭证填制。凡是不涉及现金和银行存款增加或减少的业务，都必须填制转账凭证。转账业务没有固定的账户对应关系，因此在转账凭证中，要按"借方科目（或账户）"和"贷方科目（或账户）"分别填列有关总账（一级）科目和明细（二级）科目，借方科目的金额与贷方科目的金额都在同一行的"金额"栏内填列。

【例 4－12】和美公司 20×7 年 12 月 8 日采购的甲材料于 20×7 年 12 月 12 日验收入库，仓库管理员验收后填制了收料单（见表 4－29），会计人员根据发票及收料单填制了转账凭证（见表 4－30）。

表 4－29 收 料 单

供货单位：春萌公司 材料科目：原材料 编号：收 10
发票号码：0326768 20×7 年 12 月 12 日 材料类别：主要材料 仓库：1 号库

材料编号	名称	规格	数量		实际成本			合计
			应收	实收	单价	金额	运杂费	
1107	甲材料	K369	500	500	15	7 500.00	50	7 550.00

收料人：东英 经手人：王毅

表4－30　转账凭证

20×7 年 12 月 12 日

转字第 3 号
附件张数：1 张

摘要	总账科目	明细科目	借方金额										贷方金额									
			千	百	十	万	千	百	十	元	角	分	千	百	十	万	千	百	十	元	角	分
甲材料验收入库	原材料	甲材料					7	5	5	0	0	0										
	材料采购	甲材料															7	5	5	0	0	0
合计						¥	7	5	5	0	0	0				¥	7	5	5	0	0	0

会计主管：×　　　　记账：×　　　　出纳：×　　　　审核：×　　　　制单：×

三、记账凭证的账务处理程序

① 根据原始凭证或原始凭证汇总表按不同的经济业务类型分别填制收款凭证、付款凭证和转账凭证。

② 根据现金收、付款凭证逐笔序时登记现金日记账；根据银行存款收、付款凭证及其所附的银行结算凭证逐笔序时登记银行存款日记账。

③ 根据记账凭证及所附的原始凭证（或原始凭证汇总表）逐笔登记各有关种明细分类账。

④ 根据各种记账凭证逐笔登记总分类账。

⑤ 根据对账的具体要求，将现金日记账、银行存款日记账和各种明细分类账定期与总分类账相互核对。

⑥ 期末，根据总分类账和明细分类账的有关资料编制财务报表。

工作 2　记账凭证的审核

一、记账凭证的审核

（一）审核内容

所有填制好的记账凭证，都必须经过其他会计人员认真的审核。在审核记账凭证的过程中，如发现记账凭证填制有误，应当按照规定的方法及时加以更正。只有经过审核无误的记账凭证，才能作为登记账簿的依据。记账凭证的审核主要包括以下内容。

① 审核是否按已审核无误的原始凭证填制记账凭证。记录的内容与所附原始凭证是否一致、金额是否相等；所附原始凭证的张数是否与记账凭证所列附件张数相符。

② 审核记账凭证所列会计科目（包括一级科目、明细科目），应借、应贷方向和金额是否正确；借贷双方的金额是否平衡；明细科目金额之和与相应的总账科目的金额是否相等。

③ 审核记账凭证摘要是否填写清楚，日期、凭证编号、附件张数及有关人员签章等是否齐全。若发现记账凭证的填制有差错或者填列不完整、签章不齐，应查明原因，责令更正、补充或重填。只有审核无误的记账凭证，才能据以登记账簿。

（二）审核过程中的注意事项

为了正确登记账簿和监督经济业务，除了编制记账凭证的人员应当认真负责、正确填制、加强自审外，同时还应建立专人审核制度。如前所述，记账凭证是根据审核后的合法的原始凭证填制的。因此，记账凭证的审核，除了要对原始凭证进行复审外，还应注意以下几点。

1. 合规性审核

审核记账凭证是否附有原始凭证，原始凭证是否齐全，内容是否合法，记账凭证所记录的经济业务与所附原始凭证所反映的经济业务是否相符。

2. 技术性审核

审核记账凭证的应借、应贷科目是否正确，账户对应关系是否清晰，所使用的会计科目及其核算内容是否符合会计制度的规定，金额计算是否准确；摘要是否填写清楚、项目填写是否齐全，如日期、凭证编号、二级科目和明细科目、附件张数及有关人员签章等。

在审核过程中，如果发现差错，应查明原因，按规定及时处理和更正。

二、记账凭证和原始凭证的关系

（一）记账凭证与原始凭证的区别

记账凭证是按经济业务性质加以分类，确定会计分录，作为登记账簿依据的一种凭证。会计人员必须根据审核无误的原始凭证或原始凭证汇总表填制记账凭证。记账凭证是登记账簿的依据。账簿需要按照一定的会计科目和记账规则进行登记，而原始凭证中未写明会计科目和记账方向。为了做好记账工作，会计人员必须将各种原始凭证按其所反映的经济内容进行归类和整理，编制记账凭证。在记账凭证中，列明了会计科目，指明了记账方向，确定了会计分录。

记账凭证和原始凭证同属于会计凭证，但二者存在以下差别。

① 原始凭证是由经办人员填制的；记账凭证一律由会计人员填制。

② 原始凭证是根据发生或完成的经济业务填制的；记账凭证是根据审核后的原始凭证填制的。

③ 原始凭证仅用于记录、证明经济业务已经发生或完成；记账凭证要依据会计科目对已经发生或完成的经济业务进行归类、整理。

④ 原始凭证是填制记账凭证的依据；记账凭证是登记账簿的依据。

（二）原始凭证审核与记账凭证审核的异同

1. 相同点

① 真实性。审核原始凭证日期是否真实、业务内容是否真实、数据是否真实等；审核记账凭证是否附有原始凭证为依据，记账凭证的内容是否与原始凭证一致。

② 正确性。原始凭证金额计算及填写是否正确；记账凭证科目、金额、书写是否正确。

③ 完整性。填写项目是否齐全。

2. 不同点

① 合法性审核。审核原始凭证所记录的经济业务是否有违反国家法律、法规的情况，是否有贪污腐败等行为；记账凭证没有这一条。

② 合理性。审核原始凭证所记录的经济业务是否符合生产经营动的需要等。

③ 及时性。符合要求的原始凭证要及时编制记账凭证，内容不全的、填写错误的原始凭证要退回并补充完整；不真实、不合法的原始凭证不予接受，并向单位负责人报告。

三、会计凭证的传递与保管

会计凭证的传递，是指各种会计凭证从填制、取得到归档保管为止的全部过程，即在企业、事业单位和行政单位内部有关人员和部门之间传送、交接的过程。

（一）会计凭证传递的作用

会计凭证的传递是指会计凭证从编制时起到归档时止，在单位内部各有关部门及人员之间的传递程序和传递时间。正确组织会计凭证的传递，对于及时处理和登记经济业务，明确经济责任，实行会计监督，具有重要作用。会计凭证传递的作用如下。

① 有利于完善经济责任制度。经济业务的发生或完成及记录，是由若干责任人共同负责、分工完成的，会计凭证作为记录经济业务、明确经济责任的书面证明，体现了经济责任制度的执行情况。单位会计制度可以通过会计凭证传递程序和传递时间的规定，进一步完善经济责任制度，使各项业务的处理顺利进行。

② 有利于及时进行会计记录。从经济业务的发生到账簿登记有一定的时间间隔，通过会计凭证的传递，使会计部门尽早了解经济业务的发生和完成情况，并通过会计部门内部的凭证传递，及时记录经济业务，进行会计核算，实行会计监督。

（二）会计凭证的保管

会计凭证是重要的会计档案和经济资料，每个单位都要建立保管制度，妥善保管。对各种会计凭证要分门别类、按照编号顺序整理，装订成册。封面上要注明会计凭证的名称、起讫号、时间及有关人员的签章。要妥善保管好会计凭证，在保管期间会计凭证不得外借，对超过所规定期限（一般是15年）的会计凭证，要严格依照有关程序销毁。需永久保留的有关会计凭证，不能销毁。

1. 会计凭证的整理归类

会计部门在记账以后，应定期将会计凭证加以归类整理，即把记账凭证及所附原始凭证，按记账凭证的编号顺序进行整理，在确保记账凭证及其所附原始凭证完整无缺后，将其折叠整齐。对经过整理的会计凭证，要进行汇总装订。所有汇总装订好的会计凭证需要加具封面、封底，装订成册，并在装订线上加贴封签以防失散和任意拆装，同时在封面上注明单位名称、凭证种类、所属年月和起讫号码、凭证张数等。会计主管或指定装订人员要在装订线封签处签名或盖章，然后入档保管。会计凭证的封面如图4-2所示。

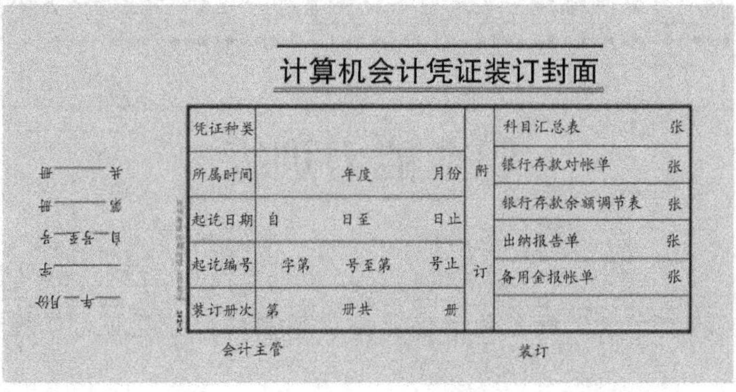
计算机会计凭证装订封面

		附订		
凭证种类			科目汇总表	张
所属时间	年度 月份		银行存款对帐单	张
起讫日期	自 日至 日止		银行存款余额调节表	张
起讫编号	字第 号至第 号止		出纳报告单	张
装订册次	第 册共 册		备用金报帐单	张

会计主管　　装订

图4-2 会计凭证的封面

2. 会计凭证的装订

装订就是把一扎一扎的会计凭证装订成册，从而方便保管和利用。装订之前，要进行必要的设计，看一个月的记账凭证究竟装订成几册为好（每册的薄厚应该基本一致）。不能将应该属于一份记账凭证附件的原始凭证拆开装订在两册之中，要做到既美观大方又方便翻阅。

一本凭证，厚度一般为 1.5～2.0 厘米。过薄，不利于直立放置；过厚，不便于装订和翻阅。凭证装订一般以月份为单位，每月订成一册或若干册。凭证少的单位可以将若干月份的凭证合并订成一册，在封皮注明本册所含的凭证月份。

3. 会计凭证的归档

当年的会计凭证，在会计年度终了后，可以暂由会计部门保管 1 年，原则上应由会计部门编制清册移交本单位档案保管部门保管。档案保管部门接受的会计凭证，原则上是要求保持原卷册的装订，个别需要拆封重新整理的，应由会计部门和经办人员共同拆封整理，以明确责任。会计凭证必须做到妥善保管、存放有序、查找方便，要严防损毁、丢失和泄密。

4. 会计凭证的借阅

会计凭证原则上不能借出，如果有特殊需要，必须报请批准，但不得拆散原卷册，并应在限定日期内归还。需要查阅已经入档的会计凭证时，必须办理借阅手续。其他单位因特殊原因需要使用原始凭证时，经本单位负责人批准，可以复制。但向外单位提供的原始凭证复印件，应在专设的登记簿上进行登记，并由提供人员和收取人员共同签名或盖章。

5. 会计凭证的销毁

会计凭证的保管期限一般为 15 年。保管期限未满，任何人都不得随意销毁会计凭证，按规定销毁会计凭证时，必须开列清单，报经批准后，由档案部门和会计部门共同派人员监督销毁。在销毁凭证前，监督销毁人员应认真清点核对；销毁后，在销毁清册上签名或盖章，并将监销情况如实上报。

小　　结

记账凭证在填制过程中要区分收款凭证、付款凭证、转账凭证。要注意记账凭证和原始凭证的关系，在审核记账凭证时要注意合规性要求和技术性要求。

职业能力训练

1. 实训题

目的：通过实验使学生了解各种经济业务应填制的原始凭证，掌握记账凭证的使用方法。

实验资料：学生自行准备 20 项经济业务。

实验要求：

（1）根据各项经济业务的原始凭证，分别填制复式记账凭证。

（2）在填制记账凭证之前，应根据原始凭证记录的各项经济业务的发生情况，明确记账凭证各项目应填写的内容。

（3）将填制的记账凭证和所附的原始凭证装订成册。

（4）本项目需要收款凭证5张，付款凭证8张，转账凭证7张。

2. 表4－31为某公司出纳人员就公司的一笔业务所做的相关记账凭证。

表4－31 付款凭证

贷方科目：银行存款　　　　　　　　　20×7年9月　日　　　　　　　　　付字第　号

摘　要	借方科目		记账	金额	附件张
	一级科目	二级科目和明细科目			
	应付账款	M公司		8 000 000	
	应付账款			500 000	
合　　计				830 000	

会计主管：×　　　　记账：×　　　　出纳：×　　　　审核：×　　　　制单：×

要求：指出记账凭证中存在的错误（假定原始凭证审核无误）。

项目 5

会计账簿的设置与登记

【知识链接】

登记账簿的基本要求

1. 项目齐全、准确完整

登记会计账簿时，应当将会计凭证的日期、编号、业务内容摘要、金额和其他有关资料逐项记入账簿内，做到数字准确、摘要清楚、登记及时。同时，记账人员要在记账凭证的"记账符号"栏，画上"√"表示已登记入账，以免漏记或重复登记，并在记账凭证上签名或者盖章。

2. 文字和数字的书写应规范

登记账簿时，文字和数字的书写必须字迹清晰工整、易于辨认。文字和数字要紧靠底线书写，上面要留有适当空距，一般应占格宽的二分之一，以备按规定的方法改错。记录金额时，没有角分的整数，应分别在角分栏内写上"0"，不得省略不写，或以"—"号代替。阿拉伯数字一般可自左向右适当倾斜，以使账簿记录整齐、清晰。

3. 正常记账使用蓝黑墨水或者碳素墨水，特殊记账使用红色墨水

登记账簿要使用蓝黑墨水或者碳素墨水书写，不得使用圆珠笔（银行的复写账簿除外）或者铅笔书写。红色墨水必须按照规定使用，下列情况可以用红色墨水记账：

① 按照红字冲账的记账凭证，冲销错误记录；

② 在不设借、贷等栏的多栏式账页中，登记减少数；

③ 在三栏式账户的余额栏前，如未印明余额方向的，在余额栏内登记负数余额；

④ 根据国家统一会计制度的规定可以用红字登记的其他会计记录。

4. 序时连续登记

各种账簿按页次顺序连续登记，不得跳行、隔页。如果发生跳行、隔页，应当将空行、空页用红色墨水画对角线注销，注明"此行空白""此页空白"字样，并由记账人员签名或者盖章。

5. 结出余额

凡需要结出余额的账户，结出余额后，应当在"借或贷"余额方向栏内写明"借"或者"贷"等字样。没有余额的账户，应当在"借或贷"余额方向栏内写"平"字，并在余额栏内"元"位写"0"。

6. 连续账页内容之间的衔接

每张账页登记完毕结转下页时，应当结出本页合计数及余额，写在本页最后一行和下页第一行有关栏内，并在本页最后一行"摘要"栏内注明"过次页"字样，在下页第一行"摘要"栏内注明"承前页"字样，以保持账簿的连续性。

7. 账簿记录错误应按照规定的方法予以更正

如果会计账簿记录发生错误，不允许用涂改、挖补、刮擦或者用药水消除字迹等方法更正错误，应当根据错误情况，按照规定的方法进行更正。

8. 定期打印

实行会计电算化的单位，总账和明细账应当定期打印，发生收款和付款业务的，在输入收款凭证和付款凭证的当天必须打印出现金日记账和银行存款日记账，并与库存现金核对无误。

注意： 会计账簿一经记载，便是会计档案。订本式账簿事先印有页码，不得以任何理由撕去，活页式账簿也不得随意抽换账页。

任务1 日记账的设置与登记

【任务目标】

认知目标：掌握日记账的登记方法，能够进行现金日记账和银行日记账的登记。

能力目标：通过多媒体展示，真实而形象地让学生认识和掌握银行日记账的登记方法。

情感目标：培养学生爱岗敬业、诚实守信的职业道德。

【会计故事】

理财从记账开始（一）

为什么理财要从记账开始？先来看看记账的定义：记账就是把一个企事业单位或者家庭发生的所有经济业务运用一定的记账方法在账簿上记录，供记录者翻阅、查看、了解。说白了，就是把收入和支出记录下来，以便查看。记账有什么作用呢？可以让你掌握个人或家庭收支情况，以便合理地安排资金的规划和使用。在理财之前，我们常常听到一句话：理财的第一步是学会记账。

但是，不少人觉得记账根本没用，身边的一些朋友在坚持一段时间后也放弃了，多少觉得记账有点像"鸡肋"，食之无味，弃之可惜。记账有没有用？不妨先看一个故事。

今年3月，美国亿万富翁大卫·洛克菲勒去世了，他的爷爷老洛克菲勒是美国历史上第一个亿万富翁。

在洛克菲勒家族，有许多广为流传的家训，坚持记账就是其中之一，这个传统就起源于记账员出身的老洛克菲勒。

在工作的第一年，老洛克菲勒的收入还不够开支，看来和现在的月光族也差不多。但是，老洛克菲勒在记账本上写道：支出超过薪水23.26元。

这就是不一样的地方：同样是月光族，老洛克菲勒很清楚自己的财务状况，为以后开支做规划。但是现在有几个年轻人记得自己工作第一年到底是挣了钱还是亏了钱？

不仅是日常开销，老洛克菲勒甚至把感情开销也记录下来。在他1864年的账本上，清楚记载了求爱和结婚时的开销。

在外人看来，可能有些小题大做。但正是因为坚持不懈的记账，老洛克菲勒对成本核算格外敏感。

1879年他写信给一个炼油厂的经理提出质询：为什么你们提炼一加仑要花1.82分，而另一个炼油厂每加仑只要0.91分？类似的信他写过上千封，任何微小的浪费，都逃不过他的眼睛。

老洛克菲勒能通过查阅账本准确迅速地了解各分公司的成本、开支、销售及损益，堪称是统计分析、成本会计、单位计价学的大师。

此后，记账就成了洛克菲勒家族的传统。洛克菲勒家族的每个孩子都需要记账，精打细算的优良习惯护航这个家族走过百年。

但是，现实中为什么大多数人会觉得记账没有用呢？

实际上，因为很多人对于记账其实并没有真正理解，对于记账的目的还不清楚。

简单来说，记账的目的有三个：一是为了了解自己的收支情况；二是分析自己过往支出的规律和收入的变化；三是根据前两步规划未来的收支。之所以说记账是理财的第一步，也正是因为只有弄清楚自己的财务状况，才能考虑如何去理财投资。而大多数人的记账，甚至连第一步都没有做到。很简单，在坚持记账的不妨问问自己：我上个月支出多少？收入多少？估计很多人都答不上来。为什么呢？因为很多人记账是为了记而记，记下之后根本没有印象，这样的记账当然没什么用。所以，有些人在这个阶段就放弃了。再往下说，即使清楚自己每个月收支，很多人依然没有发挥记账的作用。问题在于没有对自己的收支进行分析和总结。很多人以为记账就是为了遏制消费冲动，就是为了不花钱，其实大错特错。

坚持记账，更重要的是为了从自己日常收支中总结出规律，比如过去一年每个月衣食住行各花多少钱。就像大数据分析一样，你清楚钱到底花在哪里，哪些地方钱花得太多要缩减，哪些地方还有花钱的空间，以及自己到底存了多少钱，是怎么存下来的。等你做到了这一步，你才能真正体会到记账的作用。也只有做到这一步，才能实现记账的终极意义：规划未来。当你对自己的收支很清楚，每一次花钱的时候都明白花多少合适，对自己的结余有多大影响，你才能提前规划预算，才能明白要拿出多少钱来投资理财。只可惜，很多人对记账的用途认识不到位，反而认为记账是没用的。事实上，有用没用其实还是得看你怎么用，方式用得不对，自然就觉得没用，但事实上很多人是从记账中学会了理财的。

做好记账，得学会以下记账三部曲。

1. 坚持记录

坚持记录是记账的基础。只有足够全面的收支数据记录，才能慢慢感受到自己花钱不合理的地方。不能坚持记账，剩下的都是空谈。

2. 学会归类总结

记账是一件很烦琐的事情，平时记账都是零散的，比如仅交通一项就包括公交、出租车、地铁、飞机等，而且有些交通费用可能属于旅游花销，这就需要化零为整归类总结。

只有学会归类总结，账目才能清晰地反映出各项开支占比大小，才能做到花钱心中有数。

3. 规划预算，合理投资

通过记账，对日常各类开销了然于胸之后，就可以提前规划预算，要留出多少钱作为日常消费，还可以设置预算上限。心中清楚自然就能避免冲动消费。在此基础上，你才能了解自己每个月有多少钱可以拿去投资理财，这样既能合理消费也能合理投资。

工作　理论梳理

序时账簿又称日记账，是按照经济业务发生时间或完成时间的先后顺序逐日逐笔进行登记的账簿。

为了加强货币资金的管理，各单位必须按照会计法规的规定，设置现金日记账和银行存款日记账。现金日记账和银行存款日记账由出纳人员以现金和银行存款的收、付款凭证为依据，按照账簿登记规则，逐日逐笔进行登记，每日结出余额。现金日记账余额要每天与现金实有数核对，银行存款日记账要定期与银行对账单核对。

一、普通日记账的格式和登记方法

普通日记账一般只设借方金额和贷方金额两个基本栏，以便分别记入各项经济业务所确定的借方金额和贷方金额，也称为两栏式日记账或叫分录簿，格式如表5-1所示。

普通日记账的基本登记方法是：根据复式记账的要求，按时间先后顺序，依据记账凭证，完整地记录单位全部经济业务的发生或完成情况。

表5-1　普通日记账

××××年		凭证		摘　要	对应账户	分类账页数	借方金额	贷方金额
月	日	字	号					

二、特种日记账的格式和登记方法

特种日记账是按经济业务性质单独设置的账簿，它只把特定项目按经济业务顺序记入账簿，反映其详细情况，如现金日记账和银行存款日记账。

1. 现金日记账的格式和登记方法

现金日记账是用来核算现金每天收入、支出和结存情况的账簿，其格式有三栏式和多栏式两种。无论是采用三栏式还是多栏式，现金日记账都必须使用订本账。现金日记账的格式如表5-2所示。

表5-2　现金日记账

××××年		凭证		摘　要	对方科目	收　入	支　出	结　余
月	日	字	号					

现金日记账由出纳人员根据与现金收付有关的记账凭证，按时间顺序逐日逐笔进行登记，并根据"上日余额＋本日收入－本日支出＝本日余额"的公式，逐日结出现金余额。三栏式现金日记账包括的内容及其登记方法如下。

① 日期栏。登记现金实际收付日期，应与所依据的记账凭证日期相一致。

② 凭证字号栏。应分别登记凭证种类及凭证号数。其中凭证种类有："现金收款（付款）凭证"，简写为"现收（付）"；"银行存款付款凭证"，简写为"银付"。

③ 摘要栏。摘录入账经济业务要点，既要文字简练，又要说明清楚。

④ 对方科目栏。登记现金收入或现金付出的对应科目。

⑤ 收入栏。登记收入现金的数额。

⑥ 支出栏。登记支出现金的数额。

⑦ 结余栏。登记每笔收付业务后的现金结余数额。每日终了，必须结算并登记当天的现金结余数额，并与现金实存数核对相符，做到"日清月结"。

2. 银行存款日记账的格式和登记方法

银行存款日记账是用来核算银行存款每日的收入、支出和结余情况的账簿。银行存款日记账应按企业在银行开立的账户和币种分别设置，每个银行账户设置一本日记账。银行存款日记账的格式与现金日记账相同，既可以采用三栏式，也可以采用多栏式，而且必须使用订本式账簿。

银行存款日记账由出纳人员根据与银行存款收付业务有关的记账凭证，按时间先后顺序逐日逐笔进行登记，且每日结出存款余额。

三栏式银行存款日记账的登记方法与三栏式现金日记账的登记方法基本相同，其中"结算凭证——种类"栏登记银行存款收付业务采用的支付凭证的种类，如支票、银行汇票、委托收款、汇兑等，"结算凭证——编号"栏登记所用支付凭证的编号，如支票编号、银行汇票编号等。银行存款日记账的格式如表5-3所示。

表5-3 银行存款日记账

××××年		凭证		摘要	结算凭证		对方科目	收入	付出	结余
月	日	字	号		种类	编号				

思考： 特种日记账为什么必须使用订本式账簿？

三、日记账的归档与管理

在每个新会计年度开始时，现金日记账和银行存款日记账应当启用新账，并把上年度的日记账归档保管。上、下年度的日记账应做好衔接，在上年度的日记账中按照结账方法办理年结，在下年度新的日记账中登记上年结转过来的余额。日记账是重要的历史资料和会计档案，各单位必须按国家会计制度的规定，妥善保管。日记账的保管应由专人负责，以明确责任。在日常工作中，日记账应由出纳人员专门保管，未经单位负责人和会计部门负责人（会计主管人员）批准，非经管人员不得翻阅、查看、摘抄和复制，除非特殊需要或司法介入，一般不允许携带外出。在年度终了，可暂由会计部门保管一年，期满之后，应当由会计部门编制移交清册，移交本单位档案管理部门统一保管；未设立档案管理部门的，应当在会计机构内部指定专人保管。日记账的保管期限及销毁办法必须严格按会计档案管理办法执行。

注意：按会计法律法规的规定，出纳人员不得兼管会计档案，所以除了本年度尚在使用的日记账以外，以前年度的日记账也不能由出纳人员保管。

四、日记账登记实例

【例5-1】和美公司20×7年12月1日现金日记账和银行存款日记账的月初余额分别为1 500元和890 000元，12月份发生以下经济业务，现金和银行存款收付业务及经审核无误的记账凭证如表5-4所示。

①12月1日，签发现金支票，从银行提取现金3 000元备用，支票号码为20093471。

②12月8日，从飞翔公司购入甲材料1 000 kg，每千克12.30元，价款为12 300元，增值税为1 968元。材料已验收入库，开出一张转账支票支付货款，支票号码为20094783。

③12月10日，以现金购买办公用A4纸和打孔机，共计1 120元，由财务科和办公室直接领用。

④12月15日，供应科张华预借差旅费2 000元，以现金支付。

⑤12月17日，向海河公司销售A产品40 kg，每千克售价1 000元，价款40 000元，增值税6 400元。对方以转账支票支付货款，支票号码为20092375。

表5-4 记账凭证（简化式）

20×7年		凭证号数	摘 要	账户名称		借方金额	贷方金额
月	日			总账账户	明细账户		
12	1	付1	提取现金	库存现金		3 000	
				银行存款			3 000
12	8	付2	购买材料当即付款	原材料	甲材料	12 300	
				应交税费	应交增值税	1 968	
				银行存款			14 391
12	10	付3	购买办公用品	管理费用	办公费	1 120	
				库存现金			1 120
12	15	付4	采购员预借差旅费	其他应收款	张华	2 000	
				库存现金			2 000
12	17	收1	销售产品当即收款	银行存款		46 800	
				主营业务收入	A产品		40 000
				应交税费	应交增值税		6 400

要求：根据记账凭证及其所附原始凭证登记现金日记账和银行存款日记账。

分析：相关步骤如下。

(1) 12月1日

① 根据1号付款凭证逐栏登记现金日记账。

② 在记账凭证上"库存现金"所在行的"过账"栏画"√"号。

③ 根据1号付款凭证逐栏登记银行存款日记账。

④ 在记账凭证"银行存款"所在行的"过账"栏画"√"号，并在记账凭证上签章。

⑤ 当日终了，加计现金本日收付合计和余额，在日记账当日最后一行记录的次行进行登记，在"摘要"栏填写"本日合计"，并填写当日日期。

⑥ 当日终了，加计银行存款本日收付合计和余额，在日记账当日最后一行记录的次行进行登记，在"摘要"栏填写"本日合计"，并填写当日日期。

提示：由于本例每天只列举了一笔业务，下面其他日期有关"本日合计"的操作省略，只在"余额"栏结出余额。

(2) 12月8日

① 根据2号付款凭证逐栏登记银行存款日记账。

② 在记账凭证上"银行存款"所在行的"过账"栏画"√"号，并在记账凭证上签章。

③ 结出当天银行存款账面余额。

(3) 12月10日

① 根据3号付款凭证逐栏登记现金日记账。

② 在记账凭证上"库存现金"所在行的"过账"栏画"√"号，并在记账凭证上签章。

③ 结出当天库存现金账面余额。

(4) 12月15日

① 根据4号付款凭证逐栏登记现金日记账。

② 在记账凭证上"库存现金"所在行的"过账"栏画"√"号，并在记账凭证上签章。

③ 结出当天库存现金账面余额。

（5）12 月 17 日

① 根据 1 号收款凭证逐栏登记银行存款日记账。

② 在记账凭证上"银行存款"所在行的"过账"栏画"√"号，并在记账凭证上签章。

③ 结出当天银行存款账面余额。

收付业务登记完毕后的现金日记账和银行存款日记账如表 5-5 和表 5-6 所示。

表 5-5　现金日记账

20×7年 月	日	凭证 字	号	摘要	对应科目	收入（亿千百十万千百十元角分）	√	支出（亿千百十万千百十元角分）	√	结余（亿千百十万千百十元角分）
12	01			期初余额						1 5 0 0 0 0
	01	付	1	提取现金	银行存款	3 0 0 0 0 0				
	01			本日合计		3 0 0 0 0 0				4 5 0 0 0 0
	10	付	3	购买办公用品	管理费用			1 1 2 0 0 0		3 3 8 0 0 0
	15	付	4	采购员预借差旅费	其他应收款			2 0 0 0 0 0		1 3 8 0 0 0

表 5-6　银行存款日记账

20×7年 月	日	凭证 字	号	摘要	结算凭证 种类	编号	对应科目	收入（亿千百十万千百十元角分）	√	支出（亿千百十万千百十元角分）	√	结余（亿千百十万千百十元角分）
12	01			期初余额								8 9 0 0 0 0 0 0
	01	付	1	提取现金	现支	20093471	库存现金			3 0 0 0 0 0		
	01			本日合计						3 0 0 0 0 0		8 8 7 0 0 0 0 0
	08	付	2	购买材料并付款	转支	20094783	原材料等			1 4 2 6 8 0 0		8 7 2 7 3 2 0 0
	17	付	1	销售产品并收款	转支	20092375	主营业务收入等	4 6 4 0 0 0 0				9 1 9 5 7 2 0 0

提示：日记账中的"√"栏是对账时使用的栏目，金额核对无误的就画"√"

小　　结

日记账是逐日逐笔登记的，其所依据的凭证为收款凭证和付款凭证。日记账采用三栏订本式账簿。

职业能力训练

一、单选题

1. 对于从银行提现和将现金存入银行的业务，登记现金日记账和银行存款日记账的依据是（　　）。

    A. 现金收款凭证　　　　　　　　　　B. 现金付款凭证

    C. 银行存款收款凭证　　　　　　　　D. 银行存款付款凭证

2. 现金日记账和银行存款日记账的账页格式可以采用（　　）。

    A. 三栏式　　　　　B. 数量金额式　　　　C. 多栏式　　　　D. 活页式

3. 特种日记账是（　　）。

    A. 序时登记全部经济业务的日记账　　B. 专门用来登记某类经济业务的日记账

    C. 专门用来登记现金的日记账　　　　D. 专门用来登记银行存款的日记账

4. 日记账提供的会计记录是（　　）

    A. 及时的　　　　　B. 连续的　　　　C. 完整的　　　　D. 详细的

5. 现金日记账和银行存款日记账的登记日期必须是（　　）。

    A. 现金收入的当天　　　　　　　　　B. 现金支出的当天

    C. 银行存款收入的当天　　　　　　　D. 银行存款支出的当天

二、判断题

1. 现金日记账和银行存款日记账必须采用订本式账簿。　　　　　　　　　　（　　）

2. 银行存款日记账是出纳人员根据审核后的收付款凭证逐日逐笔序时登记的账簿。（　　）

3. 每日经济业务登记完毕，应结计现金日记账的当日余额，并同现金的实存数进行核对，以检查账实是否相符。　　　　　　　　　　　　　　　　　　　　　　　　（　　）

4. 日记账可以跨年度连续使用，不必每年更换新账。　　　　　　　　　　　（　　）

5. 现金日记账和银行存款日记账可以由出纳人员长期保管。　　　　　　　　（　　）

三、业务题（练习现金日记账及银行存款日记账的登记方法）

和美公司20×7年9月的有关经济业务如下。

① 9月1日，企业现金日记账的余额为2 000元，银行存款日记账的余额为365 000元。

② 9月1日，销售人员张丽预借差旅费1 000元，以现金付讫。

③ 9月2日，公司签发现金支票3 000元，提取现金备用。

④ 9月5日，以银行存款支付广告费45 000元。

⑤ 9月8日，从银行提取现金87 600元，以备发工资。

⑥ 9月9日，以现金87 600元发放工资。

⑦ 9月9日，张丽出差归来，报销差旅费2 300元，不足部分公司通过现金补齐。

⑧ 9月11日，公司以银行存款支付前欠东江公司货款25 000元。

⑨ 9月15日，公司收到春萌公司前欠购货款，价值35 600元。

⑩ 9月16日，公司用现金456元购买办公用品。

⑪ 9 月 20 日，公司用现金支付困难职工生活补助费 500 元。

⑫ 9 月 21 日，公司向银行取得短期借款 90 000 元，款项已存入银行。

⑬ 9 月 23 日，收到职工交来的罚款 650 元。

⑭ 9 月 25 日，公司用银行存款支付本月水电费 1 900 元，其中生产车间 1 000 元，厂部 900 元。

⑮ 9 月 30 日，厂部办公室主任王伟出差预借差旅费 5 000 元，签发现金支票一张。

要求：

(1) 根据上述经济业务，逐笔编制有关会计分录，如实登记记账凭证。

(2) 根据记账凭证登记三栏式现金日记账和银行存款日记账，并计算出本期发生额和期末余额。

任务 2   总分类账的设置与登记

【任务目标】

认知目标：掌握总分类账的登记方法，进而为总分类账的实际登记打下基础。

能力目标：通过多媒体展示，真实而形象地让学生认识和掌握总分类账的登记方法。

情感目标：培养学生爱岗敬业、诚实守信的职业道德。

【会计故事】

理财从记账开始（二）

洛克菲勒家族在美国是首富，但是他们家族中没有一个人挥金如土。戴维的祖父老洛克菲勒在他年轻时就开始记录个人的收支账目，每一分钱都要在这个账目上写出用途和使用时间，每笔开支必须有正当而可靠的理由。老约翰·洛克菲勒在临死时将他的传统交给了儿子小约翰·洛克菲勒。小约翰·洛克菲勒继承了父亲的光荣传统，又把它像接力棒一样传了下去。

在戴维的记忆里清楚地记着一件难忘的往事，在他 7 岁的时候，小约翰·洛克菲勒把他叫到自己的房间里，意味深长地说："戴维，从现在开始你可以每周获得 30 美分的零用钱，我想听听你打算如何处置这 30 美分。"戴维高兴地回答："爸爸，我想您会同意我花 10 美分去买我最喜爱的巧克力。另外，我要和哥哥们一样拥有一个储钱罐，我每周节省 10 美分放进去。剩下的 10 美分我做机动处置，如果到星期六还没有花出去的话，我可以考虑在做礼拜之前捐给教堂。"

"对你的处理我十分满意，可爱的孩子。不过，我还有一个小小的要求。就是在拿到每周零花钱时，附带一个小本子，你必须在本子上记下每笔钱的用途。""爸爸，有这个必要吗？"戴维·洛克菲勒不解地问道，"您说过这是我的零花钱，我有权自由处理的啊！"

"当然是有必要的，这是你祖父创立的传统。洛克菲勒家庭的每个孩子都要这样做的。你在每天花了钱之后，晚上在睡觉之前，记下花钱的原因、数目，并给这笔开销的必要性做一个合情合理的解释。这里面有一点我想有必要提醒你一下，所有的记录必须要真实，你知道诚实是最宝贵的"

"爸爸，我记住了。"

"对了，我每周在发给零花钱之前，都要检查你的花钱记录本。如果你的记录令我满意，你会得到一点小小的奖赏，那就是在30美分之外再加上5美分；要是记得模糊不清，相应地要将30美分扣为25美分。"

戴维少年时所受的"账目训练"对他以后的理财生涯影响较大。

感悟：节约是避免不必要开支的科学，是合理安排我们财富的艺术。记下每笔钱的用途，清楚地知道哪些钱该花、哪些钱不该花，怎么花、如何花？看似简单琐碎的小事，必将积少成多，为你将来打下坚实的基础。

资料来源：根据互联网资料整理。

工作1　理论梳理

一、总分类账的登记

（一）总分类账的格式

总分类账（简称总账），是根据总分类科目（又称一级会计科目）开设账户，用来登记全部经济业务，进行总分类核算，提供总括核算资料的账簿。在我国，各单位都必须设置总分类账。总分类账一般采用订本式账簿，账页格式为三栏式，设有"借方""贷方""余额"三个金额栏。总分类账的账页格式如表5-7所示。

表5-7　总分类账

账户名称：

××××年		凭证		摘要	借方	贷方	借或贷	余额
月	日	字	号					

（二）总分类账的登记方法

总分类账的登记方法由各单位所采用的账务处理程序决定。它可以根据记账凭证逐笔登记，也可以根据经过汇总的科目汇总表或汇总记账凭证等登记。

二、明细分类账的格式与登记方法

（一）明细分类账的格式

明细分类账（简称明细账），是根据明细分类科目开设账户，用来登记某类经济业务，进行明细分类核算，提供明细核算资料的账簿。明细分类账一般采用活页式账簿，其账页格式通常采用的是三栏式、多栏式、数量金额式和横线登记式等。

1. 三栏式明细分类账

三栏式明细分类账的账页格式与三栏式总分类账的账页格式相同，只设置"借方""贷方""余额"三个金额栏。它主要适用于只需要进行金额核算而不需要进行数量和单位价值核算的账户。三栏式明细分类账的账页格式如表 5-8 所示。

表 5-8 应收账款明细分类账（三栏式）

明细科目：A 企业

年		凭证		摘要	借方	贷方	借或贷	余 额
月	日	字	号					

2. 多栏式明细分类账

多栏式明细分类账在三栏式明细分类账的基础上，对借方或贷方发生额，又按有关明细科目或明细项目分设若干专栏，分为借方多栏式明细分类账、贷方多栏式明细分类账和借贷多栏式明细分类账三种。

借方多栏式明细分类账是对借方发生额栏设置若干专栏。它主要适用于成本费用类账户的明细分类核算，如生产成本、制造费用、管理费用等，其账页格式如表 5-9 所示。贷方多栏式明细分类账是对贷方发生额栏设置若干专栏。它主要适用于收入类账户的明细分类核算，如主营业务收入、其他业务收入等。借贷多栏式明细分类账适用于借贷方均需设多个明细账户或明细项目的账户，如"本年利润"账户的明细分类核算。

表 5-9 管理费用明细分类账（借方多栏式）

年		凭证		摘 要	借 方						余额
月	日	字	号		人工费	差旅费	办公费	折旧费	其他	合计	

3. 数量金额式明细分类账

数量金额式明细分类账是在其"借方""贷方""余额"三栏内，又分别设置"数量""单价""金额"三个小栏，用来登记财产物资的收入、发出和结存的数量和金额。它主要适用于既要进行金额核算又要进行数量和单位价值核算的账户，如原材料、库存商品、周转材料等。数量金额式明细分类账的账页格式如表 5-10 所示。

表5-10 原材料明细分类账（数量金额式）

明细科目：

年		凭证		摘要	收 入			发 出			结 存		
月	日	字	号		数量	单价	金额	数量	单价	金额	数量	单价	金额

4. 横线登记式明细分类账

横线登记式明细分类账又称为平行式账，是指在同一张账页的同一行，记录某项经济业务从发生到结束的相关内容，从而依据每行各个栏目的登记是否齐全来判断该项业务的进展情况。该明细分类账适用于材料采购、应收票据和一次性备用金等业务。横线登记式明细分类账的账页格式如表5-11所示。

表5-11 其他应收款——备用金明细分类账

年		凭证		摘要	借方			年		凭证 字号	摘要	贷方			余额
月	日	字	号		原借	补付	合计	月	日			报销	退回	合计	

（二）明细分类账的登记方法

不同类型经济业务的明细分类账可根据管理需要，依据记账凭证、原始凭证或汇总原始凭证逐日逐笔或定期汇总登记。固定资产、债权和债务等明细分类账应逐日逐笔登记；库存商品、原材料等明细分类账及收入、费用明细分类账可以逐笔登记，也可定期汇总登记。对于借方多栏式明细分类账的登记，如果发生贷方发生额，应用红字在借方栏内登记，表示减少；对于贷方多栏式明细分类账的登记，如果发生借方发生额，应用红字在贷方栏内登记，表示减少。

【知识链接】

备查账簿的格式和登记方法

备查账簿又称辅助账簿，是对某些在序时账簿和分类账簿中未能记录或记录不全的经济事项进行补充登记的账簿，如租入固定资产登记簿、委托加工材料登记簿和应收票据备查账等。备查账簿一般没有固定格式，由各单位根据管理需要设计相应的项目和内容。表5-12是融资租入固定资产登记簿。

表 5-12 融资租入固定资产登记簿

固定资产名称及规格	租约合同号数	租出单位	租入日期	租金	使用部门		归还日期	备注
					日期	单位		

与序时账簿和分类账簿相比，登记备查账簿时，不需要编制记账凭证，且备查账簿的主要栏目不记录金额，而是更注重用文字表述。

工作 2 分类账的登记实务

【例 5-2】和美公司的总分类账采取根据记账凭证逐笔登记的账务处理程序，总分类账与所属明细分类账之间采取先登记总分类账后登记明细分类账的流转程序，全部账户体系之间采取一个总分类账及其明细分类账登记完后再登记另一个总分类账及其明细分类账的程序。该公司 20×7 年 12 月份经审核无误的部分经济业务的记账凭证如表 5-13 所示。

表 5-13 记账凭证（简化式）

20×7年		凭证号数	摘　要	账户名称		借方金额	贷方金额
月	日			总账账户	明细账户		
12	3	付1	购料并入库	原材料	甲材料	50 000	
				应交税费	应交增值税	8 000	
				银行存款			58 000
12	10	转4	生产产品领料	生产产品	A产品	45 000	
				原材料	甲材料		45 000
12	15	转13	销售产品，款未收回	应收账款	星星公司	23 200	
				主营业务收入	A产品		20 000
				应交税费	应交增值税		3 200

其他资料：根据收料单记载，12 月 3 日入库甲材料 1 000 kg，单位成本为 50 元；根据领料单记载，12 月 10 日领用甲材料 900 kg，单位成本为 50 元。

要求：根据记账凭证登记原材料总分类账和原材料、生产成本、应收账款明细分类账（其余账户的登记从略）。

分析：相关步骤如下。

（1）12 月 3 日

① 登记原材料明细分类账。根据 1 号付款凭证及其所附的收料单，在甲材料明细分类账中进行逐项登记，并计算、登记本日结存数量和金额。

② 在 1 号付款凭证的"甲材料"所在行"过账"栏画"√"号，并在凭证上签章。

③ 登记原材料总账。根据 1 号付款凭证在"原材料"总分类账户中进行逐项登记。

④ 在 1 号付款凭证的"原材料"所在行"过账"栏画"√"号，并在凭证上签章。

提示：总分类账不要求逐日逐笔结算余额。如果要结算余额，则 12 月 3 日"原材料"总分类账的借方余额＝210 000＋50 000＝260 000（元），将该余额记入"余额"栏后，再在"借或贷"栏填写"借"字，以表明余额的方向和性质。

（2）12 月 10 日

① 登记生产成本明细分类账。根据 4 号转账凭证及其所附的领料单，在 A 产品生产成本明细分类账中进行逐项登记，并计算、登记余额。

② 在 4 号转账凭证的"A 产品"所在行"过账"栏画"√"号，并在凭证上签章。

提示：这里省略了成本总账的登记工作。

③ 登记原材料明细分类账。根据 4 号转账凭证及其所附的领料单，在甲材料明细分类账中进行逐项登记，并计算、登记本日结存数量和金额。

④ 在 4 号转账凭证的"甲材料"所在行"过账"栏画"√"号，并在凭证上签章。

⑤ 登记原材料总账。根据 4 号转账凭证在"原材料"总分类账中进行逐项登记。

⑥ 在 4 号转账凭证的"原材料"所在行"过账"栏画"√"号，并在凭证上签章。

（3）12 月 15 日

① 登记应收账款明细分类账。根据 13 号转账凭证，在"应收账款"星星公司明细分类账中进行逐项登记。

② 在 13 号转账凭证的"星星公司"所在行"过账"栏画"√"号，并在凭证上签章。

提示：这里省略了应收账款总分类账的登记工作。

登记完毕后有关总分类账和明细分类账如表 5－14～表 5－17 所示。

表 5－14　总分类账

会计科目：原材料

20×7年 月	日	凭证 字	号	摘要	对应科目	借方 亿千百十万千百十元角分	√	贷方 亿千百十万千百十元角分	√	借或贷	余额 亿千百十万千百十元角分
12	1			期初余额						借	2 1 0 0 0 0 0 0
	3	付	1	购料并入库	银行存款	5 0 0 0 0 0 0					
～～～～～～											
	10	转	4	生产产品领料	生产成本			4 5 0 0 0 0 0			

注：各账页中的波浪线表示省略。

表 5-15 原材料明细分类账（甲材料）

类别：原料及主要材料   存放地点：材料仓库
名称和规格：甲材料   编号：   计量单位：kg

20×7年 月	日	凭证 字	号	摘要	收入 数量	单价	收入 金额 亿千百十万千百十元角分	发出 数量	单价	发出 金额 亿千百十万千百十元角分	结存 数量	单价	结存 金额 亿千百十万千百十元角分
12	1			期初结存							2 500	50	1 2 5 0 0 0 0 0
	3	付	1	购料并入库	1 000	50	5 0 0 0 0 0 0				3 500	50	1 7 5 0 0 0 0 0
〰	〰	〰	〰	〰	〰	〰	〰	〰	〰	〰	〰	〰	〰
											1 500	50	7 5 0 0 0 0 0
	10	转	4	生产产品领料				900	50	4 5 0 0 0 0 0	600	50	3 0 0 0 0 0 0

表 5-16 生产成本明细分类账

一级科目编号及名称生产成本   总第××页
二级科目编号及名称A产品   分第×号第×页

20×7年 月	日	凭证 字	号	摘要	借方 直接材料	直接人工	制造费用	合计	贷方	余额
〰	〰	〰	〰	〰	〰	〰	〰	〰	〰	86 435
12	10	转	4	生产产品领料	45 000			45 000		131 435

提示：与日记账一样，生产成本明细分类账省略了"借或贷"栏目，是因为它们都是专用明细分类账，在正常情况下不会出现贷方余额，借方余额的方向和性质是确定的。如果由于错误出现了反方向余额，就用红字或加负号的方式进行登记。

表 5-17 应收账款明细分类账

总第××页
分第×号第×页
子目：星星公司   户名：星星公司

20×7年 月	日	凭证 字	号	摘要	对应科目	借方 亿千百十万千百十元角分	√	贷方 亿千百十万千百十元角分	√	借或贷	余额 亿千百十万千百十元角分
〰	〰	〰	〰	〰	〰	〰	〰	〰	〰	借	4 6 7 0 0 0 0
12	15	转	13	销售产品款项未收	主营业务收入等	2 3 2 0 0 0 0				借	2 7 9 0 0 0 0

职业能力训练

一、单选题

1. 明细分类账主要有三栏式、数量金额式和多栏式三种格式，其划分的依据是（   ）。
   - A. 按其用途
   - B. 提供指标的详细程度
   - C. 按其外表形式
   - D. 管理的要求和记录的经济内容
2. 数量金额式明细分类账适用于（   ）。
   - A. 库存商品明细分类账
   - B. 生产成本明细分类账
   - C. 应收账款明细分类账
   - D. 原材料明细分类账
3. 下列各项中，可以据以登记明细分类账的是（   ）。
   - A. 原始凭证
   - B. 汇总原始凭证
   - C. 记账凭证
   - D. 累计凭证
4. 下列关于总分类账的表述中，正确的是（   ）。
   - A. 采用订本式账簿
   - B. 一般采用三栏式账页
   - C. 采用逐笔登记方式
   - D. 采用汇总登记方式
5. 多栏式明细分类账适用于（   ）。
   - A. 库存商品明细分类账
   - B. 生产成本明细分类账
   - C. 管理费用明细分类账
   - D. 主营业务收入明细分类账

二、判断题

1. 总分类账可以直接根据各种记账凭证逐笔进行登记。（   ）
2. 为了便于核对现金，出纳人员应保管现金、登记现金日记账和现金总账。（   ）
3. 总分类账登记的日期必须是经济业务发生的当日。（   ）
4. 总分类账和其所属的明细分类账必须在同一时刻登记。（   ）
5. 总分类账和所有的明细分类账必须每年更换新账。（   ）

三、业务题（练习总分类账与明细分类账的平行登记）

和美公司"原材料"账户6月1日的期初余额为456 000元，其中甲材料7 000 kg，单价为30元；乙材料12 300 kg，单价为20元，本月发生原材料收发业务如下。

① 购入甲材料500 kg，单价为30元，乙材料1 000 kg，单价为18元；材料已经验收入库。

② 仓库发出材料情况为：生产车间领用甲材料1 300 kg，用于生产A产品；车间一般耗用领用乙材料500 kg；管理部门领用乙材料200 kg。

要求：

（1）编制本月发生经济业务的会计分录，并登记记账凭证；

（2）开设并登记原材料总分类账及其所属的明细分类账。

（3）将全班同学按每组6人分成若干小组，每组推选一名同学担任组长，在老师指导下共同制订工作方案。各组成员依划分的岗位，分别根据记账凭证及其原始凭证，登记银行存款总分类账和原材料、应交增值税、管理费用、主营业务收入、其他应收款、应付职工薪酬、短期借款等明细分类账，并列出工作步骤。

任务3　账务处理程序

【任务目标】

认知目标：理解并掌握账务处理程序的意义和种类。

能力目标：能对记账凭证账务处理程序进行分析。

情感目标：培养学生团结协作、科学严谨的职业态度。

【会计故事】

小李是一家小企业的会计，他的主要工作是负责登记该企业的总分类账。起初，由于企业业务不多，小李每月根据各种记账凭证逐笔登记总分类账，并未感到工作量大。但随着企业规模的扩大，业务量持续上升，小李感到记账的工作量越来越大，经常要加班，并且错账率也逐渐上升，小李感到工作压力很大。

思考：小李怎样做才能既保证会计核算工作质量，又提高工作效率呢！

工作1　理论梳理

一、账务处理程序的概念

账务处理程序又称会计核算形式、会计核算组织程序，是指对会计数据的记录、归类、汇总，呈报的步骤和方法，既从原始凭证的整理、汇总，记账凭证的填制、汇总，日记账、明细分类账、总分类账的登记，到最后编制会计报表的步骤和方法。

二、账务处理程序的意义及要求

企业根据本单位的经济业务特点，选择合理的会计账务处理程序具有重要意义：有利于会计工作程序的规范化——信息质量；有利于保证会计记录的完整性、正确性——可靠性；有利于减少不必要的会计核算环节——及时性。

合理的财务处理程序，一般应满足如下要求。

① 要与本单位经济业务的性质、规模大小相适应。

② 要能正确、全面、及时地提供会计核算资料，以满足投资人、债权人和主管财政机关运用会计管理经济的实际需要。

③ 要在保证会计核算资料正确、及时和完整的前提下，力求简化核算手续，节约人力和物力，提高核算工作的效率。

三、账务处理程序的种类

在会计实践中，不同的会计凭证、会计账簿、记账程序和记账方法，以及它们不同的结合方式，形成了不同的账务处理程序。

1. 记账凭证账务处理程序

这种账务处理程序是根据原始凭证编制记账凭证，并直接根据各种记账凭证逐笔登记总分类账的一种会计核算形式。它是最基本的一种账务处理程序，也是其他账务处理程序的基础。记账凭证账务处理程序如图 5-1 所示。

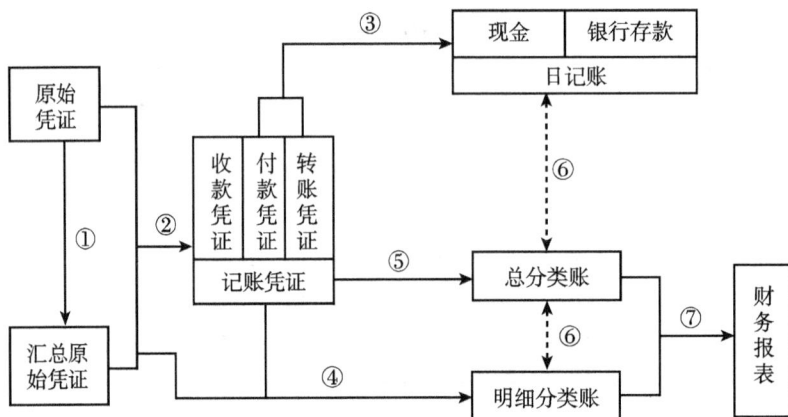

图 5-1　记账凭证账务处理程序

记账凭证账务处理程序的基本步骤如下。

① 汇总原始凭证。

② 审核原始凭证并根据原始凭证编制记账凭证，记账凭证通常采用收款凭证、付款凭证和转账凭证。上述凭证可以采用专用格式，也可以采用通用格式。

③ 根据收、付款凭证逐日逐笔地登记现金日记账和银行存款日记账。现金日记账和银行存款日记账一般采用三栏式。

④ 根据原始凭证和记账凭证登记各种明细分类账，明细分类账的格式可以根据各个单位的实际情况和管理的要求设置，可以分别采用三栏式、多栏式、数量金额式和横线登记式。

⑤ 根据各种记账凭证逐笔登记总分类账。总分类账可以采用三栏式。

⑥ 月末，将现金日记账、银行存款日记账和明细分类账的余额与总分类账的有关账户余额进行核对，保证账账相符。

⑦ 月末，根据审核无误的总分类账和明细分类账的相关资料，编制财务报表。

> **评价：**
>
> 　　优点：能反映账户间的对应关系，简单易学。
>
> 　　缺点：工作量大，不便于会计分工。
>
> 　　适用范围：规模较小、经济业务较少的小型企业。

2. 科目汇总表账务处理程序

这种账务处理程序又称为记账凭证汇总表账务处理程序，它是根据记账凭证定期编制科目汇总表，再根据科目汇总表登记总分类账的一种账务处理程序。这种账务处理程序是在记账凭证账务处理程序的基础上简化而形成的。科目汇总表账务处理程序如图 5-2 所示。

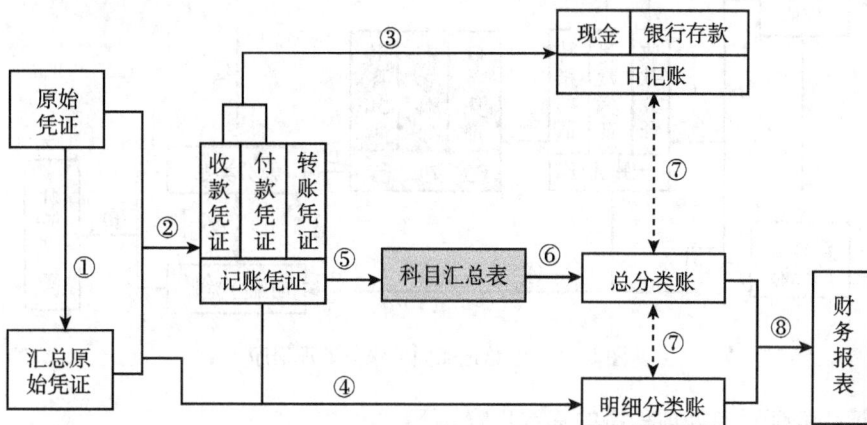

图 5-2 科目汇总表账务处理程序

科目汇总表财务处理程序的基本步骤如下。

① 汇总原始凭证。

② 审核原始凭证并根据原始凭证编制记账凭证，记账凭证通常采用收款凭证、付款凭证和转账凭证。上述凭证可以采用专用格式，也可以采用通用格式。

③ 根据收、付款凭证逐日逐笔地登记现金日记账和银行存款日记账。现金日记账和银行存款日记账一般采用三栏式。

④ 根据原始凭证和记账凭证登记各种明细分类账，明细分类账的格式可以根据各个单位的实际情况和管理的要求设置，可以分别采用三栏式、多栏式、数量金额式和横线登记式。

⑤ 根据各种记账凭证汇总编制科目汇总表。

⑥ 根据科目汇总表汇总登记总分类账。

⑦ 月末，将现金日记账、银行存款日记账和明细分类账的余额与总分类账的有关账户余额进行核对，保证账账相符。

⑧ 月末，根据审核无误的总分类账和明细分类账的相关资料，编制财务报表。

> **评价：**
> 　　优点：减少登账工作量，汇总方法简便，适用性强。
> 　　缺点：不能反映账户间的对应关系，不便于分析和检查。
> 　　适用范围：适用于规模较大、经济业务较多的中型企业。

3. 汇总记账凭证账务处理程序

这种账务处理程序是根据原始凭证或汇总原始凭证编制记账凭证，定期根据记账凭证分类编制汇总收款凭证、汇总付款凭证和汇总转账凭证，再根据汇总记账凭证登记分类账的一种账务处理程序。汇总记账账务处理程序如图 5-3 所示。

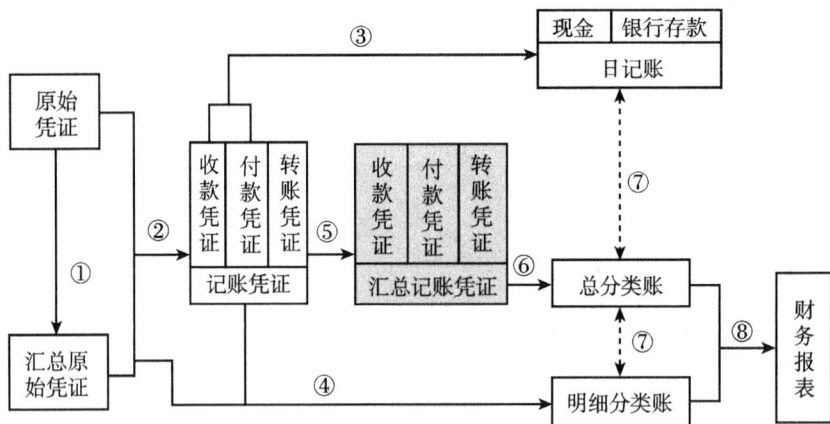

图 5-3　汇总记账凭证账务处理程序

汇总记账凭证财务处理程序的基本步骤如下。

① 汇总原始凭证。

② 审核原始凭证并根据原始凭证编制记账凭证，记账凭证通常采用收款凭证、付款凭证和转账凭证。上述凭证可以采用专用格式，也可以采用通用格式。

③ 根据收、付款凭证逐日逐笔地登记现金日记账和银行存款日记账。现金日记账和银行存款日记账一般采用三栏式。

④ 根据原始凭证和记账凭证登记各种明细分类账，明细分类账的格式可以根据各个单位的实际情况和管理的要求设置，可以分别采用三栏式、多栏式、数量金额式和横线登记式。

⑤ 根据各种记账凭证分别编制汇总收款凭证、汇总付款凭证和汇总转账凭证。

⑥ 根据各种汇总记账凭证登记总分类账。

⑦ 月末，将现金日记账、银行存款日记账和明细分类账的余额与总分类账的有关账户余额进行核对，保证账账相符。

⑧ 月末，根据审核无误的总分类账和明细分类账的相关资料，编制财务报表。

评价：

优点：减轻登记总分类账的工作量；清晰地反映各科目的对应关系。

缺点：汇总转账凭证工作量大，且由于按每个贷方科目编制汇总转账凭证，不便于会计分工核算。

适用范围：适用于经营规模较大、经济业务较多、财会核算工作较细的大型企业。

【知识拓展】

1. 汇总收款凭证的编制

① 分别整理现金收款凭证和银行存款收款凭证。

② 根据现金和银行存款借方，汇总其对应的贷方科目，即汇总期内现金和银行存款的增加数及其来源。

③ 月末加总本月现金和银行存款对应贷方科目发生额，即本月现金与银行存款增加额。月末根据贷方科目发生额合计数，逐一登记总分类账。

2. 汇总付款凭证的编制

每月各编制一张现金汇总付款凭证和银行存款汇总付款凭证。

① 按凭证顺序分别整理现金付款凭证和银行存款付款凭证。

② 根据现金和银行存款贷方，汇总其对应的借方科目，即汇总期内现金和银行存款的减少数及其去向。

③ 月末加总本月现金和银行存款对应借方科目发生额，即本月现金与银行存款减少额。月末根据借方科目发生额合计数，逐一登记总分类账

3. 汇总转账凭证的编制

汇总转账凭证是按转账凭证中每个贷方科目分别设置的，即每个贷方科目每月编制一张汇总转账凭证。

① 按凭证顺序分别整理转账凭证。

② 根据转账凭证的每个贷方，汇总其对应的借方科目，分别填写在汇总期内。

③ 月末加总本月对应借方科目发生额，登记总分类账。

工作 2　账务处理程序实务——科目汇总表账务处理程序

【例 5-3】和美公司 20×× 年 1 月 1 日总分类账账户余额如表 5-18 所示。

表 5-18　和美公司总分类账账户余额表

20××年1月1日　　　　　　　　　　　　　　　　　　　单位：元

账户名称	借方余额	贷方余额
库存现金	2 000	
银行存款	102 200	
应收账款	30 000	
预付账款	10 000	
原材料	970 000	
库存商品	900 000	
固定资产	2 040 000	
累计折旧		998 000

账户名称	借方余额	贷方余额
应付账款		650 200
短期借款		746 000
其他应付款		150 000
实收资本		406 000
资本公积		134 000
利润分配		970 000
合　计	4 054 200	4 054 200

20××年月份发生如下经济业务。

① 1日，企业采购部小王预借差旅费800元，财务科以现金支付。

② 2日，向兴盛公司购入A材料60 000元，货款先用银行存款支付。

③ 3日，用现金支付上述材料运杂费500元。

④ 4日，上述材料验收入库，结转采购成本。

⑤ 5日，从银行提取现金40 000元。

⑥ 6日，用现金40 000元发放员工工资。

⑦ 7日，领用A材料139 000元，其中用于生产甲产品100 000元，乙产品3 000元，用于车间共同使用30 000元，用于管理部门使用6 000元。

⑧ 8日，销售给嘉兴公司甲产品500件，货款80 000元已存入银行（不考虑增值税问题）。

⑨ 10日，用银行存款支付本月办公用品费1 000元。

⑩ 13日，用银行存款支付本月产品广告费800元。

⑪ 15日，销售给宏旺公司乙产品500件，货款90 000元，款项尚未收到（不考虑增值税问题）。

⑫ 15日，以银行存款支付本月销售产品包装费800元。

⑬ 28日，分配本月应支付供电公司电费8 000元，其中甲产品3 000元，乙产品2 500元，车间一般耗用1 500元，厂部1 000元。

⑭ 28日，分配本月职工工资40 000元，其中甲产品工人工资15 000元，乙产品工人工资20 000元，车间管理人员工资1 700元，厂部管理人员工资3 300元。

⑮ 29日，计提本月固定资产折旧15 600元，其中车间10 000元，厂部5 600元。

⑯ 29日，根据甲、乙两种产品生产工时分配本月发生的制造费用（甲产品6 000小时，乙产品4 000小时）。

⑰ 30日，本月生产甲产品1 000件、乙产品1 000件，已全部验收入库。

⑱ 30日，结转本月销售甲产品成本56 000元，乙产品生产成本20 000元。

⑲ 30日，将各项收支账户结转到"本年利润"账户。

⑳ 30日，按规定税率计算并结转所得税。

（1）编制记账凭证，如表5-19～表5-40所示。

表5-19 付款凭证

贷方科目：库存现金　　　　　　　20××年1月1日　　　　　　　　　现付字1号

摘　要	借方科目		金　额
	一级科目	二级科目	
采购部小王预借差旅费	其他应收款	小王	800
合　计			800

表5-20 付款凭证

贷方科目：银行存款　　　　　　　20××年1月2日　　　　　　　　　银付字1号

摘　要	借方科目		金　额
	一级科目	二级科目	
支付材料费	材料采购	A	60 000
合　计			60 000

表5-21 付款凭证

贷方科目：库存现金　　　　　　　20××年1月3日　　　　　　　　　现付字2号

摘　要	借方科目		金　额
	一级科目	二级科目	
购料运费	材料采购	A	500
合　计			500

表5-22 转账凭证

20××年1月4日　　　　　　　　　转字1号

摘　要	总账科目	明细科目	借方金额	贷方金额
材料验收入库	原材料	A	60 500	
	材料采购	A		60 500
合　计			60 500	60 500

表5-23 付款凭证

贷方科目：银行存款　　　　　　　20××年1月5日　　　　　　　　　银付字2号

摘　要	借方科目		金　额
	一级科目	二级科目	
提　现	库存现金		40 000
合　计			40 000

表5-24 付款凭证

贷方科目：库存现金　　　　　　　20××年1月6日　　　　　　　　　现付字3号

摘　要	借方科目		金　额
	一级科目	二级科目	
支付职工工资	应付职工薪酬	工资	40 000
合　计			40 000

表 5 – 25　转账凭证

20××年1月7日　　　　　　　　　　　　　　转字2号

摘　要	总账科目	明细科目	借方金额	贷方金额
领用材料	生产成本	甲	100 000	
		乙	3 000	
	制造费用		30 000	
	管理费用		6 000	
	原材料			139 000
合　计			139 000	139 000

表 5 – 26　收款凭证

借方科目：银行存款　　　　　　　20××年1月8日　　　　　　　　银收字1号

摘　要	借方科目		金　额
	一级科目	二级科目	
销售产品	主营业务收入	甲产品	80 000
合　计			80 000

表 5 – 27　付款凭证

贷方科目：银行存款　　　　　　　20××年1月10日　　　　　　　银付字3号

摘　要	借方科目		金　额
	一级科目	二级科目	
支付办公用品费	管理费用		1 000
合　计			1 000

表 5 – 28　付款凭证

贷方科目：银行存款　　　　　　　20××年1月13日　　　　　　　银付字4号

摘　要	借方科目		金　额
	一级科目	二级科目	
支付广告费	销售费用	广告费	800
合　计			800

表 5 – 29　转账凭证

20××年1月15日　　　　　　　　　　　　　转字3号

摘　要	总账科目	明细科目	借方金额	贷方金额
销售商品，款未收	应收账款	宏旺公司	90 000	
	主营业务收入	乙		90 000
合　计			90 000	90 000

表 5-30 付款凭证

贷方科目：银行存款　　　　　　　　20××年1月15日　　　　　　　　银付字5号

摘　要	借方科目		金　额
	一级科目	二级科目	
支付产品包装费	销售费用	包装费	800
合　计			800

表 5-31 转账凭证

20××年1月28日　　　　　　　　转字4号

摘　要	总账科目	明细科目	借方金额	贷方金额
	生产成本	甲	3 000	
		乙	2 500	
结转供电公司电费	制造费用		1 500	
	管理费用		1 000	
	应付账款	供电公司		8 000
合　计			8 000	8 000

表 5-32 转账凭证

20××年1月28日　　　　　　　　转字5号

摘　要	总账科目	明细科目	借方金额	贷方金额
	生产成本	甲	15 000	
		乙	20 000	
计提工人工资	制造费用		1 700	
	管理费用		3 300	
	应付职工薪酬	工资		40 000
合　计			40 000	40 000

表 5-33 转账凭证

20××年1月29日　　　　　　　　转字6号

摘　要	总账科目	明细科目	借方金额	贷方金额
	制造费用		10 000	
计提折旧	管理费用		5 600	
	累计折旧			15 600
合　计			15 600	15 600

表 5-34 转账凭证

20××年1月29日　　　　　　　　转字7号

摘　要	总账科目	明细科目	借方金额	贷方金额
	生产成本	甲	25 920	
结转制造费用		乙	17 280	
	制造费用			43 200
合　计			43 200	43 200

表 5-35 转账凭证

20××年1月30日   转字 8 号

摘　　要	总账科目	明细科目	借方金额	贷方金额
产品验收入库	库存商品	甲	143 920	
		乙	42 780	
	生产成本	甲		143 920
		乙		42 780
合　　计			186 700	186 700

表 5-36 转账凭证

20××年1月30日   转字 9 号

摘　　要	总账科目	明细科目	借方金额	贷方金额
结转销售成本	主营业务成本	甲	56 000	
		乙	20 000	
	库存商品	甲		56 000
		乙		20 000
合　　计			76 000	76 000

表 5-37 转账凭证

20××年1月30日   转字 10 号

摘　　要	总账科目	明细科目	借方金额	贷方金额
结转利润	本年利润		94 500	
	管理费用			16 900
	销售费用			1 600
	主营业务成本			76 000
合　　计			94 500	94 500

表 5-38 转账凭证

20××年1月30日   转字 11 号

摘　　要	总账科目	明细科目	借方金额	贷方金额
结转利润	主营业务收入		170 000	
	本年利润			170 000
合　　计			170 000	170 000

表 5-39 转账凭证

20××年1月30日   转字 12 号

摘　　要	总账科目	明细科目	借方金额	贷方金额
计缴所得税	所得税费用		18 875	
	应交税费	应交所得税		18 875
合　　计			18 875	18 875

表 5-40　转账凭证

20××年 1 月 30 日　　　　　　　　　　　　　　　　　　　　　　　转字 13 号

摘　要	总账科目	明细科目	借方金额	贷方金额
结转所得税	本年利润		18 875	
	所得税费用			18 875
合　计			18 875	18 875

（2）根据收、付款凭证登记现金日记账和银行存款日记账（见表 5-41 和表 5-42）。

表 5-41　库存现金日记账

20××年		凭证		摘要	对应科目	借方	贷方	余额
月	日	字	号					
1	1			期初余额				2 000
	1	现付	1	小王预借差旅费	其他应收款		800	1 200
	3	现付	2	购料付款	材料采购		500	700
	5	银付	2	提现	银行存款	40 000		40 700
	6	现付	3	支付职工薪酬	应付职工薪酬		40 000	700
1	31			本月合计		40 000	41 300	700

表 5-42　银行存款日记账

20××年		凭证		摘要	对应科目	借方	贷方	余额
月	日	字	号					
1	1			期初余额				102 200
	2	银付	1	支付材料运费	材料采购		60 000	42 200
	5	银付	2	提现	库存现金		40 000	2 200
	8	银收	1	销售产品	主营业务收入	80 000		82 000
	10	银付	3	支付办公用品费	管理费用		1 000	81 200
	13	银付	4	支付广告费	销售费用		800	80 400
	15	银付	5	支付包装费	销售费用		800	79 600
1	31			本月合计		80 000	102 600	79 600

（3）根据原始凭证及原始凭证汇总表或记账凭证登记明细账。为了简化业务，这里只列举了生产成本明细账的登记（多栏式）（见表 5-43 和表 5-44），其他明细账虽然采取的账页格式有所不同，但登记方法基本一致，这里从略。

表 5-43 生产成本明细账

产品名称：甲产品 单位：元

20××年		凭证		摘　要	借　方				转出
月	日	字	号		直接材料	直接人工	制造费用	合计	
1	1			期初余额				0	
	7	转	2	领用材料	100 000			100 000	
	28	转	4	支付电费	3 000			103 000	
	28	转	5	计提工人工资		15 000		118 000	
	30	转	7	结转制造费用			25 920	143 920	
	30			本月合计	103 000	15 000	25 920	143 920	143 920
1		转	8	产品验收入库	103 000	15 000	25 920	143 920	143 920

注：□代表红字，下同。

表 5-44 生产成本明细账

产品名称：乙产品 单位：元

20××年		凭证		摘　要	借　方				转出
月	日	字	号		直接材料	直接人工	制造费用	合计	
1	1			期初余额				0	
	7	转	2	领用材料	3 000			3 000	
	28	转	4	支付电费	2 500			5 500	
	28	转	5	计提工人工资		20 000		25 500	
	30	转	7	结转制造费用			17 280	42 780	
	30			本月合计	5 500	20 000	17 280	42 780	42 780
1		转	8	产品验收入库	5 500	20 000	17 280	42 780	42 780

（4）根据记账凭证编制科目汇总表，如表 5-45 所示。

表 5-45 科目汇总表

科目名称	1—10 日发生额		11—20 日发生额		21—31 日发生额		本月合计	
	借	贷	借	贷	借	贷	借	贷
库存现金	40 000	41 300					40 000	41 300
银行存款	80 000	101 000		1 600			80 000	102 600
应收账款			90 000				90 000	
其他应收款	800						800	
材料采购	80 500	80 500					60 500	60 500
原材料	80 500	139 000					60 500	139 000
库存商品					186 700	76 000	186 700	76 000
累计折旧						15 600		15 600
应付职工薪酬	40 000					40 000	40 000	40 000
应付账款						8 000		8 000

科目名称	1—10日发生额		11—20日发生额		21—31日发生额		本月合计	
	借	贷	借	贷	借	贷	借	贷
应交税费						18 875		18 875
生产成本	103 000				83 700	186 700	186 700	186 700
制造费用	30 000				13 200	43 200	43 200	43 200
管理费用	7 000				9 900	16 900	16 900	16 900
销售费用			1 600			1 600	1 600	1 600
主营业务收入		80 000		90 000	170 000		170 000	170 000
主营业务成本					76 000	76 000	76 000	76 000
本年利润					113 375	170 000	113 375	170 000
所得税费用					18 875	18 875	18 875	18 875
合计	421 800	421 800	91 600	91 600	671 750	671 750	1 185 150	1 185 150

（5）登记总分类账（见表5-46~表5-68）。月终时，根据编制的科目汇总表登记有关总分类账。总账的登记工作可在每旬汇总后登记，也可以在月末根据全月发生额每月登记一次。

表5-46 总分类账

科目名称：库存现金 单位：元

20××年		凭证		摘要	借方	贷方	借或贷	余额
月	日	字	号					
1	1			期初余额			借	2 000
1	10	科汇	1	1—10日发生额	40 000	41 300	借	700
1	31			本月合计	40 000	41 300	借	700

表5-47 总分类账

科目名称：银行存款 单位：元

20××年		凭证		摘要	借方	贷方	借或贷	余额
月	日	字	号					
1	1			期初余额			借	102 200
1	10	科汇	1	1—10日发生额	80 000	101 000	借	81 200
	20	科汇	1	11—20日发生额		1 600	借	79 600
1	31			本月合计	80 000	102 600	借	79 600

表5-48 总分类账

科目名称：应收账款 单位：元

20××年		凭证		摘要	借方	贷方	借或贷	余额
月	日	字	号					
1	1			期初余额			借	30 000
	20	科汇	1	11—20日发生额	90 000		借	120 000
1	31			本月合计	90 000		借	120 000

表 5 - 49　总分类账

科目名称：预付账款　　　　　　　　　　　　　　　　　　　　　　　　　　　　单位：元

20××年		凭证		摘要	借方	贷方	借或贷	余额
月	日	字	号					
1	1			期初余额			借	10 000
1	31			本月合计	0	0	借	100 000

表 5 - 50　总分类账

科目名称：材料采购　　　　　　　　　　　　　　　　　　　　　　　　　　　　单位：元

20××年		凭证		摘要	借方	贷方	借或贷	余额
月	日	字	号					
1	1			期初余额			平	0
	10	科汇	1	1—10 日发生额	60 500	60 500	平	0
1	31			本月合计	60 500	60 500	平	0

表 5 - 51　总分类账

科目名称：原材料　　　　　　　　　　　　　　　　　　　　　　　　　　　　单位：元

20××年		凭证		摘要	借方	贷方	借或贷	余额
月	日	字	号					
1	1			期初余额			借	970 000
	10	科汇	1	1—10 日发生额	60 500	139 000	借	891 500
1	31			本月合计	60 500	139 000	借	891 500

表 5 - 52　总分类账

科目名称：库存商品　　　　　　　　　　　　　　　　　　　　　　　　　　　　单位：元

20××年		凭证		摘要	借方	贷方	借或贷	余额
月	日	字	号					
1	1			期初余额			借	900 000
	30	科汇	1	21—31 日发生额	186 700	76 000	借	1 010 700
1	31			本月合计	186 700	76 000	借	1 010 700

表 5 - 53　总分类账

科目名称：固定资产　　　　　　　　　　　　　　　　　　　　　　　　　　　　单位：元

20××年		凭证		摘要	借方	贷方	借或贷	余额
月	日	字	号					
1	1			期初余额			借	2 040 000
1	31			本月合计	0	0	借	2 040 000

表 5-54 总分类账

科目名称：应付账款　　　　　　　　　　　　　　　　　　　　　　　　单位：元

20××年		凭证		摘要	借方	贷方	借或贷	余额
月	日	字	号					
1	1			期初余额			贷	650 200
	30			21—31 日发生额		8 000	贷	658 200
1	31			本月合计	0	8 000	贷	658 200

表 5-55 总分类账

科目名称：短期借款　　　　　　　　　　　　　　　　　　　　　　　　单位：元

20××年		凭证		摘要	借方	贷方	借或贷	余额
月	日	字	号					
1	1			期初余额			贷	746 000
1	31			本月合计	0	0	借	746 000

表 5-56 总分类账

科目名称：其他应付款　　　　　　　　　　　　　　　　　　　　　　　单位：元

20××年		凭证		摘要	借方	贷方	借或贷	余额
月	日	字	号					
1	1			期初余额			贷	150 000
1	31			本月合计	0	0	借	150 000

表 5-57 总分类账

科目名称：应交税费　　　　　　　　　　　　　　　　　　　　　　　　单位：元

20××年		凭证		摘要	借方	贷方	借或贷	余额
月	日	字	号					
1	1			期初余额			平	0
	31			21—31 发生额		18 875	贷	18 875
1	31			本月合计	0	18 875	贷	18 875

表 5-58 总分类账

科目名称：生产成本　　　　　　　　　　　　　　　　　　　　　　　　单位：元

20××年		凭证		摘要	借方	贷方	借或贷	余额
月	日	字	号					
1	1			期初余额			平	0
	10	科汇	1	1—10 日发生额	103 000		借	103 000
	31	科汇	1	21—31 日发生额	83 700	186 700	平	0
1	31			本月合计	186 700	186 700	平	0

表 5 - 59　总分类账

科目名称：制造费用　　　　　　　　　　　　　　　　　　　　　　　　　　　　　　　　单位：元

20××年		凭证		摘要	借方	贷方	借或贷	余额
月	日	字	号					
1	1			期初余额			平	0
	20	科汇	1	11—20 日发生额	30 000		借	30 000
	31	科汇	1	21—31 日	13 200	43 200	平	0
1	31			本月合计	43 200	43 200	平	0

表 5 - 60　总分类账

科目名称：管理费用　　　　　　　　　　　　　　　　　　　　　　　　　　　　　　　　单位：元

20××年		凭证		摘要	借方	贷方	借或贷	余额
月	日	字	号					
1	1			期初余额			平	0
	10	科汇	1	1—10 日发生额	7 000		借	7 000
	31	科汇	1	21—31 日发生额	9 900	16 900	平	0
1	31			本月合计	16 900	16 900	平	0

表 5 - 61　总分类账

科目名称：销售费用　　　　　　　　　　　　　　　　　　　　　　　　　　　　　　　　单位：元

20××年		凭证		摘要	借方	贷方	借或贷	余额
月	日	字	号					
1	1			期初余额			平	0
	20	科汇	1	11—20 日发生额	1 600		借	1 600
	31	科汇	1	21—31 日发生额		1 600	平	0
1	31			本月合计	1 600	1 600	平	0

表 5 - 62　总分类账

科目名称：主营业务收入　　　　　　　　　　　　　　　　　　　　　　　　　　　　　　单位：元

20××年		凭证		摘要	借方	贷方	借或贷	余额
月	日	字	号					
1	1			期初余额			平	0
	10	科汇	1	1—10 日发生额		80 000	贷	80 000
	20	科汇	1	11—20 日发生额		90 000	贷	90 000
	31	科汇	1	21—31 日发生额	170 000		平	0
1	31			本月合计	170 000	170 000	平	0

表 5-63 总分类账

科目名称：主营业务成本   单位：元

20××年		凭证		摘要	借方	贷方	借或贷	余额
月	日	字	号					
1	1			期初余额			平	0
	31	科汇	1	21—31 日发生额	76 000	76 000	平	0
1	31			本月合计	76 000	76 000	平	0

表 5-64 总分类账

科目名称：实收资本   单位：元

20××年		凭证		摘要	借方	贷方	借或贷	余额
月	日	字	号					
1	1			期初余额			贷	406 000
1	31			本月合计	0	0	贷	406 000

表 5-65 总分类账

科目名称：资本公积   单位：元

20××年		凭证		摘要	借方	贷方	借或贷	余额
月	日	字	号					
1	1			期初余额			贷	134 000
1	31			本月合计	0	0	贷	134 000

表 5-66 总分类账

科目名称：利润分配   单位：元

20××年		凭证		摘要	借方	贷方	借或贷	余额
月	日	字	号					
1	1			期初余额			贷	970 000
1	31			本月合计	0	0	贷	970 000

表 5-67 总分类账

科目名称：本年利润   单位：元

20××年		凭证		摘要	借方	贷方	借或贷	余额
月	日	字	号					
1	1			期初余额			平	0
	31	科汇	1	21—31 日发生额	113 375	170 000	贷	56 625
1	31			本月合计	113 375	170 000	贷	56 625

表 5-68 总分类账

科目名称：所得税费用   单位：元

20××年		凭证		摘要	借方	贷方	借或贷	余额
月	日	字	号					
1	1			期初余额			平	0
	31	科汇	1	21—31 日发生额	18 875	18 875	平	0
1	31			本月合计	18 875	18 875	平	0

(6) 将总分类账与日记账、明细账核对（略）。

(7) 根据总分类账与明细账编制财务报表（略）。

小　结

任何单位都必须从各自的实际情况出发，科学地组织本单位的账务处理程序，这对于提高会计核算工作的效率和质量，简化核算手续，节省核算费用等，具有重要的意义。根据我国会计核算工作的长期实践经验，目前一般采用的账务处理程序有记账凭证账务处理程序、科目汇总表账务处理程序、汇总记账凭证账务处理程序。

职业能力训练

一、单选题

1. 关于记账凭证账务处理程序，下列说法不正确的是（　　）。

A. 根据记账凭证逐笔登记总分类账，是最基本的账务处理程序

B. 简单明了、易于理解，总分类账可以较详细地反映经济业务的发生情况

C. 登记总分类账的工作量较大

D. 适用于规模较大、经济业务量较多的单位

2. 下列属于记账凭证核算程序主要缺点的是（　　）。

A. 不能体现账户的对应关系　　　　B. 不便于会计人员合理分工

C. 方法不易掌握　　　　　　　　　D. 登记总账的工作量较大

3. 汇总记账凭证是依据（　　）编制的。

A. 记账凭证　　　　　　　　　　　B. 原始凭证

C. 原始凭证汇总表　　　　　　　　D. 各种总账

4. 科目汇总表是依据（　　）编制的。

A. 记账凭证　　　　　　　　　　　B. 原始凭证

C. 原始凭证汇总表　　　　　　　　D. 各种总账

5. 下列属于科目汇总表账务处理程序缺点的是（　　）。

A. 增加了会计核算的账务处理程序　B. 增加了登记总分类账的工作量

C. 不便于检查、核对账目　　　　　D. 不便于进行试算平衡

6. 在科目汇总表账务处理程序下，（　　）是其登记总账的直接依据。

A. 汇总记账凭证　　　　　　　　　B. 科目汇总表

C. 记账凭证　　　　　　　　　　　D. 原始凭证

7. 在科目汇总表账务处理程序下，一般应采用（　　）记账凭证。

A. 一借多贷　　　　　　　　　B. 多借多贷

C. 一借一贷　　　　　　　　　D. 一贷多借

8. 下列不属于科目汇总表账务处理程序优点的是（　　）。

A. 科目汇总表的编制和使用较为简便，易学易做

B. 可以清晰地反映科目之间的对应关系

C. 可以大大减少登记总分类账的工作量

D. 科目汇总表可以起到试算平衡的作用，从而保证总账登记的正确性

二、多选题

1. 在我国，常用的账务处理程序主要有（　　）。

A. 记账凭证账务处理程序

B. 汇总记账凭证账务处理程序

C. 多栏式日记账账务处理程序

D. 科目汇总表账务处理程序

2. 在常见的账务处理程序中，共同的账务处理工作有（　　）。

A. 均应填制和取得原始凭证　　　B. 均应编制记账凭证

C. 均应填制汇总记账凭证　　　　D. 均应设置和登记总账

3. 对于汇总记账凭证账务处理程序，下列说法错误的有（　　）。

A. 登记总账的工作量大

B. 不能体现账户之间的对应关系

C. 明细账与总账无法核对

D. 当转账凭证较多时，汇总转账凭证的编制工作量较大

4. 以下属于记账凭证账务处理程序的优点的有（　　）。

A. 简单明了、易于理解

B. 总分类账可较详细地记录经济业务发生情况

C. 便于进行会计科目的试算平衡

D. 减轻了登记总分类账的工作量

5. 以记账凭证为依据，按有关账户的贷方设置，按借方账户归类的有（　　）。

A. 汇总收款凭证　B. 汇总转账凭证　C. 汇总付款凭证　D. 科目汇总表

三、判断题

1. 科目汇表总表账务处理程序是以科目汇总表为依据直接登记总账和明细账。（　　）

2. 汇总记账凭账务处理程序和科目汇总表账务处理程序都有利于简化总账的登记。

（　　）

3. 科目汇总表账务应处理程序的优点之一就是科目汇总表能够反映科目之间的对应关系。

（　　）

4. 记账凭证账务处理程序，登记账簿的工作量大，适用于规模较大、经济业务较复杂的企业。

（　　）

5. 汇总记账凭证账务处理程序和科目汇总表账务处理程序都适用于经济业务较多的单位。

（　　）

任务 4　错账更正

【任务目标】

　　认知目标：正确理解各种错账更正方法的适用范围，掌握各种错账更正方法的具体操作步骤与要领。

　　能力目标：培养学生的比较归纳能力；通过练习，培养学生熟练、正确地进行错账更正的操作能力。

　　情感目标：培养学生一丝不苟、严谨务实的职业意识，增强学生的责任感；使学生在沟通交流的学习气氛中获得成功的喜悦和乐趣，并增强互助合作意识。

【会计故事】

口诀速记

　　小刘是某大学硕士研究生，他时常为自己是公司会计部最高学历者而沾沾自喜。一天，小刘在登记账簿时，把金额记串位了，把 4 760 元，写成了 4 670 元了，写到后面，才意识到错了。这可怎么办呢？小刘想起了上学时老师说的划线更正法，于是他不由分说在数字"67"上划起了斜道道，并将其更正为"76"。小刘正为自己的聪明才智扬扬得意时，会计老王从旁边经过，瞥了一眼小刘的账簿，摇摇头说："小刘，不对哟？"小刘不解地看着老王。老王不慌不忙地说："第一，你没有看见过判死刑的都画红叉吗？因此你这道线应该是红线；第二，数字不能只改错的那一处，要全部划掉重写；第三，数字书写不能占满格，否则更正时没有位置啦！小伙子，你还没有盖印章，明确责任哟！"小刘看看自己的账，惭愧地低下了头。老王拍拍小刘的肩膀说："年轻人，慢慢学，这句口诀要记牢：证对账错划线法，划线改正并盖章，文字个改数全部；科目方向全部对，少记金额蓝字补；多记金额红字冲，科目方向出错误，先冲后填要记牢。"说完，他俩一起笑了。

工作 1　理论梳理

　　错账更正的方法一般包括三种：划线更正法、红字更正法和补充登记法。

（一）划线更正法

　　划线更正法又称红线更正法，是指在记账过程中，如果发现账簿记录有文字错误或数字错误，而记账凭证填制正确，应采用划线更正法进行更正。更正的方法是：先将错误的文字或数字划一条红色横线予以注销，但必须使原有字迹仍可辨认，以备查考，然后在划线上方用蓝黑墨水或碳素墨水填写正确的文字或者数字，并由记账人员在更正处盖章，以明确责任。对于文字错误，可划线注销错误的文字；对于数字错误，应将整个数字全部划红线注销后再更正，而不能只更正其中的错误数字。

例如将"购买钢材"误记为"购买纲材"，应更正为：

钢
购买~~纲~~材 王 红

将"62 873"误记为"62 378"，应更正为：

62 873　王红
~~62 378~~

不得更改为

873　王红
~~62 378~~

（二）红字更正法

红字更正法又称红字冲销法，是指在记账以后，当年内发现记账凭证中会计科目有错误，或会计科目正确，只是所记金额大于应记金额，造成账簿记录错误，应采用红字更正法更正。红字更正法一般适用于以下两种情况。

一是记账后发现记账凭证中会计科目的名称或应借、应贷科目方向错误，或者二者金额均有错误。

更正方法是：用红字填写一张与原错误记账凭证内容相同的记账凭证，凭证编号要按照顺序连续编号，在"摘要"栏注明"冲销×月×日×字第×号记账凭证"，并据以登记入账（登账时同记账凭证一样，仅金额用红字填写），以冲销原来错误记录；然后，用蓝黑墨水或碳素墨水填写一张正确的记账凭证，在"摘要"栏注明"订正×月×日×字第×号记账凭证"，并用蓝黑墨水或碳素墨水据以登记入账。

二是记账后发现记账凭证中会计科目的名称和应借、应贷科目方向均无错误，只是所记金额大于应记金额。

更正方法是：应将多记金额用红字填制一张与原错误记账凭证会计科目名称、借贷方向相同的记账凭证，在"摘要"栏注明"冲销×月×日×字第×号记账凭证多记金额"并用红字金额据以登记入账，以冲销原来多记金额。

（三）补充登记法

补充登记法是指在记账以后，发现记账凭证中会计科目的名称和应借、应贷科目方向填制正确，只是所记金额小于应记金额，应采用补充登记法更正。

更正方法是：应将少记金额用蓝黑墨水或碳素墨水填制一张与原错误记账凭证会计科目名称和借贷方向相同的记账凭证，在"摘要"栏注明"补记×月×日×字第×号记账凭证少记金额"，并用蓝黑墨水或碳素墨水据以登记入账，以补充原来少记金额。

工作 2　错账更正实例

【例 5-4】12 月 10 日，和美公司销售 A 产品 1 000 件，单位售价为 12 元，增值税税率为 16%，款项尚未收回。记账凭证上的会计分录如下。

借：应收账款　　　　　　　　　　　　　　　　　　　　　　　　　　13 920
　贷：主营业务收入　　　　　　　　　　　　　　　　　　　　　　　12 000
　　　应交税费——应交增值税（销项税额）　　　　　　　　　　　　1 920

根据该凭证登记账簿时，在"应收账款"账簿中登记的金额为 1 392 元，其他账簿记录与记账凭证一致。请用正确的更正方法进行更正。

分析：

① 确定错误性质和更正方法。记账凭证是正确的，"应收账款"账户记录错误是由于登记该账簿时笔误造成的，应采用划线更正法进行更正。

② 更正。在"应收账款"账户借方的错误金额"1 392"上划一条红线；在已划销的错误金额"1 392"上方空白处，用蓝字写上正确的金额 13 920

③ 签章。更正人员和会计主管人员在更正处盖章。

借：应收账款　　　　　　　　　　　　　　　　　　　　13 920　　签字
　　　　　　　　　　　　　　　　　　　　　　　　　　1 392
　贷：主营业务收入　　　　　　　　　　　　　　　　　12 000
　　　应交税费——应交增值税（销项税额）　　　　　　1 920

【例 5-5】和美公司从银行提取现金 2 300 元，以备零星开支使用。填制记账凭证时，编制会计分录如下，并已登记入账。请用正确的更正方法进行更正。

原记账凭证的分录为：

借：库存现金　　　　　　　　　　　　　　　　　　　　　　　　　　3 200
　贷：银行存款　　　　　　　　　　　　　　　　　　　　　　　　　3 200

分析：

① 确定错误性质和更正方法。记账凭证错误，所记金额大于应记金额，应采用红字更正法进行更正。

② 更正。更正时，应将多记金额 900 元用红字填制一张与原错误记账凭证会计科目名称、借贷方向相同的记账凭证，并用红字金额据以登记入账，以冲销账簿原来多记金额（注：在教学中用方框将数字框起来代表注销）。记账凭证会计分录编制如下。

借：库存现金　　　　　　　　　　　　　　　900
　贷：银行存款　　　　　　　　　　　　　　　900

上述错账更正的账簿记录如下。

库存现金	银行存款
3 200	3 200
900	900

【例5-6】和美公司用转账支票支付购买的办公用品5 260元。填制记账凭证时中，编制记账凭证如下，并已登记入账。请用正确的更正方法进行更正

原凭证中的会计分录为：

借：销售费用 5 260
　贷：银行存款 5 260

分析：

① 确定错误性质和更正方法。记账凭证是错误的：会计科目用错了，应采用红字更正法进行更正。

② 更正。更正时，先用红字填制一张与原错误记账凭证内容相同的记账凭证，并用红字金额据以登记入账，以冲销账簿原来错误记录。会计编制如下。

借：销售费用 5 260
　贷：银行存款 5 260

然后，再用蓝黑墨水或碳素墨水填写一张正确的记账凭证，并用蓝黑墨水或碳素墨水登记入账。会计分录编制如下。

借：管理费用 5 260

　贷：银行存款 5 260

上述错账更正的账簿记录如下。

销售费用		银行存款		管理费用	
5 260			5 260	②5 260	
5260		① 5260			
		② 5 260			

【例5-7】和美公司生产车间领用材料一批，价值6 800元，用以生产产品。填制记账凭证时，编制会计分录如下，并已登记入账。请用正确的更正方法进行更正。

原记账凭证中分录为：

借：生产成本 6 500
　贷：原材料 6 500

分析：

① 确定错误性质和更正方法。记账凭证是错误的：所记金额小于应记金额，应采用补充登记法进行更正。

② 更正。更正时，应将少记金额300元，用蓝黑墨水或碳素墨水填制一张与原错误记账凭证会计科目名称和借贷方向相同的记账凭证，并据以登记入账。会计凭证分录编制如下。

借：生产成本 300
　贷：原材料 300

上述错账更正的账簿记录如下。

生产成本		原材料	
6 500		6 500	
300		300	

小　结

表 5-69 和图 5-1 是错账更正方法的总结。

表 5-69　错账更正方法

更正方法	划线更正法	红字更正法	补充登记法
适用	记账凭证正确，在记账或结账过程中发现账簿记录中单纯文字、数字错误等	①记账凭证中会计科目或应借、应贷科目方向有误，造成登账错误 ②记账凭证中会计科目或应借、应贷科目方向均无误，但所记金额大于应记金额，造成登账错误	记账凭证会计科目和应借、应贷科目方向无误，但所记金额小于应记金额，造成的登账错误
更正的方法	在错误的文字或整个数字上划一条红线注销，然后在上方书写正确的文字或数字	①记账凭证中会计科目或应借、应贷科目方向有误的更正方法： • 填一张与错误记账凭证完全相同的红字记账凭证，并用红字金额登入账 • 再重填一张正确的蓝字记账凭证，据以用蓝字登入账 ② 记账凭证应借、应贷的会计科目无误，但所记金额大于应记金额的更正方法：填制一张多记的红字记账凭证，并据以入账	填制一张少记金额的蓝字凭证，并据以入账

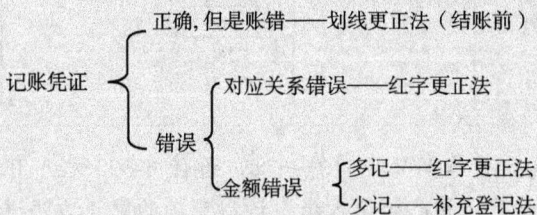

记账凭证
　　正确，但是账错——划线更正法（结账前）
　　错误
　　　　对应关系错误——红字更正法
　　　　金额错误
　　　　　　多记——红字更正法
　　　　　　少记——补充登记法

图 5-1　错账更正方法

注意：以上是对当年内发现错账进行更正的方法，如果发现以前年度差错，应当采用前期差错更正法进行更正。

职业能力训练

和美公司 20××年 7 月 31 日结账前的试算平衡表如表 5-70 所示，尽管试算平衡表平衡，但在审核记账凭证时仍发现以下错误。

① 7月3日向甲公司赊销产品一批，应收甲公司货款2 000元，记账凭证误记为3 000元，该凭证编号为转字第27号。（不考虑增值税，下同）

② 7月10日结转销售成本5 000元，而实际结转的成本为5 500元，原登记该笔业务记账凭证的编号为转字第79号。

③ 7月21日，赊购办公用的计算机一台，价值10 000元，误作为原材料登记入账，当时登记该业务的记账凭证编号为转字第101号。

要求：

(1) 指出各笔错账的更正方法，并填制更正的记账凭证。（仅填制更正的记账凭证，记账略。每项业务要选择是否填制更正的记账凭证，填制一张还是两张。若填制的是红字凭证，请在凭证的左上方明显列示"红字凭证"字样）

(2) 编制正确的发生额试算平衡表，将你认为正确的金额填写在表5－71中的序号后。

表5－70　结账前发生额试算平衡表

20××年7月31日

会计科目	本期发生额	
	借方	贷方
银行存款	5 000	
应收账款	3 000	
原材料	13 000	
库存商品	10 000	
固定资产	10 000	
无形资产	2 000	
应付账款		13 700
短期借款		4 300
长期借款		5 000
实收资本		7 000
盈余公积		2 000
主营业务收入		51 000
主营业务成本	40 000	
合　　计	83 000	83 000

表5－71　结账后发生额试算平衡表

20××年7月31日

会计科目	本期发生额	
	借方	贷方
银行存款	(1)	
应收账款	(2)	
原材料	(3)	
库存商品	(4)	
固定资产	(5)	

续表

会计科目	本期发生额	
	借方	贷方
无形资产	2 000	
应付账款		(6)
短期借款		4 300
长期借款		5 000
实收资本		7 000
盈余公积		2 000
主营业务收入		(7)
主营业务成本	(8)	
合　计	(9)	(10)

学习情境三

期末业务处理

项目 6

对账与结账

任务 1　会计账簿的对账和结账

【任务目标】

认知目标：了解对账与结账的概念，掌握对账、结账的程序和方法。

能力目标：能够结合情境完成对账和结账工作。

情感目标：培养学生团队协作意识，增强工作的责任感和使命感。

【会计故事】

一张对账单的故事

一个心情愉快的年轻人，迈着大步打开了一家银行的玻璃门，这是一个顾客很多的营业点。在进门的中央位置有一个柜台，一个女工作人员在柜台后忙着，柜台旁边是一个保安。柜台的号码机上写着"请用银行卡刷卡排号"年轻人本想拿出自己的银行卡去取号，但柜台旁边的保安小伙询问了，你需要办什么业务？（我只是想取号排队）"哦，我想打个单子。就是账单！反正就是必须要在窗口办理！"年轻人对这个问题很反感，但人家问了，总得解释一下，一时语塞，竟显得有些急躁。然而究竟是为了办理事情——一张简单的信用卡流水单而已，所以情绪倒还好，"哦，那您去4号窗口排队"，"4号吗？好的！"他反问式地确认一下。然而径直走向4号柜台。4号柜台人不多，但是柜台滚动屏幕上显示的是按号依次办理，而他好像还没有号。他有些急了，问身边一个闲着的服务员，"请问对账单怎么打？"这个服务员示意大厅柜台那个女工作人员，"小吴，帮忙打一下对账单"，女工作人员一边很忙地做着事情，一边好像在请那个保安给她帮忙，小伙径直走向柜台。"我要打对账单，在哪打？""额，对账单啊，你自己去门口那的机子打印。""对账单我怎么会打，我咋打啊？"年轻人有些急。话里就带着火气。"哎，我在你们这贷款买的房子，怎么就连个对账单都打不出来，还要我自己去打？"

"不好意思，我这实在太忙，您过去一下就打出来了。""我贷了50万元的款，就连个对账单都没法叫你们打了，是不是？"

年轻人很起火，这张卡确实是50万元的还贷卡，这次是父亲让他来打的。他说的是气话，但也是实话。这么一急女工作人员又跑去找保安小伙了，小伙拿起银行卡，去柜台那里刷卡了，接着取出一张柜台排号票。上面显示4号窗口还有2人在等待。这个小伙拿着这个"得来不易的"排号票，去4号窗口，往那一坐，冲着业务员就是一顿抬杠，对着身后排队的小姑娘又是一顿白眼。等到自己拿了对账单才慢腾腾地装进包里，消了大气，带着小气，气呼呼地出了门。他不认为自己有错，他就想打一张他的对账单。

保安身为保安却身兼双职，做分外之事，也没有错。女工作人员，忙的不可开胶，身体恨不得分两半出来，对客户态度良好，不能算有错。服务员帮忙指引，话指到人头，也没有错。

业务员和排队小姑娘，白受一顿无名气，岂能有错？

当固执遇上谎言，谁都没有错。

资料来源：根据互联网资料整理。

工作1　理论梳理

一、对账的概念及内容

对账就是指在本期内对账簿记录进行核对。为了保证各种账簿记录的完整和正确，为编制财务报表提供真实、可靠的数据资料，各单位应当定期将会计账簿记录与相关会计凭证、库存实物、款项及有关资料等进行相互核对，以保证会计账簿记录与会计凭证的有关内容相符、会计账簿记录与实物及款项的实有数额相符、会计账簿之间相对应的记录相符。对账的内容主要包括账证核对、账账核对、账实核对和账表核对。

（一）账证核对

账证核对是将会计账簿记录与原始凭证、记账凭证的时间、凭证字号、内容、金额和记账方向进行核对，检查账证是否相符。一般来说，日记账应与收、付款凭证相核对，总账应与记账凭证相核对，明细账应与记账凭证或原始凭证相核对。

（二）账账核对

账账核对是将不同会计账簿之间的账簿记录进行核对，检查账账是否相符。具体核对的内容如下。

（1）总账之间的核对

总账之间的核对是将全部总账账户的发生额和余额进行核对，通常在期末通过编制总账发生额及余额试算平衡表来进行。

（2）总账与明细账之间的核对

总账与明细账之间的核对是将各总账账户的发生额及余额与其所属的明细账账户的发生额及余额进行核对，通常在期末通过编制明细账本期发生额及余额表来进行。

（3）总账与日记账之间的核对

总账与日记账之间的核对是将库存现金总账和银行存款总账的本期借、贷方发生额及期末余额，分别与库存现金日记账和银行存款日记账的本期借、贷方发生额及期末余额进行核对。该项核对通常由总账会计与出纳人员于期末时直接根据账簿记录进行。

（4）会计部门各种财产物资明细账与财产物资保管和使用部门有关明细账之间的核对

该项核对通常是由财产物资保管和使用部门定期编制财产物资收发结存汇总表报会计部门，与会计部门的财产物资明细账的收入、发出和结存数进行核对。

（三）账实核对

账实核对是指将各项财产物资、债权债务等账面余额与实有数额之间进行核对，检查账实是否相符。具体核对的内容如下。

① 现金日记账的账面余额与现金实际库存数相核对。

② 银行存款日记账的账面余额与银行送来的对账单相核对。

③ 各种财产物资明细账的账面余额与财产物资实存数额相核对。

④ 各种应收、应付款明细账的账面余额与有关债务、债权单位或个人相核对。账实核对一般是通过财产清查进行的。

（四）账表核对

账表核对是指账簿记录与各种财务报表相核对。

二、结账

结账是指在将本期内所发生的经济业务全部登记入账的基础上，于会计期末按照规定的方法，计算并记录本期发生额和期末余额。

（一）结账的程序

① 将本期发生的各项经济业务全部登记入账，若发现漏账、错账，应及时补记、更正，保证其正确性。

② 对有关账项进行账项调整。账项调整又称"期末账项调整"，是期末结账前根据权责发生制的要求，调整有关账项，合理确定本期应计的收入和应负担的费用，并据以对账簿记录的有关账项做出必要调整的会计处理方法。

③ 将损益类账户结转入"本年利润"账户，结平所有损益类账户。

④ 在本期全部经济业务登记入账的基础上，结算出所有账户的本期发生额和期末余额。

（二）结账的方法

计算、登记各种账簿本期发生额和期末余额，如果按月进行，称为月结；如果按季进行，称为季结；年度终了，进行年终结账，称为年结。一般手工账簿结账都划"结账线"。结账划线的目的是突出本月合计数及月末余额，表示本会计期间的会计记录已经截止或结束，并将本期与下期的记录分开。

（1）月结

每月结账时，应在各账户本月最后一笔记录下面划一条通栏单红线，表示本月经济业务到此为止；然后，在红线下面结出本月发生额和月末余额，如果没有余额，在余额栏内写上"平"或"0"符号。

（2）季结

季结的结账方法与月结基本相同，但在摘要栏内注明"本季合计"或"第×季度发生额及余额"字样。

（3）年结

办理年终结账时，应在12月份月结的下一行（需办理季结的，应在第四季度的季结下一行）下面划通栏双红线表示封账，完成年结工作。格式如表6-1所示。

表 6-1　应收账款明细账

| ××××年 | | 凭证 | | 摘　要 | 借　方 | 贷　方 | 借或贷 | 余　额 |
月	日	字	号					
1	1	略		上年结转			借	6 300
	8				7 200		借	13 500
	25					3 500	借	10 000
1	31			本月合计	7 200	3 500	借	10 000
				本年累计	7 200	3 500	借	10 000
2	6	略			8 600		借	18 600
	12					5 000	借	13 600
	26				5 700		借	19 300
2	28			本月合计	14 300	5 000	借	19 300
				本年累计	21 500	8 500	借	19 300
〰〰〰								
12	5	略			35 000		借	54 300
	20					4 200	借	50 100
	28					7 000	借	43 100
12	31			本月合计	35 000	11 200	借	43 100
				本年累计	661 200	624 400	借	43 100
				结转下年				

工作 2　对账与结账业务处理

【例6-1】根据和美公司20×7年12月份全部总账账户、应收账款明细账账户的发生额和期初余额、期末余额（此略），编制总账账户发生额及余额试算平衡表和应收账款明细账本期发生额及余额表如表6-2和表6-3所示。

1. 总账之间的核对

表6-2 总账账户发生额及余额试算平衡表

20×7年12月 单位：元

账户名称	期初余额		本期发生额		期末余额	
	借方	贷方	借方	贷方	借方	贷方
库存现金	1 250		65 400	66 455	195	
银行存款	307 500		355 100	80 850	581 750	
应收账款	2 500		64 350		66 850	
其他应收款	220		750	750	220	
坏账准备		400		6 685		7 085
库存商品	105 000		193 100	125 625	172 475	
原材料	163 605		33 450	118 050	79 005	
存货跌价准备				30 000		30 000
固定资产	2 050 000		280 000		2 330 000	
累计折旧		250 000		20 500		270 500
固定资产减值准备				100 000		100 000
短期借款		87 038		25 000		112 038
应付账款		13 000		30 135		43 135
应交税费			5 610	49 058		43 448
应付职工薪酬		10 500	65 000	65 000		10 500
应付股利				101 840		101 840
实收资本		1 785 000		435 000		2 220 000
盈余公积		50 900		28 288		79 188
本年利润		374 372	579 372	205 000		
利润分配		60 000	130 128	282 889		212 761
生产成本	1 135		191 965	193 100		
制造费用			45 165	45 165		
主营业务收入			205 000	205 000		
主营业务成本			125 625	125 625		
税金及附加			2 924	2 924		
资产减值损失			136 685	136 685		
管理费用			18 790	18 790		
销售费用			1 175	1 175		
所得税费用			1 1284	11 284		
合计	2 631 210	2 631 210	2 510 873	2 510 873	3 230 495	3 230 495

表6-3 应收账款明细账本期发生额和余额

20×7年12月 单位：元

明细分类账账户名称	期初余额		本期发生额		期末余额	
	借方	贷方	借方	贷方	借方	贷方
春江食品厂	1 500		62 000		63 500	
万宁有限公司	1 000		2 350		3 350	
合 计	2 500		64 350		66 850	

分析：

① 填写"试算平衡表"的所属期间和金额单位。

② 将有记录的所有总账账户的名称填入试算平衡表"账户名称"栏。

③ 将各总账账户的期初余额分别填入"期初余额"栏的借方或贷方，本期借方发生额和贷方发生额分别填入"本期发生额"栏的借方和贷方，期末余额分别填入"期末余额"栏的借方或贷方。

④ 计算"期初余额"栏的借方合计数、贷方合计数，并分别填入本栏合计行的借方和贷方；计算"本期发生额"栏的借方合计数、贷方合计数，并分别填入本栏合计行的借方和贷方；计算"期末余额"栏的借方合计数、贷方合计数，并分别填入本栏合计行的借方和贷方。

⑤ 分别核对三组合计数的借方和贷方，如果有一组不平衡，表示总账的登记有错误，应进一步查找。本例核对相符。

2. 应收账款总账与明细账之间的核对

分析：

① 填写"余额表"的所属期间和金额单位。

② 将"应收账款"所属有记录的各明细账账户的名称填入"余额表"的"明细分类账账户名称"栏。

③ 将各明细账账户的期初余额分别填入"期初余额"栏的借方，本期借方发生额和贷方发生额分别填入"本期发生额"栏的借方和贷方，期末余额分别填入"期末余额"栏的借方。

④ 计算"期初余额"栏的借方合计数，并分别填入本栏合计行的借方；计算"本期发生额"栏的借方合计数、贷方合计数，并分别填入本栏合计行的借方和贷方；计算"期末余额"栏的借方合计数，并分别填入本栏合计行的借方。

⑤ 将表中"合计行"的四个数据顺序与"应收账款"总账账户的期初余额、本期借方发生额、本期贷方发生额、期末余额核对，只要有一个数据不相符，就表示平行登记存在错误，应进一步查找。本例核对相符。

【例 6-2】和美公司 20×7 年 12 月份"库存现金"总账的记录如表 6-4 所示（截至 20 日记录行）所示，第四季度库存现金收入合计 16 730 元、支出合计 12 176 元，本年度全年收入合计 54 970 元、支出合计 40 009 元。

要求：进行"库存现金"总账账户 20×7 年 12 月的月度结账、第四季度的季度结账和年度结账。

分析：

① 在 12 月 20 日业务记录行的下面画一条通栏红线。

② 在红线的次行进行月结。计算 12 月份的收入合计、支出合计及月末结余（本例为提供的数据），填入对应栏次并填写相关栏目。

③ 在月结行下面画一条通栏红线。

④ 在月结行的次行进行季结。计算本季度收入合计、支出合计（本例为提供的数据），填入对应栏次，"余额栏"照抄上行的余额并填写相关栏目。

⑤ 在季结行下面画一条通栏红线。

⑥ 在季结行的次行进行年结。计算本年度收入合计、支出合计（本例为提供的数据），

填入对应栏次，"余额栏"照抄上行的余额并填写相关栏目。

⑦ 在年结行下面画两条通栏红线，结账结束。

结账后的库存现金总分类账如表6-4所示。

表6-4　总分类账

会计科目：库存现金

20×7年		凭证		摘要	对应科目	借方	√	贷方	√	借或贷	结余
月	日	字	号								
12	1			期初余额						借	2 500
	3	付	1	提现	银行存款	2 000					
	15	付	10	采购员预借差旅费	其他应收款			3 000			
	20	收	12	销售产品取得现金	主营业务收入	9 00					
	31			本月合计		2 900		3 000		借	2 400
				本季合计		16 730		12 176			2 400
				本年合计		54 970		40 009			2 400

小　结

对账包括账证核对、账实核对、账账核对、账表核对。

结账程序：将本期发生的经济业务全部登记入账，并保证其正确性。如发现有漏记事项应及时补记，不得将本期发生的经济业务推至下期登记。按权责发生制要求，做好应归属本期收入、费用的期末账项调整。期末账项结转，包括成本的结转和损益的结转。

结账的方法包括月结、季结和年结三种。

职业能力训练

一、单选题

1. 根据期末账簿记录，计算并记录各账户的本期发生额和期末余额，在会计上称为（　　）。

　　A. 对账　　　　　　B. 结账　　　　　　C. 调账　　　　　　D. 查账

2. 在记账无误的情况下导致账实不符的是（　　）。

　　A. 应付账款　　　　B. 应收账款　　　　C. 未达账项　　　　D. 外埠存款

3. 现金日记账应（   ）结出发生额和余额，并与库存现金核对。

    A. 每月   B. 每15天   C. 每3～5天   D. 每日

4. 结账时，正确的做法是（   ）。

    A. 11月末，结出当月发生额的，在"本月合计"下面通栏划双红线

    B. 12月末，结出当月发生额的，在"本月合计"下面通栏划双红线

    C. 11月末，结出全年累计发生额的，在下面通栏划双红线

    D. 12月末，结出全年累计发生额的，在下面通栏划双红线

5. 对账时，账账核对不包括（   ）。

    A. 总账各账户的余额核对   B. 总账与明细账之间的核对

    C. 总账与备查账之间的核对   D. 总账与日记账之间的核对

二、多选题

1. 下列各项中，属于账实核对的有（   ）。

    A. 库存现金日记账账面余额与现金实际库存数的核对

    B. 银行存款日记账账面余额与银行对账单的核对

    C. 财产物资明细账账面余额与财产物资实存数额进行核对

    D. 应收、应付款明细账账面余额与债权债务单位核对

2. 账证核对指的是核对会计账簿记录与原始凭证、记账凭证的（   ）是否一致，记账方向是否相符。

    A. 时间   B. 凭证字号   C. 内容   D. 金额

3. 下列属于对账的有（   ）。

    A. 账簿记录与原始凭证之间的核对

    B. 总分类账簿与其所属明细账簿之间的核对

    C. 现金日记账的期末余额合计与现金总账期末余额的核对

    D. 财产物资明细账账面余额与财产物资实存数的核对

4. 对账的内容一般包括（   ）。

    A. 账证核对   B. 账实核对   C. 账账核对   D. 账表核对

5. 下列需要划双红线的有（   ）。

    A. 在"本月合计"的下面   B. 在"本年累计"的下面

    C. 在12月末的"本年累计"的下面   D. 在"本年合计"的下面

任务2　会计账簿的更换和保管

【任务目标】

认知目标：了解账簿更换的程序，熟悉账簿保管的要求。

能力目标：具备管理企业档案的能力。

情感目标：培养学生团队协作意识，增强工作的责任感和使命感。

【会计故事】

丢失的账簿

很久很久以前，会计江湖上流行着这么一个小故事：师父告诫徒弟：徒儿啊，跟你说件很严重的事，无论在哪个企业上班，都要保管好账本，账在人在，账亡人亡……

后来，徒弟还是不小心丢了会计账簿，不得不向师父求助：师父，我把账本和几个月的支出票据在回家路上弄丢了，怎么都找不回来了，怎么办？怎么办？怎么做账啊？师父绝望又无奈地表示无力回天了，他只好求助万能的网友。

网友们的答案可谓五花八门，千奇百怪！

首先有位仁兄出了个主意：你明细账有备份吗？可以根据明细账登记相应的会计账簿总账呀，我也是这么干的……

小编点评：仁兄出的可是馊主意啊！根据《会计法》第十五条规定："会计账簿登记，必须以经过审核的会计凭证为依据，并符合有关法律、行政法规和国家统一的会计制度的规定。会计账簿包括总账、明细账、日记账和其他辅助性账簿。"因此根据明细账（即账簿）登记账簿是违法的行为，而且也会使企业总分类账和明细分类账账账核对的内部控制措施流于形式，不利于企业健康发展。

有些人建议徒弟：老老实实地去税务局"自首"，把丢失的前因后果说清楚，把法律责任降到最轻才是最紧要的。

小编点评：这个建议靠谱！由于疏忽或不可抗力而失去或失掉账簿及记账凭证，从法律角度上讲应当认定是一种非主观故意的丢失行为，只要丢失理由正当且有第三方证明，一般不追究法律责任，最多需要承担保管不善的罚款。

可能看到这小伙伴们有些懵了，丢失会计账簿有那么严重吗，一不小心就违法？小编你的说法到底靠不靠谱啊？

先别犯晕，小编这就来一一详细说明。其实纳税人丢失、毁损账簿，一般来说有3种后果：要么罚款；要么涉及补税；故意隐匿损毁的，则有可能会承担刑事责任。其中法律责任怎么追究，不是按照《中华人民共和国税收征收管理法》（以下简称《征管法》）就能简单追究的，而是在确定纳税人丢失账簿及记账凭证的原因、责任、性质的基础上再进行定性处理。

资料来源：根据互联网资料整理。

工作1　会计账簿的更换

一、账簿更换的程序

会计账簿的更换是指在会计年度终了，将上年旧账更换为次年新账。

更换新账的程序如下。

① 年度终了，在本年有余额的账户"摘要"栏内注明"结转下年"字样。

② 更换新账，注明各账户的年份，在第一行"日期"栏内写明 1 月 1 日；"凭证字号"栏空置不填；将各账户的上年末余额直接抄入新账余额栏内，并填写余额的借贷方向，在"摘要"栏内注明"上年结转"字样。过入新账的有关账簿余额的结转事项，不需要编制记账凭证。

二、账簿更换标准

在新的会计年度建账并不是所有的账簿都更换为新的，一般来说，现金日记账、银行存款日记账、总账、大多数明细账应每年更换一次。但是有些财产物资明细账和债权债务明细账，由于材料品种、规格和往来单位较多，更换新账重抄一遍工作量较大；有些明细账因年度内变动不多，如固定资产卡片明细账。所以，这些账簿可以跨年度使用，不必每年更换一次。第二年使用时，可直接在上年终了的双线下面记账。各种备查簿也可以连续使用。

工作 2　会计账簿的保管

会计账簿是各单位重要的经济资料，必须建立管理制度，妥善保管。账簿管理分为平时管理和归档保管两部分。

一、账簿平时管理的具体要求

各种账簿要分工明确，指定专人管理，账簿经管人员既要负责记账、对账、结账等工作，又要负责保证账簿安全。

会计账簿未经领导和会计负责人或者有关人员批准，非经管人员不能随意翻阅查看。会计账簿除需要与外单位核对外，一般不能携带外出；对携带外出的账簿，应由会计主管指定专人负责。会计账簿不能随意交与其他人管理，以保证账簿安全。

二、账簿归档保管

年度终了更换并启用新账后，对更换下来的旧账要整理装订，造册归档。归档前旧账的整理工作包括：检查和补齐应办的手续，如改错盖章、注销空行及空页、结转余额等。活页账应撤出未使用的空白账页，再装订成册，并注明各账页号数。

旧账装订时应注意以下问题。

① 活页账一般按账户分类装订成册，一个账户装订成一册或数册；某些账户账页较少，也可以合并装订成一册。

② 装订时应检查账簿扉页的内容是否填写齐全。

③ 装订后应由经办人员及装订人员、会计主管人员签名或盖章。

④ 旧账装订完毕应编制目录和编写移交清单，然后按期移交档案部门保管。

各种账簿同会计凭证和财务报表一样，都是重要的经济档案，必须按照统一规定的保存年限妥善保管，不得丢失和任意销毁。保管期满后，应按照规定的审批程序报经批准后销毁。

小　结

在每一会计年度结束、新的会计年度开始时，应按有关会计规范的规定，更换全部总账、日记账和大部分明细账。

会计账簿是重要的经济档案和历史资料，必须妥善保管，不得任意销毁和丢失。

职业能力训练

一、单选题

1. 下列账簿中，不需要每年更换的账簿是（　　）。

　　A. 现金日记账　　　　　　　　　　B. 银行存款日记账

　　C. 总账　　　　　　　　　　　　　D. 固定资产明细账

2. 会计账簿的更换通常在（　　）进行。

　　A. 更换会计人员时　　　　　　　　B. 会计主体变更时

　　C. 年终结账时　　　　　　　　　　D. 新会计年度建账时

二、判断题

1. 新旧账簿有关账户之间的余额结转，需要编制记账凭证。 （　　）

2. 会计账簿可由本单位财务会计部门长期保管。 （　　）

3. 各种账簿应当按年度分类归档，编造目录，妥善保管。既保证在需要时可以迅速查阅，又保证各种账簿的安全和完整。保管期满后，按照规定的审批程序经批准后才能销毁。

（　　）

4. 各类会计账簿，保管期满后，可以直接销毁。 （　　）

项目 7

财 产 清 查

任务 1　财产清查的理论梳理

【会计故事】

一个办公室的三个人

老主任退休后，财务室就只剩下马大姐和小王、小李三个人了。马大姐资格老、业务熟，是个"老财务"。小王和小李虽然年轻，但两个小伙子都是科班出身，论业务能力，也不在马大姐之下。

正赶上公司换了经理。新官上任，火势很猛。

裁员首先拿机关行职人员开刀：凡是不能胜任现职的，一律充实到生产一线。提出这样的改革口号，在这家公司还是第一次。

财务室是公司的"钱匣子"，作用非同小可。老主任退休前，四个人整天忙得脚打后脑勺。往来账目、职工工资、报税纳税，时不时还要接待审计、税务、财政等方方面面检查。

三个人都知道，公司裁员的原则是"不养闲人"，所以他们谁也没把裁员的事放在心上，他们关心的是谁能当上财务室的主任。

新经理似乎把精力全部放在产品开发上了，裁员的事迟迟没有动静，哪里还有时间考虑财务室主任的人选问题呢。

　　三个会计除了做好自己的本职工作外，更加注意自身形象的塑造和人际关系的处理。以往，他们最怕发工资，忙；也怕有人来报销，烦。现在，他们都很看重每一次与职工接触的机会，都想把自己好的一面展示给大家。来有迎声，走有送声，让座倒水，这在财务室是极其平常的事。

　　三个会计能接触到一线职工的机会并不多。常报销差旅费的，除了营销人员，便是公司领导。

　　新经理报销的次数最多，数额也最大。

　　新经理是省经济管理干部学院毕业的，正在攻读硕士学位。虽说学的是函授，但毕竟是"既有文凭，又有水平"，属于那种理论基础和实际经验兼而有之的企业经理人。

　　新经理上任后主持开发的系列产品投放市场后，一炮打响，市场很快铺开。公司的酿酒车间、罐装车间、成品车间二十四小时连轴转，加班加点，但还是满足不了市场需求，客户天天催货。

　　这天，小李刚去国税局报税，新经理就推开财务室的门。马大姐和小王立即起立、让座。

　　新经理笑了笑，将一沓票子放在小王的桌上。

　　小王拿过票子一看，全是白条子：招待客户用烟560元，餐费850元，其他300元。

　　"这……"小王抬眼看看新经理，不知道说什么好。

　　"我签字了，在这儿。"新经理指了指自己的签名，"做了吧。"

　　"这是白条子，不能报的！"小王认真地说。

　　"怎么不能报？这都是为公司办事儿花的钱嘛。"新经理的脸"晴转多云"。

　　"这，这没法下账的——再说，财务制度您也是知道的。"小王的态度很坚决，伸手将票子推给新经理。

　　"给我吧。"马大姐笑着伸手抓过了票据。

　　"啪啪啪啪"，算盘一阵山响。

　　"一共是1710元整。"马大姐将填好的传票交给新经理。新经理的脸这才"多云转晴"。

　　没过几天，新经理又拿一沓票子走进财务室。马大姐和小王、小李立即起立、让座。

　　新经理笑了笑，将票据放在小李的桌上。

　　小李拿过票子一看，全是白条子，每张条子上都有新经理的签字。

　　"经理，您先请坐。"小李笑着说。

　　"不不，你抓紧做，我还有事儿。"

　　"那您先忙着，回头我给您送办公室去。"小李认真地说。

　　"好好。"新经理笑着转身，走出财务室。

　　小王用眼睛的余光观察小李。只见小李一张一张地翻看着票子，又一张一张地放在桌上。

　　过了好一会儿，小李端起茶杯喝了口水，拿着票子走出财务室。

　　小李回来时，脸上的表情淡淡的。

　　"票子呢？"小王问。

"退回去了——都是白票子，报不了。"小李轻描淡写地说。

马大姐笑了："唉！你们哪……"马大姐看看两个年轻人，摇了摇头。

三天后，公司公布了财务室人员变动情况：小李担任财务室主任；马大姐调到成品车间工作。小王没动，还是会计。

有人不解，私下问新经理其中缘由。

新经理说：不讲原则的人，不能用；只讲原则的人，不能重用；既讲原则又讲方法的人——重用。

资料来源：根据互联网资料整理。

一、财产清查的内涵

(一) 财产清查的含义

财产清查是根据账簿记录，对企业的财产物资等进行盘点或核对，查明各项财产的实存数与账面结存数是否相符，为编制财务报表提供信息的一种专门方法。账产清查示意图如图7-1所示。

财产清查主要是各种财产物资、货币资金和债券债务的清查，为了保证财产清查的工作质量，提高工作效率，达到财产清查的目的，在财产清查时应针对不同的清查内容采用不同的清查方法。

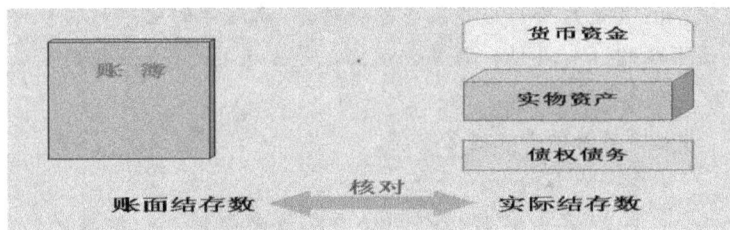

图7-1 财产清查示意图

(二) 财产清查的意义

① 确定各项财产物资、债权债务的实有数，查明账存额与实存额之间的差异及产生差异的原因和责任，以便及时调整账面记录使账存额与实有额一致，从而保证会计核算资料的真实和可靠。

② 查明各项财产物资的储备和利用情况，以便采取措施，充分挖掘财产物资的潜力，促进财产物资的有效使用。

③ 查明各项财产物资有无挪用、贪污、盗窃，以及有无毁损、变质和浪费等情况，以便及时采取措施，加强管理，保护各项财产物资的安全和完整。

④ 检查会计主体对财经纪律的遵守情况，查明各种往来款项的结算是否正常，及早发现长期拖欠的债权、债务，避免坏账损失的发生，并自觉遵守结算纪律和制度。

⑤ 查明财产物资的验收、保管、调拨、报废，以及现金出纳、账款结算等手续制度的

贯彻和落实情况，建立健全有关规章制度，提高管理水平。

二、财产清查的分类

财产清查可以按不同的标准进行分类。按清查对象的范围，可以分为全面清查和局部清查。按清查的时间，可以分为定期清查和不定期清查。

（一）按清查对象的范围分类

1. 全面清查

全面清查是对属于本单位或存放在本单位的全部财产物资进行的清查。其主要清查内容如下。

① 现金、银行存款等各种货币资金。

② 原材料、在产品及产成品等存货。

③ 机器设备、运输设备等固定资产。

④ 应收应付款、预收预付款等各种债权债务。

全面清查的内容多、范围广，时间长、工作量大，参加的部门多，一般在以下情形下才进行全面清查：年终决算之前；单位撤销、合并或改变隶属关系前；中外合资、国内合资前；企业股份制改制前；开展全面的资产评估、清产核资前；单位主要领导调离前等。

2. 局部清查

局部清查是根据需要对部分财产物资进行盘点与核对。局部清查一般包括下列清查内容（流动性较强的资产）：现金应每日清点一次，银行存款每月至少同银行核对一次，债权债务每年至少核对一至两次，各项存货应有计划、有重点地抽查，贵重物品每月清查一次等。

（二）按清查的时间分类

1. 定期清查

定期清查是根据管理制度的规定和预先安排的时间对财产进行的清查。这种清查的对象不确定，可以是全面清查，如年终决算前的清查，也可以是局部清查，如月末、季末对货币资金和贵重物资等进行的清查。

2. 不定期清查

不定期清查是根据实际需要进行的临时性清查。不定期清查可以是全面清查，也可以是局部清查，一般情况下是局部清查。例如，更换出纳员时，对库存现金、银行存款所进行的清查；更换仓库保管员时，对其所保管的财产物资进行清查；发生自然灾害或意外时所进行的清查等。

三、财产清查前的准备工作

（一）组织准备

在进行财产清查之前，应该在企业的经理或财务总监的领导下，由财会部门牵头，成立有相关部门参加的财产清查小组，负责财产清查的领导和组织工作。其主要职责是：实施清查以前，合理安排清查工作；清查过程中，进行监督、检查和指导；清查结束后，提出处理意见和建议。

清查小组主要负责制订清查计划，检查、督促清查工作，进行清查工作总结。

（二）业务准备

物资和业务上的准备是进行财产清查的前提条件，各业务部门，特别是会计部门和会计人员应该积极配合、主动参与，做好相关的准备工作。

1. 会计部门的准备工作

会计人员应该将截止到财产清查时点之前的所有经济业务登记入账，结算出账簿余额，并认真进行核对，以保证账证相符和账账相符。

2. 物资保管部门的准备工作

财产物资保管人员在进行财产清查之前应该将各项财产物资的收入与发出办好凭证手续，全部登记到保管账簿，结算出余额，并与会计部门的有关总分类账核对相符。同时，保管人员应该将其所保管的物资进行整理、排列，挂上标签，表明品种、规格和结存数量，以便进行实物盘点。

3. 清查小组的准备工作

清查小组在财产清查开始之前要召开预备会议，将财产清查计划下发到每一个参与单位和参与人员，同时清查人员按清查小组的计划和要求，进行清查。在清查财产物资时，应有财产物资的保管人员在场，并登记盘点表；清查现金，应有出纳人员在场，并登记现金盘点报告表；清查银行存款，应将银行存款日记账和银行对账单核对，并记录"未达账项登记表"，必要时还可以到银行查证；清查债权债务，可通过询证、函证进行核实，并登记"结算款项核对登记表"。

四、财产清查的方法

为了查明财产清查对象的实有数额，完成清查的任务，应了解和掌握财产清查的各种具体方法。

（一）实地盘点法

实地盘点法就是对财产在存放地点采用点数、量尺、过磅计量其数量的方法。此种方法适用于能直接查清数量的财产，如对库存现金的清点、对机器设备的清查等。

（二）抽样盘点法

抽样盘点法就是对某些价值小、数量多、不便逐一点数的财产，采取从其总体或总量中抽取少量样品，确定其样品的数量，然后再计算其总体数量的方法。抽样盘点法又分为随机抽样、机械抽样、分层抽样等具体方法。

① 随机抽样就是从样本总体单位中抽取部分单位进行盘点，以其结果推算总体的有关指标的抽样方法。

② 机械抽样也称系统抽样，就是将总体单位按一定的顺序排列，根据总体单位数和样本单位数，算出抽取间隔，再按此间隔抽取样本单位的抽样方法。

③ 分层抽样也称类型抽样，就是总体中各单位按某一标志分成若干类，从各类抽取若干清查单位的抽样方法。

（三）测量计算法

测量计算法是对某些储存量大、存放比较有规则，但不便逐一点数的财产物资采用的一种清查方法，如清查储油罐中的油。

（四）估计法

估计法就是对某些重量大、堆放不规则或无法确定其准确数量的财产物资估计其数量的一种清查方法。估计法又可分为经验估计法和比较估计法。

经验估计法就是由有经验的人员根据自己多年的实际经验，通过对实物进行观察而得出数据的一种方法。

比较估计法就是根据所清查的对象先找出一种同类标准物作为比较，然后确定其价值或数量的一种方法。

（五）推算法

推算法就是根据已有资料推算其结果的一种方法。

（六）对账单法

对账单法就是将账簿记录与对方开出的对账单进行核对，或根据本单位账簿记录给对方开出对账单，供其与之核对。这种方法常用于清查银行存款和往来款项。

（七）查询法

查询法就是采取发函或派人前往对方企业当面查核、询问的一种方法。此种方法适用于债权债务、款项尾欠等业务的清查。

小　　结

财产清查是为编制财务报表提供会计信息的一种专门方法。财产清查包括全面清查、局部清查、定期清查、不定期清查。企业应根据业务需要确定清查方法。

职业能力训练

一、单选题

1. 一般来说，在企业撤销、合并和改变隶属关系时，应对财产进行（　　）。
   A. 全面清查　　　　B. 局部清查　　　　C. 实地盘点　　　　D. 定期清查

2. 对于大量堆积的煤炭进行清查，一般采用（　　）法。
   A. 实地盘点　　　　B. 抽查检验　　　　C. 技术推算　　　　D. 查询核对

3. 出纳人员发生变动时，应对其保管的库存现金进行清查，这种财产清查属于（　　）。
   A. 全面清查和定期清查　　　　　　B. 局部清查和不定期清查
   C. 全面清查和不定期清查　　　　　D. 局部清查和定期清查

4. 以下情况中，宜采用局部清查的是（　　）。
   A. 年终决算前进行的清查　　　　　B. 企业清产核资时进行的清查
   C. 企业更换财产保管人员时进行的清查　D. 企业改组为股份制试点企业进行的清查

5. 财产清查是用来检查（　　）的一种专门方法。

    A. 账实是否相符　　B. 账账是否相符　　C. 账表是否相符　　D. 账证是否相符

6. 单位主要领导调离前进行的财产清查属于（　　）。

    A. 重点清查　　　　B. 全面清查　　　　C. 局部清查　　　　D. 定期清查

7. 单位撤销、合并所进行的清查按时间分类，属于（　　）。

    A. 全面清查　　　　B. 局部清查　　　　C. 定期清查　　　　D. 不定期清查

8. 下列项目清查时应采用实地盘点法的是（　　）。

    A. 应收账款　　　　B. 应付账款　　　　C. 银行存款　　　　D. 固定资产

二、多选题

1. 由于仓库保管员变动工作岗位，对其保管的全部存货进行盘点属于（　　）。

    A. 定期清查　　　　B. 不定期清查　　　　C. 全面清查　　　　D. 局部清查

2. 发生下列（　　）事项需要对财产物资进行不定期的局部清查。

    A. 库存现金、财产物资保管人员更换时

    B. 企业变更隶属关系时

    C. 发生非常灾害造成财产物资损失时

    D. 企业进行清产核资时

3. 财产清查按清查的时间可分为（　　）。

    A. 定期检查　　　　B. 不定期检查　　　　C. 全面检查　　　　D. 局部清查

4. 财产清查按清查对象的范围可分为（　　）。

    A. 定期清查　　　　B. 不定期清查　　　　C. 全面清查　　　　D. 局部清查

5. 以下情形中，应该对财产进行不定期清查的有（　　）。

    A. 发现库存现金被盗　　　　　　　　B. 与其他企业合并

    C. 年终决算　　　　　　　　　　　　D. 自然灾害造成部分财产损失

6. 财产清查的意义有（　　）。

    A. 确保会计资料真实可靠　　　　　　B. 保护财产物资的安全完整

    C. 提高资金使用效能　　　　　　　　D. 建立健全规章制度，提高企业管理水平

7. 单位年终决算时进行的清查属于（　　）。

    A. 全面清查　　　　B. 局部清查　　　　C. 定期清查　　　　D. 不定期清查

8. 常用的实物资产清查的方法包括（　　）。

    A. 技术推算法　　　B. 实地盘点法　　　C. 函证核对法　　　D. 账目核对法

9. 下列情形中，需要进行全面清查的有（　　）。

    A. 单位进行撤并时　　　　　　　　　B. 对外投资时

    C. 开展清产核资时　　　　　　　　　D. 单位负责人调离时

10. 财产清查结果的处理要求包括（　　）。

    A. 查明盘盈盘亏产生的原因　　　　　B. 建立健全财产管理制度

    C. 积极处理积压货物　　　　　　　　D. 对财产盘盈盘亏做出账务处理

三、判断题

1. 定期财产清查一般在结账以后进行。　　　　　　　　　　　　　　　　　（　　）

2. 从财产清查对象的范围看，全面清查只有在年终进行。　　　　　　　　（　　）

3. 技术推算法是指利用技术方法推算财产物资账户数的方法。　　　　　（　　）

4. 全面清查是对企业所有财产物资进行全面的盘点和核对，包括各种存货，委托外单位加工、保管的材料。　　　　　　　　　　　　　　　　　　　　　　　（　　）

5. 对存放的大宗物资进行清查应采用技术推算法。　　　　　　　　　　（　　）

任务2　货币资金的清查

【任务目标】

知识目标：掌握货币资金清查的方法，理解未达账项的含义，正确设置、使用有关清查账户。

能力目标：能完成货币资金的实际清查工作。

情感目标：货币资金清查是一项重要的财务工作，要求学生在将来实际工作中一定要认真对待。

【会计故事】

某公司出纳人员贪污公司款项案

A 会计师事务所在对 G 公司进行审计时，在对货币资金项目审计中执行如下的审计程序：到达现场前将询证函交给出纳李某，由其到银行函证后带回，在现场审计时再交给审计助理，同时提供银行对账单。对于未达账项，G 公司是由李某编制未达账项调整表，审计人员只是对于重要的未达账项进行检查。

几年来，A 会计师事务所一直在这样进行审计，G 公司出纳也一直由李某担任，并配合会计师事务所的审计工作。之后一次偶然事件中，李某临时调任，由其妻子接任出纳，在与银行对账时发现差额较大。在检查对账单时发现，该对账单是伪造的。进一步调查中，G 公司发现，李某竟然贪污公款 100 多万元。

结果：A 会计师事务所被辞聘，公司向李某追回贪污款 60 余万元，由于李某的父亲是该公司的老员工、李某的妻子也在该公司工作，因此公司决定仅向李某一家追回剩余的贪污款项，并未向李某提起诉讼。

但银行由于李某伪造银行公章，对李某提起诉讼，李某因此锒铛入狱。

工作1　库存现金的清查

一、库存现金清查的方法

库存现金清查的基本方法是实地盘点法。实地盘点法是指通过对库存现金的实有数进行盘点，进而与现金日记账的余额进行核对，从而查明账实是否相符的方法。

库存现金的清查可分为以下两种情况。

① 在日常工作中，现金出纳员每日清点库存现金实有数额，并及时与现金日记账的余额相核对。这种清查方法实际上是现金出纳员的分内职责。

② 由专门清查人员进行的清查。清查人员要认真审核收付款凭证和账簿记录，检查经济业务的合理性和合法性，以及是否存在以白条或借据充抵现金的现象等。为了明确经济责任，出纳人员必须在场。

现金盘点结束后，应根据盘点的结果填制"库存现金盘点报告表"。它是重要的原始凭证，且有"实存账存对比表"的作用。"库存现金盘点报告表"的格式如表7-1所示。

表 7 - 1　库存现金盘点报告表

单位名称：　　　　　　　　　　　　年　月　日

实存金额	账存金额	实存与账存对比结果		备注
		盘　盈	盘　亏	

盘点人签章：　　　　　　　　　　　　　　　　　出纳员签章：

二、库存现金清查的账务处理

企业应要设置"待处理财产损溢"账户，然后根据查明的原因进行相应的账务处理。

"待处理财产损溢"账户，用来反映和监督各个单位在财产清查过程中查明的各种财产的盈亏或损毁及其报经批准后的转销数额。该账户是一个暂记账户，它属于双重性质账户，下设"待处理流动资产损溢"和"待处理固定资产损溢"两个明细账户，以进行明细分类核算。

该账户借方登记各项财产的盘亏或损毁数额和各项盘盈资产报经批准后的转销数；贷方登记各项财产的盘盈数额和各项盘亏或盘盈财产报经批准后的转销数。按规定企业各项资产的盘盈、盘亏必须于期末结账前处理完毕，所以该账户期末无余额。

由于财产清查结果的账务处理需报经企业管理部门批准，所以在账务处理上分为两个步骤。第一步，将财产清查中发现的盘盈、盘亏或损毁数，通过"待处理财产损溢"账户进行核算，对方是有关的财产物资账户，以调整其账面记录，使账存数和实存数相一致。第二步，在审批之后，应根据批准的处理意见，再从"待处理财产损溢"账户中转入有关收入费用类账户中。

企业要分析账实不符的原因（见表7-2），设置相应的账户，进行相应的账务处理。

表 7 - 2　账存实存不一致的主要原因

库存现金清查的结果	原因	账务处理
盘亏（短款）	记账差错	错账更正
	责任人管理不善	记入"其他应收款"
	原因不明	记入"管理费用"

续表

库存现金清查的结果	原因	账务处理
盘盈（长款）	记账差错	错账更正
	少付相关单位或人员	记入"其他应付款"
	原因不明	记入"营业外收入"

【小整理】

	盘盈	盘亏
现金	批准前： 借：库存现金 　贷：待处理财产损溢 批准后： 借：待处理财产损溢 　贷：其他应付款（应支付给其他单位的） 　　营业外收入（无法查明原因的）	批准前： 借：待处理财产损溢 　贷：库存现金 批准后： 借：管理费用（无法查明原因的） 　　其他应收款（责任人赔偿的部分） 　贷：待处理财产损溢

三、库存现金清查的实例

【例7-1】和美公司 20×7 年 12 月 30 日月末盘点，实存 1 300 元，账存 1 500 元；发现盘亏库存现金 200 元。经查，上述库存现金短缺中的 100 元应由出纳员赔偿，另外 100 元无法查明原因，经批准后，列作管理费用。

要求：

（1）进行库存现金盘点，填制"库存现金盘点报告表"，并签字盖章。

（2）对清查结果进行账务处理。

分析：

① 填制库存现金盘点报告表（见表 7-3）。

表 7-3　库存现金盘点报告表

单位名称：和美公司　　　　　　　　　20×7 年 12 月 30 日

实存金额	账存金额	实存与账存对比结果		备注
		盘盈	盘亏	
1 300	1 500		200	

盘点人签章：张清点　　　　　　　　　　　　出纳员签章：赵子息

② 进行账务处理。

批准前，

借：待处理财产损溢——待处理流动资产损溢　　　　　　200

　贷：库存现金　　　　　　　　　　　　　　　　　　　　200

因此应该根据库存现金盘点报告表填制付款凭证，如表 7-4 所示。

表7-4 付款凭证

科目：库存现金 　　　　　　　20×7年12月30日 　　　　　　　现付字第186号

摘要	对应科目		金额									附件张数
	总账科目	明细科目	千	百	十	万	千	百	十	元	角	分
库存现金盘亏	待处理财产损溢	待处理流动资产损溢						2	0	0	0	0
合　计							¥	2	0	0	0	0

附件张数：1张

会计主管×× 　　　　记账×× 　　　　出纳×× 　　　　审核××

经查明，库存现金短缺中的100元应由出纳员赔偿，另外100元无法查明原因，经批准后，列作管理费用，公司给出处理意见，如图7-2所示。

财产清查结果处理决定

财务科：

　　财产清查结果处理决定如下：现金短款中的100元应由出纳员赔偿，另外100元无法查明原因，经批准后，列作管理费用。

和美公司

20×7年12月25日

图7-2 处理意见

根据这一处理结果，编制会计分录如下。

借：其他应收款——赵子息 　　　　　　　　　　　　　　　　　　　　100
　　管理费用——其他 　　　　　　　　　　　　　　　　　　　　　　100
　　贷：待处理财产损溢——待处理流动资产损溢 　　　　　　　　　　　　　200

综合以上的分析，应根据公司财产清查处理决定填制转账凭证，如表7-5所示。

表7-5 转账凭证

　　　　　　　　　　　　　　　　　　　　　　　　　　　　　　转字第218号

20×7年12月30日 　　　　　　　　　　　　　　　　　附件1张

摘要	会计科目		记账	借方金额	贷方金额
	总账科目	明细科目			
财产清查结果处理	其他应收款	赵子息	100		
	管理费用	其他	100		
	待处理财产损溢	待处理流动资产损溢			200
合计				200	200

会计主管：×× 　　记账：×× 　　审核：×× 　　制单：××

工作2　银行存款的清查

一、银行存款的清查方法

银行存款的清查方法与库存现金的清查方法不同，它是通过与开户银行进行账目核对进行的。通过双方记录的核对，检查双方记录有无错误、有无未达账项，并在此基础上确定银行存款的实有额。

清查银行存款，应将银行存款日记账同银行寄来的对账单逐日逐笔进行核对。核对时，一般会出现银行存款余额不一致的情况。造成双方余额不一致的原因主要有两个：一是企业或银行记录错误；二是未达账项的影响。

未达账项是对于同一经济交易或事项，由于结算凭证在企业和银行间传递时间上的先后，一方已经入账，而另一方尚未接到有关凭证而未入账的款项。

未达账项主要包括以下两种情况：一是企业的银行转账票据的收付款（如企业收到或开出的转账支票），企业已入账，由于本单位或接受票据单位未能将票据即时送达银行，银行尚未入账；二是银行代企业的收付款，银行收到已入账，由于该票据（如委托银行办的托收承付票据）未能即时送达企业，企业尚未入账。上述任何一种情况发生，都会使企业与银行的账面余额不相一致，出现：企业已收、银行未收，企业已付、银行未付，银行已收、企业未收，银行已付、企业未付四种情况。

如果发现未达账项，应先在"银行存款未达账项登记表"中进行登记；然后通过编制"银行存款余额调节表"进行余额调整，落实银行存款额。调整时，应以双方的账面余额为基础，各自加上对方已收而自己未收的款额，减去对方已付而自己未付的款额。

二、银行存款清查实例

【例7-2】和美公司20×7年12月31日银行存款清查资料为：银行存款日记账的余额为742 590元，银行转来的对账单余额为646 790元，具体资料如下。

① 12月28日，企业送存银行一张转账支票，金额120 000元，企业已记银行存款增加。

② 12月29日，因销售商品收到98#转账支票一张（15 000元）。

③ 12月29日，开出78#现金支票一张（1 000元）。

④ 12月31日，企业开出79#转账支票一张，金额15 000元，企业已记银行存款减少。

⑤ 12月29日，支付78#现金支票金额（1 000元）。

⑥ 12月30日，收到98#转账支票（15 000元）。

⑦ 12月30日，收到企业委托的收款10 000元，银行已登记入账。

⑧ 12月31日，银行代企业支付水电费800元，银行已登记入账。

要求：根据银行日记账和银行对账单进行银行存款的清查，编制"银行存款余额调节表"。

分析：

（1）查找未达账项

经过逐笔核对发现有如下未达账项。

① 28日，企业送存银行一张转账支票，金额120 000元，企业已记银行存款增加。

② 30日，企业委托银行收款10 000元，银行已登记入账，但企业尚未收到收款通知。

③ 31日，企业开出转账支票一张，金额15 000元，企业已记银行存款减少，但持票单

位尚未到银行办理转账手续。

④ 31 日，银行代企业支付水电费 800 元，银行已登记入账，但企业尚未收到付款通知。

（2）编制银行存款余额调节表（见表 7 - 6）

表 7 - 6　银行存款余额调节表

单位名称：和美公司　　　　　　　　　20×7 年 12 月 31 日

日期	项目	金额	日期	项目	金额
	银行存款日记账余额	742 590		银行对账单	646 790
	加：银行已收、企业未收			加：企业已收，银行未收	
30	企业委托银行收款，银行已登记入账，企业尚未登记入账	10 000	28	企业送存银行一张支票，企业已经登记银行存款增加，银行尚未入账	120 000
	减：银行已付，企业未付			减：企业已付，银行未付	
31	银行已经代企业支付水电费，企业尚未登记入账	800		企业开出转账支票一张，企业已登记减少，银行尚未登记	15 000
	调整后余额	751 790		调整后余额	751 790

小　结

　　库存现金清查采取的是实地盘点法，根据盘点结果填制库存现金盘点报告表，分析差额原因，企业给出处理意见后，如实记账。银行存款清查采取对账单法。未达账项是指企业与银行之间，由于凭证传递上的时间差，一方已经登记入账，另一方尚未登记入账的款项。由于未达账项的存在，需要编制银行存款余额调节表。银行存款余额调节表不能作为记账的依据。

职业能力训练

一、单选题

1. 库存现金清查中对无法查明原因的长款，经批准应记入（　　）。

A. 其他应收款　　　　B. 其他应付款　　　　C. 营业外收入　　　　D. 管理费用

2. 下列记录可以作为调整账面数字的原始凭证的是（　　）。

A. 盘存单　　　　　　　　　　　　　B. 实存账存对比表

C. 银行存款余额调节表　　　　　　　D. 往来款项对账单

3. 月末企业银行存款日记账余额为 180 000 元，银行对账单余额为 170 000 元，经过未达账项调节后的余额为 160 000 元，则对账日企业可以动用的银行存款实有数额为（　　）元。

A. 180 000   B. 160 000   C. 170 000   D. 不能确定

4. 库存现金清查时，（　　）必须在场。

 A. 记账人员   B. 出纳人员   C. 单位领导   D. 会计主管

5. 在企业与银行双方记账无误的情况下，银行存款日记账与银行对账单余额不一致是由于有（　　）存在。

 A. 应收账款   B. 应付账款   C. 未达账项   D. 其他应付款

6. 银行存款日记账余额为 56 000 元，调整前银行已收、企业未收的款项为 2 000 元，企业已收、银行未收款项为 1 200 元，银行已付、企业未付款项为 3 000 元。则调整后的银行存款余额为（　　）元。

 A. 56 200   B. 55 000   C. 58 000   D. 51 200

7. 银行存款余额调节表中调节后的余额是（　　）。

 A. 银行存款账面金额

 B. 对账单余额与日记账余额的平均数

 C. 对账日企业可以动用的银行存款实有数额

 D. 银行方面的账面金额

8. 对银行存款进行清查时，应将（　　）与银行对账单逐笔核对。

 A. 银行存款总账   B. 银行存款日记账

 C. 银行存款备查簿   D. 库存现金日记账

9. 12 月 31 日某企业银行存款日记账的余额为 150 000 元，经逐笔核对，未达账项如下：银行已收、企业未收款项为 92 000 元；银行已付、企业未付款项为 2 000 元。调整后的企业银行存款余额应为（　　）。

 A. 240 000 元   B. 60 000 元   C. 56 000 元   D. 244 000 元

10. "待处理财产损溢"账户未转销的借方余额表示（　　）。

 A. 等待处理的财产盘盈

 B. 等待处理的财产盘亏

 C. 尚待批准处理的财产盘盈数大于尚待批准处理的财产盘亏和毁损数的差额

 D. 尚待批准处理的财产盘盈数小于尚待批准处理的财产盘亏和毁损数的差额

二、多选题

1. 银行存款日记账余额与银行对账单余额不一致，原因可能有（　　）。

 A. 银行存款日记账有误   B. 银行记账有误

 C. 存在未达账项   D. 存在企业与银行均未付的款项

2. 出纳人员每天工作结束前都要将库存现金日记账与库存现金实存数核对，这属于（　　）。

 A. 定期清查 B. 不定期清查 C. 全面清查 D. 局部清查

3. 企业编制银行存款余额调节表，在调整银行存款日记账余额时，应考虑的情况有（　　）。

 A. 企业已收、银行未收款项   B. 银行已收、企业未收款项

 C. 银行已付、企业未付款项   D. 企业已付、银行未付款项

4. "待处理财产损溢"账户借方登记的有（　　）。

A. 等待批准处理的财产盘亏、损毁　　B. 经批准转销的财产盘亏、毁损

C. 等待批准处理的财产盘盈　　　　　D. 经批准转销的财产盘盈

5. 使企业银行存款日记账的余额小于银行对账单余额的未达账项有（　　）。

A. 企业已收款记账而银行尚未收款记账　B. 企业已付款记账而银行尚未付款记账

C. 银行已收款记账而企业尚未收款记账　D. 银行已付款记账而企业尚未付款记账

三、判断题

1. 库存现金的清查包括出纳人员每日的清点核对和清查小组定期和不定期的检查。

（　　）

2. 账实不符是财产管理不善或会计人员水平不高的结果。（　　）

3. 未达账项仅仅是指企业未收到凭证而未入账的款项。（　　）

4. 对银行存款进行清查时，如果存在账实不符现象，肯定是由于未达账项引起的。

（　　）

5. 库存现金清查包括出纳人员每日终了前进行的库存现金账核对和清查小组进行的定期或不定期的现金盘点、核对。清查小组清查时，出纳人员可以不在场。（　　）

四、业务题

1. 新华公司20×7年1月5日对现金日记账进行清查，发现现金总额比账面余额少1 800元。后经调查发现，该现金应由出纳李影负责赔偿600元，公司应承担管理责任1 200元，经批准，同意1 200元作为管理费用列支。要求：

（1）批准前，根据库存现金盘点报告表填制付款凭证（见表7-7）。

表7-7　付款凭证

科目：　　　　　　　　　　　年　月　日　　　　　　　　　　字第　号

摘要	对应科目		金额									
	总账科目	明细科目	千	百	十	万	千	百	十	元	角	分
合　计												

会计主管　　　　　记账　　　　　出纳　　　　　审核

（2）批准后，进行账务处理，写出会计分录。

2. 心悦公司20×7年6月30日银行存款日记账账面余额为236 400元，而银行对账单上企业存款余额为233 200元，经逐笔核对，发现以下未达账项。

① 企业委托银行代收款项5 000元，银行已收妥入账，企业尚未接到银行的收款通知，所以企业未登账。

② 企业开出支票1 400元，持票人尚未到银行办理转账，银行尚未登账。

③ 银行代付电话费1 200元，企业尚未收到银行付款通知，所以企业尚未登账。

④ 企业送存支票8 400元，银行尚未登入企业存款账户。

要求：编制银行存款余额调节表。

任务 3　实物资产的清查

【会计故事】

这个损失谁来负责?

　　老王是和美公司仓库保管员。一天，老王中午去食堂吃饭的时候没有关仓库的通风窗，结果天降暴雨，窗户附近的货物全部被雨水淋湿，造成经济损失 300 万元。

　　这可愁坏了老王，300 万元对于他来说是个天文数字，怎么赔偿呢？老王吃不下饭，也睡不着觉。他主动找到领导检讨、谈责任，并对领导承诺自己就算卖房卖地也一定能赔偿公司的损失 300 万元。

　　领导看看老实憨厚的老王，语重心长地对老王说："老王，这件事情虽然你有一定的责任，但是并非由你来进行全部赔偿。首先公司为仓库中的库存货物投保了，因降暴雨致仓库进水，按保险合同保险公司会给我们赔偿 225 万元。公司在仓库管理方面的制度存在一些不完善的地方，由于企业管理不善造成的经济损失，记为管理费用。因此公司董事会决定，由于暴雨是不可抗力，造成的损失公司决定记为营业外支出；当然你本人也有一定责任，公司决定由你负责赔偿 5000 元。"

　　老王一听，忙说："谢谢!"

工作 1　存货的清查

一、存货清查的方法

　　存货清查是检查存货的储存保管情况，确定存货账实是否相符，落实存货保管责任的主要手段。存货清查的目的是保护存货物资的安全完整、保证账实相符。

　　存货清查应注意以下几个问题。

　　① 每年在编制年度报表前，必须对存货进行一次全面清查。

　　② 为了加强控制，还应在年内结合企业实际情况进行定期或不定期的轮流清查或重点清查。

　　③ 除了要进行实物盘点、账实核对外，应注意存货的质量和储存情况。

二、存货清查的账务处理

企业会计制度明确规定，企业清查的各种存货的损溢，应于期末前查明原因，并根据企业的管理权限，经股东大会或董事会，或经理（厂长）会议或类似机构批准后，在期末结账前处理完毕。如清查的各种财产的损溢，在期末结账前尚未经批准的，在对外提供财务报告时先按上述规定进行处理，并在财务报表附注中做出说明；如果其后批准处理的金额与已处理的金额不一致的，调整财务报表相关项目的年初数。账务处理原则如下。

1. 当出现盘盈的情况

在产品盘盈，冲减制造费用；其他存货盘盈，冲减管理费用。

2. 当出现盘亏的情况

① 管理不善，列为管理费用。

② 无法确定过失人或赔偿单位，列为管理费用。

③ 由过失人或责任单位引起，扣除过失人或责任单位赔款和保险赔款后的净额列入管理费用。

④ 自然灾害，扣除残值和保险赔款后的净额列入营业外支出；在产品盘亏，列为制造费用。

【小整理】

	盘盈	盘亏
存货	报经批准前： 借：原材料、库存商品等 　　贷：待处理财产损溢——待处理流动资产损溢 报经批准后： 借：待处理财产损溢——待处理流动资产损溢 　　贷：管理费用	报经批准前： 借：待处理财产损溢——待处理流动资产损溢 　　贷：原材料、库存商品等 报经批准后： 借：管理费用 　　其他应收款 　　营业外支出 　　贷：待处理财产损溢——待处理流动资产损溢

三、存货清查账务处理实例

【例 7-3】和美公司 20×7 年 12 月 31 日的存货盘点资料如下。

① 盘亏离心风机 A 型 130 件，假设成本 40 001 元，单价 307.70 元。其中，账存数是 700 件，实存数量是 570 件。编制记账凭证，调整库存商品账存数。经查明，因自然灾害造成盘亏，由保险公司赔偿 30 000 元，其余经批准列作营业外支出。

② 盘盈乙材料 50 千克，成本 5 000 元，单价 100 元。其中，账存数 1 348 千克，实存数 1 398 千克。编制记账凭证，调整原材料账存数。盘盈原因不明，经批准冲减管理费用。

③ 盘亏低值易耗品 500 元，其中账存数 400 件，共 4 000 元；实存数 350 件，共 3 500 元。编制记账凭证，调整低值易耗品账存数。

要求：

（1）进行存货盘点，填制"实存账存对比表"。

（2）对清查结果进行账务处理。

分析：

（1）填制盘存单（见表7-8）、实存账存对比表（见表7-9）

表7-8 盘存单

单位名称：和美公司　　　　　盘点时间：20×7年12月31日
财产类别：存货　　　　　　　存放地点：1号仓库　　　　　　金额单位：元

编号	名称	规格和型号	计量单位	数量	单价	金额	备注
005	离心风机	A	件	570	307.70	175 389	
006	原材料	乙	千克	1 398	100	139 800	
007	低值易耗品		件	350	10	3 500	

盘点人签章　　　　　　　　　　　　　　实物保管人签章

表7-9 实存账存对比表

单位名称：和美公司　　　　　20×7年12月31日　　　　　　金额单位：元

编号	类别名称	规格型号	计量单位	单价	账存 数量	账存 金额	实存 数量	实存 金额	对比结果 盘盈 数量	盘盈 金额	盘亏 数量	盘亏 金额	备注
005	离心风机	A型	件	307.7	700	215 390	570	175 389			130	40 001	
006	原材料	乙材料	千克	100	1 348	134 800	1 398	139 800	50	5 000			
007	易耗品		件	10	400	4 000	350	3 500			50	500	

单位负责人签章：王浪　　　　　　　　　　填表人签章：谢娜

（2）进行账务处理

①批准前，根据"实存账存对比表"填制转字289号凭证。

借：待处理财产损溢——待处理流动资产损溢　　　　　　　　40 001

　　贷：库存商品——A型　　　　　　　　　　　　　　　　　　　40 001

根据公司处理决定填制转字290号凭证。

借：其他应收款——保险公司　　　　　　　　　　　　　　　30 000

　　营业外支出　　　　　　　　　　　　　　　　　　　　　10 001

　　贷：待处理财产损溢　　　　　　　　　　　　　　　　　　　40 001

②批准前，根据"实存账存对比表"填制转字291号凭证。

借：原材料——乙材料　　　　　　　　　　　　　　　　　　5 000

　　贷：待处理财产损溢　　　　　　　　　　　　　　　　　　　5 000

根据公司处理决定填制转字292号凭证。

借：待处理财产损溢　　　　　　　　　　　　　　　　　　　5 000

贷：管理费用——其他　　　　　　　　　　　　　　　　　　　5 000

③ 批准前，根据"实存账存对比表"填制转字 293 号凭证。

借：待处理财产损溢　　　　　　　　　　　　　　　　　　　　500

　　贷：低值易耗品　　　　　　　　　　　　　　　　　　　　500

根据公司处理决定填制转字 294 号凭证。

借：管理费用　　　　　　　　　　　　　　　　　　　　　　　500

　　贷：待处理财产损溢　　　　　　　　　　　　　　　　　　500

工作 2　固定资产的清查

一、固定资产清查的程序和方法

固定资产在清查过程中采用实地盘点的方式进行，首先填制"固定资产盘盈盘亏报告表"（见表 7-10），然后再根据盘盈盘亏情况进行账务处理。表 7-11 是固定资产盘盈盘亏（毁损）理由书。

表 7-10　固定资产盘盈盘亏报告表

单位名称：　　　　　　　　　　　　年　月　日　　　　　　　　第　号　财固—（　）

卡片号	固定资产编号	固定资产名称	计量单位	盘盈				盘亏或毁损					理由书编号	附注
				数量	市场价	成新率	入账价值	数量	固定资产入账价值	已提折旧	已提减值	账面价值		

单位领导：　　　　技术（设备）主管：　　　　会计机构负责人：　　　　制表人：

表 7-11　固定资产盘盈盘亏（毁损）理由书

单位名称：　　　　　　　　　　　年　月　日　　　　　　第　号　财固—（　）

固定资产编号	卡片号	固定资产名称	规格	计量单位	数量	固定资产入账价值（市场价值）	折旧额（成新率）	已提减值	账面价值（入账价值）

理由	
上级单位审批意见	（盖章）　　年　月　日　　　　　　（盖章）　　年　月　日

单位领导：　　　　技术（设备）主管：　　　　会计机构负责人：　　　　保管人：

二、固定资产清查的账务处理

如果是盘盈的固定资产：企业在财产清查过程中盘盈的固定资产，经查明确属企业所有，按管理权限报经批准后，应根据盘存凭证填制固定资产交接凭证，经有关人员签字后送交企业会计部门，填写固定资产卡片账，并作为前期差错处理，通过"以前年度损益调整"账户核算。盘盈的固定资产通常按其重置成本作为入账价值借记"固定资产"账户，贷记"以前年度损益调整"账户。

如果是盘亏的固定资产：固定资产盘亏时，应及时办理固定资产注销手续，按盘亏固定资产的账面价值，借记"待处理财产损溢——待处理固定资产损溢"账户，按已提折旧额，借记"累计折旧"账户，按其原价，贷记"固定资产"账户。报经批准后，对于盘亏的固定资产，应及时查明原因，按管理权限报经批准后，按过失人及保险公司应赔偿额，借记"其他应收款"账户，按盘亏固定资产的原价扣除累计折旧和过失人及保险公司赔偿后的差额，借记"营业外支出"账户，按盘亏固定资产的账面价值，贷记"待处理财产损溢——待处理固定资产损溢"账户。

【小整理】

	盘盈	盘亏
固定资产	报经批准前： 借：固定资产 　　贷：以前年度损益调整 报经批准后： 借：以前年度损益调整 　　贷：应交税费——应交所得税 　　　　利润分配——未分配利润	报经批准前： 借：待处理财产损溢——待处理固定资产损溢 　　累计折旧 　　固定资产减值准备 　　贷：固定资产 报经批准后： 借：其他应收款 　　营业外支出——盘亏损失 　　贷：待处理财产损溢——待处理固定资产损溢

三、固定资产清查账务处理实例

【例 7-4】 和美公司于 20×7 年 12 月末进行固定资产清查，清查结果如下。

① 12 月 30 日，账外盘盈旧机器一台，重新估价原值 4 800 元，估计已提折旧 3 300 元。

② 12 月 31 日，在财产清查中，盘亏制冷设备一台。原价 50 000 元，已提折旧 30 000 元，净值 20 000 元。经查明，列入"营业外支出"

要求：

(1) 进行固定资产清查，填制"固定资产盘盈盘亏报告表"。

(2) 对清查结果进行账务处理。

分析：

(1) 填制固定资产盘盈盘亏报告表（见表 7 - 12）

表 7 - 12　固定资产盘盈盘亏报告表

单位名称：和美公司　　　　　　　　　20×7 年 12 月 31 日　　　　　　　　　第　　号　财固一（　　）

卡片号	固定资产编号	固定资产名称	计量单位	盘盈				盘亏或毁损						理由书编号	附注
				数量	原价	重置价值	已计提折旧	数量	原价	已提折旧	已提减值	账面价值			
021	24 390	机器	台	1	4 800		3 300								
023	7 654	制冷设备						1	50 000	30 000					

单位领导：××　　　　技术（设备）主管：××　　　　会计机构负责人：××　　　　制表人：××

（2）根据处理决定进行账务处理，填制相应的记账凭证（这里用会计分录来替代记账凭证）

①

借：固定资产　　　　　　　　　　　　　　　　　　　　　　　　　　　4 800
　　贷：以前年度损益调整　　　　　　　　　　　　　　　　　　　　　　　　　4 800
借：以前年度损益调整　　　　　　　　　　　　　　　　　　　　　　　　3 300
　　贷：累计折旧　　　　　　　　　　　　　　　　　　　　　　　　　　　　3 300
借：以前年度损益调整 ［（4 800－3 300）×0.25］　　　　　　　　　　375
　　贷：应交税费——所得税　　　　　　　　　　　　　　　　　　　　　　　375
借：以前年度损益调整　　　　　　　　　　　　　　　　　　　　　　　　1 125
　　贷：利润分配——未分配利润　　　　　　　　　　　　　　　　　　　　　1 125

②

批准前：

借：待处理财产损溢——待处理固定资产损溢　　　　　　　　　　　　20 000
　　　累计折旧　　　　　　　　　　　　　　　　　　　　　　　　　30 000
　　贷：固定资产　　　　　　　　　　　　　　　　　　　　　　　　　　50 000
查明原因后，经批准列作营业外支出。
借：营业外支出——盘亏损失　　　　　　　　　　　　　　　　　　　20 000
　　贷：待处理财产损溢——待处理固定资产损溢　　　　　　　　　　　　　20 000

小　结

　　由于实物的形态、体积、重量、码放方式等不同，采用的清查方法也不同，主要采用实地盘点法和技术推算法。清查结束后要针对盘盈盘亏结果进行如实记载，同时分析原因，进行相应的会计处理。

职业能力训练

一、单选题

1. 某企业在财产清查中发现盘亏一台设备，其账面原值为 80 000 元，已提折旧 20 000 元，则该企业记入"待处理财产损溢"账户的金额为（　　）元。
   A. 80 000　　　　　　B. 20 000　　　　　　C. 60 000　　　　　　D. 100 000

2. 盘盈的固定资产经批准后，一般应记入（　　）账户。
   A. "本年利润"　　　　　　　　　　　B. "以前年度损益调整"
   C. "投资收益"　　　　　　　　　　　D. "其他业务收入"

3. 对盘亏的固定资产净损失经批准后可记入（　　）账户的借方。
   A. "制造费用"　　B. "生产成本"　　C. "营业外支出"　　D. "管理费用"

4. 某企业在遭受洪灾后，对其受损的财产物资进行的清查，属于（　　）。
   A. 局部清查和定期清查　　　　　　　B. 全面清查和定期清查
   C. 局部清查和不定期清查　　　　　　D. 全面清查和不定期清查

5. 某企业仓库本期期末盘亏原材料，原因已查明，属于自然损耗。经批准后，会计人员应编制的会计分录为（　　）。
   A. 借：待处理财产损溢　　　　　　　B. 借：待处理财产损溢
   　　　贷：原材料　　　　　　　　　　　　　贷：管理费用
   C. 借：管理费用　　　　　　　　　　D. 借：营业外支出
   　　　贷：待处理财产损溢　　　　　　　　　贷：待处理财产损溢

6. 对原材料、库存商品盘点后应编制（　　）。
   A. 实存账存对比表　　　　　　　　　B. 盘存单
   C. 余额调节表　　　　　　　　　　　D. 对账单

7. 因管理不善而导致的存货的盘亏，应记入（　　）。
   A. "其他应收款"　　B. "管理费用"　　C. "营业外支出"　　D. "财务费用"

8. 在对各种实物资产清查过程中，（　　）必须在场，参加盘点，不易单独承担财产清查工作。
   A. 单位行政领导　　　　　　　　　　B. 会计主管人员
   C. 出纳人员　　　　　　　　　　　　D. 实物保管员

二、多选题

1. 对于盘亏、毁损的存货，经批准后进行账务处理时，可能涉及的借方账户有（　　）。
   A. "其他应收款"　　B. "营业外支出"　　C. "管理费用"　　D. "营业外收入"

2. 下列（　　）的清查适合采用实地盘点法。
   A. 原材料　　　　　　B. 固定资产　　　　　C. 库存现金　　　　　D. 露天堆放的煤

3. 下列业务中属于要通过"待处理财产损溢"账户核算有（　　）。
   A. 库存现金丢失　　　　　　　　　　B. 原材料盘亏

C. 发现账外固定资产　　　　　　　D. 应收账款无法收回

4. 与"待处理财产损溢"账户发生额有对应关系的账户可能有（　　）。

A. "原材料"　　　　B. "固定资产"　　C. "应收账款"　　D. "库存商品"

5. 以下情况中可能造成账实不符的有（　　）。

A. 财产收发计量或检验不准　　　　B. 管理不善

C. 未达账项　　　　　　　　　　　　D. 账簿记录发生差错

三、判断题

1. 经批准转销固定资产盘亏净损失时，账务处理应借记"营业外支出"账户，贷记"固定资产清理"账户。　　　　　　　　　　　　　　　　　　　　　（　　）

2. 存货盘亏、毁损的净损失一律记入"管理费用"账户。　　　　　　（　　）

3. 实物盘点后，"实存账存对比表"可作为调整账面余额的记录的原始依据。（　　）

4. 盘点实物时，发现账面数大于实存数，即为盘盈。　　　　　　　　（　　）

5. 转销已批准处理的财产盘盈数登记在"待处理财产损溢"账户的贷方。（　　）

6. 对于盘盈、盘亏的财产物资，需在期末结账前处理完毕，如在期末结账前尚未批准处理的，等批准后进行处理。　　　　　　　　　　　　　　　　　　（　　）

任务 4　往来款项的清查

【任务目标】

认知目标：掌握往来款项清查的方法，理解坏账的含义并熟练掌握坏账的账务处理。

能力目标：具备对往来款项进行账务处理的能力。

情感目标：培养学生科学谨慎、诚信协作的意识。

【会计故事】

信用隐藏风险

从前，鲁国有一件宝物，叫作岑鼎。鲁国邻国齐国幅员广阔、人口众多，国力很是强盛。为了争夺霸权，齐国向鲁国发起了声势浩大的进攻。鲁国实力弱，勉强抵挡了一阵就全线溃败了。鲁国国君只得派出使者，向齐国求和，齐国答应了，但是有个条件：要鲁国献上岑鼎以表诚意。

鲁国的国君很着急，不献吧，齐国不愿讲和；献吧，又实在舍不得这个宝贝，如何是好呢？正在左右为难之际，鲁国有个大臣出了个主意："大王，齐人从未见过岑鼎，我们何不另献一只鼎去，谅他们也不会看出来。这样既能签订停战协议，又能保住宝贝，难道不是两全之策吗？""妙啊！"鲁国国君拍手称是，大喜道，"就照你说的办！"

于是，鲁国悄悄地换了一只鼎，假说是岑鼎，献给了齐国的国君。

齐国国君得了鼎，左看右看，总觉得这只鼎似乎不如传说中的那样好，再加上鲁国答应得这样爽快，自己又没亲眼见过岑鼎，这只鼎会不会是假的呢？有什么方法能验证它的真伪呢？一位聪明又熟悉鲁国的大臣出点子说："臣听说鲁国有个叫柳季的，非常诚实，是鲁国最讲信用的人，一生没说过半句谎话。让鲁国把柳季找来，如果他也说这只鼎是真的，那我们就可以放心地接受了。"齐王同意了这个建议，派人把这个意思传给了鲁国国君。

鲁国国君没有别的路可走，只得把柳季请来，对他把情况讲明，然后央求他说："就请先生破一回例，说一次假话，以保全宝物。"柳季沉思了半晌，严肃地回答道："您把岑鼎当作最重要的东西，而我则把信用看得最为重要，它是我立身处世的根本，是我用一辈子的努力保持的东西。现在大王想要微臣破坏自己做人的根本来换取您的宝物，恕臣办不到。"

鲁国国君听了这一番义正词严的话，知道再说下去也没有用了，就将真的岑鼎献给了齐国，签订了停战协议。

齐国人不知道该不该相信鲁国人，于是就找来了最有信用的典范——柳季，由柳季来评判，做出结论。齐国人把柳季的结论作为是否相信鲁国的依据。在现代商业经营中，如果你不知道客户是否值得信赖，你会找柳季吗？谁是现代的柳季？信用管理公司就是现代的柳季，充分发挥信用管理公司的作用，降低与客户进行交易的风险，这就是现在财务会计中的信用管理。齐国人很早就掌握了这一方法。信用管理是企业经营中不可缺少的环节。

一、往来款项清查的程序

往来款项清查是对企业的债权、债务、银行借款等款项进行盘点与核对，主要包括各种应收款项、应付款项、应交款项和银行借款。对于往来款项的清查主要采取询证法。询证法是指查账人员根据查账的具体需要，设计好已定格式的函件寄送给相关单位和人员，根据对方的回答来获取有关资料，或者对某些事情进行证实的查询方法。企业应当定期或至少于年度终了对应收账款进行检查，并预计可能产生的坏账损失。

往来款项清查的步骤如下。

① 按每一个经济往来单位填写"往来款项对账单"（一式两联），具体格式如表7-13所示。

表7-13 往来款项对账单

_____单位：
你单位20×7年×月×日购入我单位A产品500件，已付货款46 000元，尚有32 000元尚未支付，请核对后将回联单寄回。   　　　　　　　　　　　　　　　　　　　　　　　　　　　　　　　清查单位：（盖章） 　　　　　　　　　　　　　　　　　　　　　　　　　　　　　　　20×7年×月×日 沿此虚线裁开，将以下回联单寄回！ - 往来款项对账单 _____单位： 你单位寄来的"往来款项对账单"已经收到，经核对相符无误。 　　　　　　　　　　　　　　　　　　　　　　　　　　　　　××单位（盖章） 　　　　　　　　　　　　　　　　　　　　　　　　　　　　　20×7年×月×日

② 根据收到的对方回单，填制"往来账项清查表"，具体格式如表 7 - 14 所示。

表 7 - 14 往来款项清查表

总分类账户名称：　　　　　　　　20×7 年　月　日

明细分类账户		清查结果		核对不符原因分析			备注
名称	账面余额	核对相符金额	核对不符金额	付不出去款	有争议款项金额	其他	

③ 对存在的问题及时处理。确实无法支付的，经批准作为营业外收入处理；确实无法收回的，应批准作为坏账损失冲减坏账准备。

二、坏账与坏账损失

坏账是指企业无法收回或收回的可能性极小的应收账款。由于发生坏账而产生的损失，称为坏账损失。

(一) 确认为坏账的条件

① 债务人死亡，以其遗产清偿后仍然无法收回。

② 债务人破产，以其剩余财产清偿后仍然无法收回。

③ 债务人较长时期内未履行其偿债义务，并有足够的证据表明无法收回或收回的可能性极小。

(二) 坏账损失的核算方法

坏账损失的核算方法有两种：直接转销法和备抵法。

(1) 直接转销法

直接转销法是指实际发生坏账时，直接从应收账款中转销，列作当期管理费用的方法。

① 确认坏账时：

借：管理费用——坏账损失
　　贷：应收账款——××公司

② 已经冲销的应收账款又收回：

借：应收账款——××公司
　　贷：管理费用——坏账损失

同时

借：银行存款
　　贷：应收账款——××公司

直接转销法把发生的坏账损失直接列入当期损益，简单明了。但它没有将各个会计期间发生的坏账损失与应收账款联系起来，影响收入与费用的正确配比，不符合会计核算的稳健性原则。这一方法适用于商业信用较少、坏账损失风险较小的企业。

(2) 备抵法

备抵法是指企业按期估计可能产生的坏账损失，并列入当期费用，形成企业的坏账准备，待实际发生坏账损失时，再冲销坏账准备和应收账款的处理方法。计提坏账准备的方法有三种：应收账款余额百分比法、账龄分析法和销货百分比法。通常使用的是应收账款余额百分比法。这一方法适用于赊销金额大、坏账比例高，且数额较大的企业。备抵法的账务处理方法如下。

① 提取坏账损失时：

借：资产减值损失

　　贷：坏账准备

② 实际发生坏账时：

借：坏账准备

　　贷：应收账款

③ 已确认并转销的坏账又收回的：

借：应收账款

　　贷：坏账准备

同时：

借：银行存款

　　贷：应收账款

三、坏账核算实例

【例7-5】和美公司采用应收款项余额百分比法计提坏账准备，20×7年年末应收账款余额为800 000元，坏账准备的提取比例为4‰。20×8年发生坏账损失4 000元，该年末应收账款余额为980 000元。20×9年发生坏账损失3 000元，上年已冲销的应收账款中有2 000元本年度又收回。该年度末应收账款余额为600 000元。假设"坏账准备"账户在20×7年年初余额为0。

要求：计算各年提取的坏账准备并编制会计分录（要求列出计算过程）。

分析：首先应判断坏账准备的提取方法，本题采用应收款项余额百分比法计提坏账准备。

① 20×7年应提坏账准备＝800 000×4‰＝3 200（元）

根据上述计算结果应编制如下会计分录。

借：资产减值损失　　　　　　　　　　　　　　　　　　　　　　　　　　　　3 200

　　贷：坏账准备　　　　　　　　　　　　　　　　　　　　　　　　　　　　　3 200

20×7年发生坏账损失时，编制如下的会计分录。

借：坏账准备　　　　　　　　　　　　　　　　　　　　　　　　　　　　　　4 000

　　贷：应收账款　　　　　　　　　　　　　　　　　　　　　　　　　　　　　4 000

② 20×8年年末计提坏账准备前"坏账准备"账户的余额为：4 000－3 200＝800（元）

（借方），而要使坏账准备的余额为贷方 980 000×4‰＝3 920（元）；则 20×8 年应提坏账准备＝3 920＋800＝4 720（元）（贷方）。

根据上述计算结果，编制如下会计分录。

借：资产减值损失   4 720

 贷：坏账准备   4 720

③ 20×9 年发生坏账损失时，编制如下会计分录。

借：坏账准备   3 000

 贷：应收账款   3 000

20×9 年收回已冲销的应收账款时，编制如下会计分录。

借：应收账款   2 000

 贷：坏账准备   2 000

借：银行存款   2 000

 贷：应收账款   2 000

20×9 年年末计提坏账准备前"坏账准备"账户的余额为：−800＋4 720−3 000＋2 000＝2 920（元）（贷方），而要使坏账准备的余额为贷方 600 000×4‰＝2 400（元）（贷方），则应冲销坏账准备 2 920−2 400＝520（元），即 20×9 年应提坏账准备为 520 元。

根据上述计算结果，编制如下会计分录。

借：坏账准备   520

 贷：资产减值损失   520

小　　结

> 往来款项的清查应采取询证方进行，对于企业坏账的处理通常采取备抵法。

职业能力训练

一、单选题

1. 对应收账款进行清查应采用的方法是（　　）。

 A. 技术推算法   B. 实地盘点法

 C. 询证法   D. 抽查法

2. 年末，如果"坏账准备"账户有余额，则其期末余额等于（　　）。

 A. 期初余额＋本期借方发生额－本期贷方发生额

  B. 期初余额－本期借方发生额－本期贷方发生额

  C. 期初余额＋本期借方发生额＋本期贷方发生额

  D. 期初余额＋本期贷方发生额－本期借方发生额

3. "坏账准备"账户在期末结账前如果为贷方余额，反映的内容是（　　）。

  A. 已经提取的坏账准备

  B. 已经发生的坏账损失

  C. 收回以前已经确认并转销的坏账损失

  D. 已确认的坏账损失超出坏账准备的余额

4. 甲企业期末按照应收账款余额的5％计提坏账准备，20×7年年末应收账款余额为100万元。20×8年年末应收账款余额增加20万元，发生坏账损失1万元，则20×8年应提取的坏账准备为（　　）万元（假设该企业不存在需要提取坏账准备的其他应收款）。

  A. 6. 95   B. 1. 95   C. 2. 95   D. 5. 95

5. 备抵法下，已确认的坏账又收回时，应借记（　　）账户，贷记"坏账准备"账户。

  A. "银行存款" B. "营业外收入" C. "管理费用" D. "应收账款"

二、业务题

  甲公司采取应收账款余额百分比法提取坏账准备，坏账提取比例为应收账款的15％，甲公司20×7年年初应收账款余额为2 000万元，已提坏账准备为300万元，当年发生与应收款项有关的四笔业务：新增赊销额400万元；收回应收款项600万元；发生坏账180万元；收回以前的坏账350万元；则20×7年甲公司应计提或反冲的坏账为多少元？

学习情境四

财务报告

项目 8

财务报表编制

任务 1　走进财务报告

【任务目标】

认知目标：了解财务报告的概念及其作用；明确财务报告的分类及编制要求。

能力目标：具备分析问题、解决问题的能力。

情感目标：遵守诚实守信的道德标准。

【会计故事】

朱镕基为何破例给国家会计学院题词？

"人们奋斗所争取的一切，都同他们的利益有关。"应该承认，从高蹈的禁欲主义，到对利益的肯定承认，不仅是务实选择，也是一个进步。然而，正如水的底线是零度，如果低于零度就不称其为水；象棋棋子，形势再危急也不能越出棋盘底线，否则游戏无法继续。"实用主义"也应有其文明底线。实用主义大师杜威强调"道德是最终和最高目的"，而功利主义鼻祖边沁追求的也是最大多数人的善。看过电影《泰坦尼克号》的人都知道，在轮船即将沉没之际，从船长到乘客都不约而同做出了选择：妇孺优先，这一幕在"9·11"事件中再次重演。即便在生死考验面前，文明的底线依然被勇敢守卫。

一个社会肌体的健康，离不开这种守卫。很难想象，如果人人都信奉"有用即真理""有奶便是娘"而不择手段、不顾他人，我们的社会生活会是一种怎样的情景。当医生不再信奉救死扶伤的人道精神，而死死盯住病人的钱包时；当商人不讲诚信，而唯利是图、坑蒙拐骗，大赚昧心钱时；当政府公职人员不恪尽职守，而寻觅各种商机、把做官当作生意来做时……社会良知和社会秩序将不复存在。

从不题字的朱镕基，却破例给国家会计学院题词"不做假账"，这就是对底线的重申。这种底线，就是一个人基本的道德法律义务，就是让人之为人、社会正常运转的基本常识。你生产奶粉赚钱，但不能含有三聚氰胺；你给别人做手术，但不能把纱布留在别人身体里；你伸张社会正义，但不能进行刑讯逼供；你打击非法黑车，但不能搞"钓鱼执法"；为了公共利益拆迁，也要维护别人的生存权。

经济的高速发展固然可喜，但如果文明的底线模糊不清、得不到敬畏坚守，那么这样的繁荣就会十分脆弱。正如文艺复兴揭开了欧洲近代历史的序幕，中华民族走向复兴，不仅要有物质基础，更要有精神准备，首要的一点就是在滚滚的物质红尘中捍卫文明的底线。

资料来源：根据互联网资料整理．

一、财务报告的概念及作用

1）财务报告的概念

财务报告是指单位会计部门根据经过审核的会计账簿和有关资料，编制并对外提供的反映单位某一特定日期财务状况和某一会计期间经营成果、现金流量及所有者权益等会计信息的总结性书面文件。

财务报告包括：财务报表、财务报表附注和财务情况说明书。

财务报表是指企业以一定的会计方法和程序由会计账簿的数据整理得出，以表格的形式反映企业财务状况、经营成果和现金流量的书面文件。财务报表是财务会计报告的主体和核心。企业财务报表按其反映的内容不同，分为资产负债表、利润表、现金流量表、所有者权益（股东权益）变动表。其中，相关附表是反映企业财务状况、经营成果和现金流量的补充报表，主要包括利润分配表及国家统一会计制度规定的其他附表。

财务报表附注是为了便于财务报表使用者理解财务报表的内容而对财务报表的编制基础、编制依据、编制原则和方法、主要项目等所做的解释。财务报表附注是财务报告的一个重要组成部分，它有利于增进会计信息的可理解性，提高会计信息的可比性和突出重要的会计信息。

2）财务报告的作用

财务报告的目标是向财务报告使用者提供与企业财务状况、经营成果和现金流量等有关的会计信息，反映企业管理层受托责任履行情况，以便财务报告使用者做出经济决策。

① 财务报告可以为投资者和债权人的投资决策和贷款决策提供信息。

② 财务报告可以为单位加强经营管理提供资料。

③ 财务报告可以为有关管理部门加强检查、监督，维护经济秩序提供资料。

二、财务报表的分类

企业的财务报表按照其服务对象、报表的编制时间、编制单位的不同可分为不同的种类。

1. 财务报表按其服务对象不同，可分为外部报表和内部报表两大类

外部报表是企业向外部的会计信息使用者报告经济活动和财务收支情况的财务报表，如资产负债表、利润表、现金流量表和所有者权益变动表。这类报表一般有统一的格式和编制要求。

内部报表是用来反映经济活动和财务收支的具体情况，为管理者进行决策提供信息的财务报表。这类报表无规定的格式和种类。

2. 财务报表按照编制的时间可分为中期报表和年报

年报是年度终了以后编制的，全面反映企业财务状况、经营成果及其分配、现金流量等方面的报表。中期报表是指短于一年的会计期间编制的财务报表，如半年末报表、季报、月报。半年末报表是指每个会计年度的前六个月结束后对外提供的财务报表。季报是季度终了以后编制的报表，种类比年报少一些。月报是月终编制的报表，只包括一些主要的报表，如资产负债表、利润表等。

3. 财务报表按其编制单位可分为单位财务报表、汇总财务报表和合并财务报表

单位财务报表是由独立核算的会计主体编制的，用于反映某一会计主体的财务状况、经营成果的报表。汇总财务报表是由上级主管部门、专业公司根据基层所属企业所编制的报表加以汇总编制的报表，汇总编制时还包括主管部门、专业公司本身的业务。合并财务报表是控股公司把其本身与其附属公司看作是一个统一的经济实体，用一套财务报表来反映其拥有或控制的所有资产和负债，以及其控制范围内的经营成果的报表。合并财务报表反映的是控股公司与其附属公司共同的财务状况和经营成果。

三、财务报表编制要求

企业编制财务报表应遵循下列原则。

1. 持续经营原则

企业应当以持续经营为基础；以持续经营为基础编制财务报表不再合理的，企业应当采用其他基础编制财务报表，并在附注中披露这一事实。

2. 公允列报原则

企业在列报财务报表时，应严格根据实际发生的交易和事项，按照《企业会计准则——基本准则》和其他各项会计准则的规定进行确认和计量，如实反映企业的交易与其他经济事项，真实而公允地反映企业的财务状况、经营成果及现金流量。企业不应以附注披露代替确认和计量。

3. 权责发生制原则

企业列报的财务报表，除现金流量表外应按权责发生制原则编制。

4. 信息列报的一致性原则

财务报表项目的列报应当在各个会计期间保持一致，除会计准则要求改变财务报表项目的列报或企业经营业务的性质发生重大变化后，变更财务报表项目的列报能够提供更可靠、更相关的会计信息外，不得随意变更。

5. 重要性原则

企业财务报表某项目的省略或错报会影响使用者据此做出经济决策的，该项目具有重要性。重要性应当根据企业所处环境，从项目的性质和金额大小两方面予以判断。性质或功能不同的项目，应当在财务报表中单独列报，但不具有重要性的项目除外。性质或功能类似的项目，其所属类别具有重要性的，应当按其类别在财务报表中单独列报。

6. 抵销原则

企业财务报表中的资产项目和负债项目的金额、收入项目和费用项目的金额不得相互抵

销，但其他会计准则另有规定的除外。资产项目按扣除减值准备后的净额列示和非日常活动产生的损益，以收入扣减费用后的净额列示，不属于抵销。

7. 信息列报的可比性原则

企业当期财务报表的列报，至少应当提供所有列报项目上一可比会计期间的比较数据，以及与理解当期财务报表相关的说明，但其他会计准则另有规定的除外。财务报表项目的列报发生变更的，应当对上期比较数据按照当期的列报要求进行调整，并在附注中披露调整的原因和性质，以及调整的各项目金额。对上期比较数据进行调整不切实可行的（是指企业在做出所有合理努力后仍然无法采用某项规定），应当在附注中披露不能调整的原因。

8. 财务报表表首列报要求

企业应当在财务报表的显著位置至少披露：编报企业的名称、资产负债表日或财务报表涵盖的会计期间、人民币金额单位。财务报表是合并财务报表的，应当予以标明。

9. 报告期间要求

企业至少应当按年编制财务报表。年度财务报表涵盖的期间短于一年的，应当披露年度财务报表的涵盖期间，以及短于一年的原因。

任务 2　财务报表的编制

【任务目标】

认知目标：明确各种报表的内容与格式；掌握资产负债表、利润表的编制方法。

能力目标：具有编制简单报表的能力。

情感目标：使学生具备诚实守信、团结协作、科学严谨、吃苦耐劳的品质。

【会计故事】

巴菲特从哪里开始着手：利润表

巴菲特在分析公司是否具有持久竞争优势时，总是先从公司的利润表着手，因为利润表可以让投资者了解该企业在一段时期内的经营状况。一般企业会在每个季度末或者年末披露这些信息。每张利润表上总是会标出会计期间，例如，从 2017 年的 1 月 1 日到 2017 年的 12 月 31 日。

利润表包括三个基本要素：企业的营业收入、需要从收入中扣除的支出、损益情况。

在早期的股票分析中，那些顶级分析大师，如巴菲特的导师本杰明·格雷厄姆，只是单纯地关注一个企业是否创造利润，而很少，甚至根本没有分析这个企业的长期升值能力。如前所述，格雷厄姆不在乎这个企业是否具有强劲的经济动力、是否是一家出类拔萃的优质企业，或者是否拥有成千上万普通企业梦寐以求的发展态势。如果格雷厄姆认为某只股票的价格足够便宜，即使这家企业业绩平平，他也可能会买进。据巴菲特观察，世界上所有企业分为两类：一类是相对其竞争对手而言拥有持久竞争优势的企业。如果投资者以一个合理的价格购买这类企业的股票并长期持有，他将变得腰缠万贯。另一类是那些在竞争市场上苦苦奋斗了若干年，但仍旧碌碌无为的普通企业。做长线的投资者若持有这类企业的股票，他们的财富将日益萎缩。

巴菲特在研究那些颇具魅力的优质企业时，他发现，通过分析企业的利润表能够看出这个企业是否能够创造利润、是否具有持久竞争力。企业能否赢利仅仅是一方面，还应该分析该企业获得利润的方式，它是否需要靠大量研发以保持竞争力，是否需要通过财务杠杆来获取利润。通过从利润表中挖掘的这些信息，可以判断这个企业的经济增长原动力。对于巴菲特来说，利润的来源比利润本身更具有意义。

资料来源：巴菲特教你读财报

工作 1 资产负债表

一、资产负债表的内容与格式

资产负债表是指反映企业在某一特定日期财务状况的财务报表。它是根据"资产＝负债＋所有者权益"这一会计等式，依照一定的分类标准和顺序，将企业在一定日期的全部资产、负债和所有者权益项目进行适当分类、汇总、排列后编制而成的。

资产负债表的格式主要有账户式和报告式两种。根据《企业会计准则》的规定，我国企业采取账户式资产负债表。

账户式资产负债表分为左、右两方，左方为资产类项目，按资产的流动性大小排列；右方为负债及所有者权益类项目，一般按求偿权先后顺序排列。账户式资产负债表采取资产总额和负债及所有者权益总额相平衡对照的结构。资产负债表的格式如表8-1所示。

表8-1 资产负债表

编制单位：　　　　　　　　　　　年　　月　　日　　　　　　　　　　单位：元

资　产	期末余额	年初余额	负债和所有者权益（或股东权益）	期末余额	年初余额
流动资产：			流动负债：		
货币资金			短期借款		
交易性			交易性金融负债		
应收票据			应付票据		
应收账款			应付账款		
预付款项			预收款项		
应收利息			应付职工薪酬		
应收股利			应交税费		
其他应收款			应付利息		

续表

资　产	期末余额	年初余额	负债和所有者权益（或股东权益）	期末余额	年初余额
存货			应付股利		
一年内到期的非流动资产			其他应付款		
其他流动资产			一年内到期的非流动负债		
流动资产合计			其他流动负债		
非流动资产：			流动负债合计		
可供出售金融资产			非流动负债：		
持有至到期投资			长期借款		
长期应收款			应付债券		
长期股权投资			长期应付款		
投资性房地产			专项应付款		
固定资产			预计负债		
在建工程			递延所得税负债		
工程物资			其他非流动负债		
固定资产清理			非流动负债合计		
生产性生物资产			负债合计		
油气资产			所有者权益（或股东权益）：		
无形资产			实收资本（或股本）		
开发支出			资本公积		
商誉			减：库存股		
长期待摊费用			盈余公积		
递延所得税资产			未分配利润		
其他非流动资产			所有者权益（或股东权益）合计		
非流动资产合计			负债和所有者权益（或股东权益）总计		
资产总计					

二、资产负债表的编制原理和方法

（一）资产负债表的编制原理

资产负债表的编制原理是"资产＝负债＋所有者权益"会计恒等式。它既是一张平衡报表，反映资产总计（左方）与负债及所有者权益总计（右方）相等；又是一张静态报表，反映企业在某一时间的财务状况，如月末或年末。通过在资产负债表上设立"年初数"栏和"期末数"栏，以反映企业财务状况的变动情况。

（二）资产负债表的编制方法

所有的资产负债表项目都列有"年初余额"和"期末余额"两栏，相当于两期的比较资产负债表。该表"年初余额"栏内各项数字，应根据上年末资产负债表"期末余额"栏内所列数字填列。如果本年度资产负债表规定的各个项目的名称和内容与上年不一致，应对上年年末资产负债表各项目的名称和数字按照本年度的规定进行调整，填入本表"年初余额"栏内。表中的"期末余额"，指月末、季末或年末数字，它们是根据各项目有关总账账户或明细账户的期末余额直接填列或计算分析填列。

资产负债表各项目的内容和填列方法如下。

1. 资产项目的内容和填列方法

①"货币资金"项目，反映企业库存现金、银行基本存款户存款、银行一般存款户存款、外埠存款、银行汇票存款等的合计数。本项目应根据"库存现金""银行存款""其他货币资金"账户的期末余额合计数填列。

②"交易性金融资产"项目，反映企业为交易目的而持有的债券投资、股票投资、基金投资等交易性金融资产的公允价值。本项目应根据"交易性金融资产"账户的期末余额填列。

③"应收票据"项目，反映企业收到的未到期也未向银行贴现的商业承兑汇票和银行承兑汇票等应收票据余额，减去已计提的坏账准备后的净额。本项目应根据"应收票据"账户的期末余额减去"坏账准备"账户中有关应收票据计提的坏账准备余额后的金额填列。

④"应收账款"项目，反映企业因销售商品、提供劳务等而应向购买单位收取的各种款项，减去已计提的坏账准备后的净额。本项目应根据"应收账款"和"预收账款"账户所属各明细账户的期末借方余额合计，减去"坏账准备"账户中有关应收账款计提的坏账准备期末余额后的金额填列。

⑤"预付款项"项目，反映企业预收的款项，减去已计提的坏账准备后的净额。本项目根据"预付账款"和"应付账款"账户所属各明细账户的期末借方余额合计，减去"坏账准备"账户中有关预付账款计提的坏账准备期末余额后的金额填列。

⑥"应收利息"项目，反映企业因持有交易性金融资产、持有至到期投资和可供出售金融资产等应收取的利息。本项目应根据"应收利息"账户的期末余额填列。

⑦"应收股利"项目，反映企业应收取的现金股利和应收取其他单位分配的利润。本项目根据"应收股利"账户期末余额填列。

⑧"其他应收款"项目，反映企业对其他单位和个人的应收和暂付的款项，减去已计提的坏账准备后的净额。本项目应根据"其他应收款"账户的期末余额，减去"坏账准备"账户中有关其他应收款计提的坏账准备期末余额后的金额填列。

⑨"存货"项目，反映企业期末在库、在途和在加工中的各项存货的可变现净值，包括各种原材料、商品、在产品、半成品、发出商品、包装物、低值易耗品和委托代销商品等。本项目应根据"在途物资（材料采购）""原材料""库存商品""周转材料""委托加工物资""生产成本""劳务成本"等账户的期末余额合计，减去"存货跌价准备"账户期末余额后的金额填列。材料采用计划成本核算及库存商品采用计划成本或售价核算的小企业，应按加或减材料成本差异、减商品进销差价后的金额填列。

⑩"一年内到期的非流动资产"项目，反映企业非流动资产项目中在一年内到期的金额，包括一年内到期的持有至到期投资、长期待摊费用和一年内可收回的长期应收款。本项目应根据上述账户分析计算后填列。

⑪"其他流动资产"项目，反映企业除以上流动资产项目外的其他流动资产。本项目应根据有关账户的期末余额填列。

⑫ "可供出售金融资产"项目，反映企业持有的可供出售金融资产的公允价值。本项目根据"可供出售金融资产"账户期末余额填列。

⑬ "持有至到期投资"项目，反映企业持有至到期投资的摊余价值。本项目根据"持有至到期投资"账户期末余额减去一年内到期的投资部分和"持有至到期投资减值准备"账户期末余额后填列。

⑭ "长期应收款"项目，反映企业长期应收款净额。本项目根据"长期应收款"期末余额，减去一年内到期的部分、"未确认融资收益"账户期末余额、"坏账准备"账户中按长期应收款计提的坏账损失后的金额填列。

⑮ "长期股权投资"项目，反映企业不准备在 1 年内（含 1 年）变现的各种股权性质投资的账面余额，减去减值准备后的净额。本项目应根据"长期股权投资"账户的期末余额减去"长期股权投资减值准备"账户期末余额后填列。

⑯ "固定资产"项目，反映企业固定资产的净值。本项目根据"固定资产"账户期末余额，减去"累计折旧"和"固定资产减值准备"账户期末余额后填列。

⑰ "在建工程"项目，反映企业尚未达到预定可使用状态的在建工程价值。本项目根据"在建工程"账户期末余额，减去"在建工程减值准备"账户期末余额后填列。

⑱ "工程物资"项目，反映企业为在建工程准备的各种物资的价值。本项目根据"工程物资"账户期末余额，减去"工程物资减值准备"账户期末余额后填列。

⑲ "固定资产清理"项目，反映企业因出售、毁损、报废等原因转入清理但尚未清理完毕的固定资产的账面价值，以及固定资产清理过程中所发生的清理费用和变价收入等各项金额的差额。本项目应根据"固定资产清理"账户的期末借方余额填列；如"固定资产清理"账户期末为贷方余额，以"一"号填列。

⑳ "无形资产"项目，反映企业持有的各项无形资产的净值。本项目应根据"无形资产"账户期末余额，减去"累计摊销"和"无形资产减值准备"账户的期末余额填列。

㉑ "开发支出"项目，反映企业开发无形资产过程中发生的、尚未形成无形资产成本的支出。本项目应根据"开发支出"账户的期末余额填列。

㉒ "长期待摊费用"项目，反映小企业尚未摊销的摊销期限在 1 年以上（不含 1 年）的各项费用。本项目应根据"长期待摊费用"账户的期末余额减去将于 1 年内（含 1 年）摊销的数额后的金额填列。

㉓ "商誉"项目，反映企业商誉的价值。本项目应根据"商誉"账户期末余额填列。

㉔ "递延所得税资产"项目，反映企业可抵扣暂时性差异形成的递延所得税资产。本项目应根据"递延所得税资产"账户期末余额填列。

㉕ "其他长期资产"项目，反映企业除以上资产以外的其他长期资产。本项目应根据有关账户的期末余额填列。

2. 负债项目的内容和填列方法

① "短期借款"项目，反映企业借入尚未归还的 1 年期以下（含 1 年）的借款。本项目应根据"短期借款"账户的期末余额填列。

② "交易性金融负债"项目，反映企业发行短期债券等所形成的交易性金融负债的公允价值。本项目应根据"交易性金融负债"账户期末余额填列。

③ "应付票据"项目，反映企业为了抵付货款等而开出并承兑的、尚未到期付款的应付票

据，包括银行承兑汇票和商业承兑汇票。本项目应根据"应付票据"账户的期末余额填列。

④"应付账款"项目，反映企业购买原材料、商品和接受劳务供应等而应付给供应单位的款项。本项目应根据"应付账款"和"预付账款"账户所属各明细账户的期末贷方余额合计填列。

⑤"预收款项"项目，反映企业按合同规定预收的款项。本项目根据"预收账款"和"应收账款"账户所属各明细账户的期末贷方余额合计填列。

⑥"应付职工薪酬"项目，反映企业应付未付的工资和社会保险费等职工薪酬。本项目应根据"应付职工薪酬"账户的期末贷方余额填列；如"应付职工薪酬"账户期末为借方余额，以"—"号填列。

⑦"应交税费"项目，反映企业期末未交、多交或未抵扣的各种税金。本项目应根据"应交税费"账户的期末贷方余额填列；如"应交税费"账户期末为借方余额，以"—"号填列。

⑧"应付利息"项目，反映企业应付未付的各种利息。本项目应根据"应付利息"账户期末余额填列。

⑨"应付股利"项目，反映企业尚未支付的现金股利或利润。本项目应根据"应付股利"账户的期末余额填列。

⑩"其他应付款"项目，反映企业所有应付和暂收其他单位和个人的款项。本项目应根据"其他应付款"账户的期末余额填列。

⑪"一年内到期的非流动负债"项目，反映企业各种非流动负债在一年之内到期的金额，包括一年内到期的长期借款、长期应付款和应付债券。本项目应根据上述账户分析计算后填列。

⑫"其他流动负债"项目，反映企业除以上流动负债以外的其他流动负债。本项目应根据有关账户的期末余额填列。

⑬"长期借款"项目，反映企业借入尚未归还的1年期以上（不含1年）的各期借款。本项目应根据"长期借款"账户的期末余额减去一年内到期部分的金额填列。

⑭"应付债券"项目，反映企业尚未偿还的长期债券摊余价值。本项目应根据"应付债券"账户期末余额减去一年内到期部分的金额填列。

⑮"长期应付款"项目，反映企业除长期借款、应付债券以外的各种长期应付款。本项目应根据"长期应付款"账户的期末余额，减去"未确认融资费用"账户期末余额和一年内到期部分的长期应付款后填列。

⑯"预计负债"项目，反映企业计提的各种预计负债。本项目应根据"预计负债"账户期末余额填列。

⑰"递延所得税负债"项目，反映企业根据应纳税暂时性差异确认的递延所得税负债。本项目应根据"递延所得税负债"账户期末余额填列。

⑱"其他非流动负债"项目，反映企业除以上长期负债项目以外的其他长期负债。本项目应根据有关账户的期末余额填列。

3. 所有者权益项目的内容和填列方法

①"实收资本（或股本）"项目，反映企业各投资者实际投入的资本（或股本）总额。本项目应根据"实收资本（或股本）"账户的期末余额填列。

②"资本公积"项目，反映企业资本公积的期末余额。本项目应根据"资本公积"账户的期末余额填列。

③"盈余公积"项目，反映企业盈余公积的期末余额。本项目应根据"盈余公积"账户的期末余额填列。其中，法定公益金期末余额，应根据"盈余公积"账户所属的"法定公益金"明细账户的期末余额填列。

④"未分配利润"项目，反映企业尚未分配的利润。本项目应根据"本年利润"账户和"利润分配"账户的余额计算填列。未弥补的亏损在本项目内以"一"号填列。

工作 2 利润表

一、利润表的格式与内容

利润表是反映企业一段时期（中期、年度）内利润或亏损情况的财务报表，是关于企业在一定期间内经营收支和经营成果的记录。

利润表一般有表首、正表两部分。其中表首说明报表名称、编制单位、编制日期、报表编号、货币名称、计量单位等；正表是利润表的主体，反映形成经营成果的各个项目和计算过程。

利润表正表的格式一般有两种：单步式利润表和多步式利润表。单步式利润表是将当期所有的收入列在一起，然后将所有的费用列在一起两者相减得出当期净损益。多步式利润表是通过对当期的收入、费用、支出项目按性质加以归类，按利润形成的主要环节列示一些中间性利润指标，如营业利润、利润总额、净利润，分步计算当期净损益。

在我国，利润表采用多步式。利润表的格式如表 8-2 所示。

表 8-2 利润表

编制单位：　　　　　　　　　　年　月　　　　　　　　　　单位：元

项　目	本期金额	上期金额
一、营业收入		
减：营业成本		
税金及附加		
销售费用		
管理费用		
财务费用		
资产减值损失		
加：公允价值变动收益（损失以"一"号填列）		
投资收益（损失以"一"号填列）		
其中：对联营企业和合营企业的投资收益		
二、营业利润（亏损以"一"号填列）		
加：营业外收入		
其中：非流动资产处置利得		

项　　目	本期金额	上期金额
减：营业外支出		
其中：非流动资产处置损失		
三、利润总额（亏损总额以"－"号填列）		
减：所得税费用		
四、净利润（净亏损以"－"号填列）		
五、其他综合收益的税后净额		
（一）以后不能重分类进损益的其他综合收益		
1. 重新计量设定受益计划净负债或净资产的变动		
2. 权益法下在被投资单位不能重分类进损益的其他综合收益中享有的份额		
……		
（二）以后将重分类进损益的其他综合收益		
1. 权益法下在被投资单位以后将重分类进损益的其他综合收益中享有的份额		
2. 以公允价值计量且其变动计入其他综合收益的金融资产的公允价值变动		
3. 以摊余成本计量的金融资产重分类为以公允价值计量且其变动计入其他综合收益的金融资产形成的利得		
4. 现金流量套期工具产生的利得或损失中属于有效套期的部分		
5. 外币财务报表折算差额		
6. 将作为存货的房地产转换为投资性房地产产生的公允价值大于账面价值的部分		
……		
六、综合收益总额		

二、利润表的编制

（一）利润表的编制原理

利润表的编制原理是"收入－费用＝利润"和收入与费用的配比原则。在生产经营中企业不断地发生各种费用支出，同时取得各种收入，收入减去费用，剩余的部分就是企业的盈利。取得的收入和发生的相关费用的对比情况就是企业的经营成果。如果企业经营不当，发生的生产经营费用超过取得的收入，企业就发生了亏损；反之企业就能取得一定的利润。会计部门应定期（一般按月份）核算企业的经营成果，并将核算结果编制成报表，这就形成了利润表。

（二）利润表的编制步骤

① 根据原始凭证编制记账凭证，登记总账及明细账，并进行账账核对、账实核对及账证核对。

② 在保证所有会计业务均入账的前提下，编制试算平衡表，检查会计账户的正确性，

为编制财务报表做准备。

③ 依据试算平衡表损益类账户的发生额，结合有关明细账户的发生额，计算并填列利润表的各项目。

④ 检验利润表的完整性及正确性，包括表头部分的填制是否齐全、各项目的填列是否正确、各种利润的计算是否正确。

⑤ 有关人员签字盖章。

（三）利润表的编制方法

计算利润时，企业应以收入为起点，计算出当期的利润总额和净利润额。其中利润总额和净利润额的计算步骤如下。

① 以主营业务收入减去主营业务成本、主营业务税金及附加，计算主营业务利润，目的是考核企业主营业务的获利能力。

$$主营业务利润＝主营业务收入－主营业务成本－主营业务税金及附加$$

上述公式的特点是：主营业务成本、主营业务税金及附加与主营业务直接有关，先从主营业务收入中直接扣除，计算出主营业务利润。

② 从主营业务利润和其他业务利润中减去管理费用、销售费用和财务费用，计算出企业的营业利润，目的是考核企业生产经营活动的获利能力。

$$营业利润＝主营业务利润＋其他业务利润－管理费用－销售费用－财务费用$$

上述公式的特点是：主营业务利润和其他业务利润减去管理费用、销售费用和财务费用后，得出营业利润。公式中，将管理费用、销售费用和财务费用作为营业利润的扣减项目，意味着不仅主营业务应负担管理费用、销售费用和财务费用，其他业务也应负担管理费用、销售费用和财务费用。

③ 在营业利润的基础上，加上投资净收益、营业外收支净额，计算出当期利润总额，目的是考核企业的综合获利能力。

$$利润总额＝营业利润＋投资净收益＋营业外收支净额$$

其中

$$投资净收益＝投资收益－投资损失$$
$$营业外收支净额＝营业外收入－营业外支出$$

④ 在利润总额的基础上，减去所得税，计算出当期净利润额，目的是考核企业最终获利能力。

工作3　现金流量表

现金流量表是财务报表的三个基本报表之一，所表达的是在一定固定期间（通常是每月或每季）内，企业现金（包含银行存款）的增减变动情形。

现金流量表主要是反映资产负债表中各个项目对现金流量的影响，并根据其用途划分为经营、投资及筹资三个活动分类。

现金流量表分为主表和附表（即补充资料）两大部分。主表各项目金额实际上就是每笔现金流入、流出的归属，而附表各项目金额则是相应会计账户的当期发生额或期末余额与期初余额的差额。现金流量表的格式如表8-3所示。

表8-3　现金流量表

编制单位：　　　　　　　　　　　　日期：　　　　　　　　　　　　　　　单位：元

项　　目	上期金额	本期金额
一、经营活动产生的现金流量		
销售商品、提供劳务收到的现金		
收到税费返还		
收到的其他与经营活动有关的现金		
经营活动现金流入小计		
购买商品、接受劳务支付的现金		
支付给职工工资以及为职工支付的现金		
支付的各项税费		
支付的其他与经营活动有关的现金		
经营活动现金流出小计		
经营活动产生的现金流量净额		
二、投资活动产生的现金流量：		
收回投资所收到的现金		
取得投资收益所收到的现金		
处置固定资产、无形资产和其他长期资产收回的现金净额		
处置子公司及其他营业单位收到的现金净额		
收到的其他与投资活动有关的现金		
投资活动现金流入小计		
购建固定资产、无形资产和其他长期资产支付的现金		
投资所支付的现金		
取得子公司及其他营业单位支付的现金净额		
支付的其他与投资活动有关的现金		
投资活动现金流出小计		
投资活动产生的现金流量净额		
三、筹资活动产生的现金流量：		
吸收投资收到的现金		
取得借款收到的现金		
收到的其他与筹资活动有关的现金		
筹资活动现金流入小计		
偿还债务所支付的现金		

续表

项　　目	上期金额	本期金额
分配股利、利润或偿付利息支付的现金		
支付的其他与筹资活动有关的现金		
筹资活动现金流出小计		
筹资活动产生的现金流量净额		
四、汇率变动对现金及现金等价物的影响		
五、现金及现金等价物净增加额		
加：期初现金及现金等价物余额		
六、期末现金及现金等价物余额		

一、现金流量表的编制原则

1. 分类反映原则

为了给财务报表使用者提供有关现金流量的信息，并结合现金流量表和其他财务信息对企业做出正确的评价，现金流量表应当提供企业经营活动、投资活动和筹资活动对现金流量的影响，即现金流量表应当分别反映经营活动产生的现金流量、投资活动产生的现金流量和筹资活动产生的现金流量的总额，以及它们相抵后的结果。

2. 总额反映与净额反映灵活运用原则

为了提供企业现金流入和流出总额的信息，现金流量表一般应按照现金流量总额反映。一定时期的现金流量通常可按现金流量总额或现金流量净额反映。现金流量总额是指分别反映现金流入总额和现金流出总额。现金流量净额是指以现金流入和流出相抵后的净额反映。现金流量以总额反映比以净额反映所提供的信息更为有用。因此，通常情况下，现金流量应以其总额反映。但是，下述情况可对现金流量以净额反映：一是某些金额不大的项目。例如，企业处置固定资产发生的现金收入和相关的现金支出可以相抵后以净额列示。二是不反映企业自身的交易或事项的现金流量项目，如证券公司代收客户的款项用于交割买卖证券的款项、期货交易所接受客户交割实物的款项等。这些项目不属于企业自身业务的现金流量项目，可以以净额反映。

3. 合理划分经营活动、投资活动和筹资活动

经营活动、投资活动和筹资活动应当按照其概念进行划分，但有些交易或事项则不易划分，如利息收入和股利收入、利息支出和股利支出是作为经营活动，还是作为投资或筹资活动有不同的看法。在我国，依据人们的习惯，把利息收入和股利收入划为投资活动，把利息支出和股利支出划为筹资活动。某些现金收支可能具有多类现金流量的特征，所属类别需要根据特定情况加以确定。例如，实际缴纳的所得税，由于很难区分缴纳的是经营活动产生的所得税，还是投资或筹资活动产生的所得税，通常将其作为经营活动的现金流量。对于某些特殊项目，如自然灾害损失和保险索赔，能分清属于固定资产损失的保险索赔，通常作为投资活动，流动资产损失的保险索赔，通常作为经营活动；不能分清属于固定资产还是流动资产的保险索赔，通常归为经营活动的现金流量。因此，企业应当合理划分经营活动、投资活动和筹资活动，对于某些现金收支项目或特殊项目，应当根据特定情况和性质进行划分，分

别归并到经营活动、投资活动和筹资活动类别中，并一贯性地遵循这一划分标准。

4. 外币现金流量应当折算为人民币反映

在我国，企业外币现金流量及境外子公司的现金流量，以现金流量发生日的汇率或加权平均汇率折算。汇率变动对现金的影响作为调节项目，在现金流量表中单独列示。

5. 重要性原则

一般来说，不涉及现金的投资活动和筹资活动不应反映在现金流量表内，因为这些投资活动和筹资活动不影响现金流量。但是，如果不涉及现金的投资活动和筹资活动数额很大，若不反映将会导致一个有理性的报表使用者产生误解并做出不正确的决策，这时就需要在现金流量表中以某种形式恰当地予以揭示。此外，重要性原则对现金流量表中各项目的编制也有很大影响。比如，"收到的租金"项目，如果企业此类业务不多，也可以不设此项目，而将其纳入"收到的其他与经营活动有关的现金"之中。

二、现金流量表的编制程序

1. 工作底稿法

采用工作底稿法编制现金流量表，就是以工作底稿为手段，以利润表和资产负债表数据为基础，对每一项目进行分析并编制调整分录，从而编制出现金流量表。

采用工作底稿法编制现金流量表的程序如下。

① 将资产负债表的期初数和期末数过入工作底稿的期初数栏和期末数栏。

② 对当期业务进行分析并编制调整分录。调整分录大体有这样几类：第一类涉及利润表中的收入、成本和费用项目，以及资产负债表中的资产、负债及所有者权益项目，通过调整，将权责发生制下的收入费用转换为现金基础；第二类是涉及资产负债表和现金流量表中的投资、筹资项目，反映投资活动和筹资活动的现金流量；第三类是涉及利润表和现金流量表中的投资活动和筹资项目，目的是将利润表中有关投资和筹资方面的收入和费用列入现金流量表投资、筹资现金流量中去。此外，还有一些调整分录并不涉及现金收支，只是为了核对资产负债表项目的期末期初变动情况。

在调整分录中，有关现金和现金等价物的事项，并不直接借记或贷记现金，而是分别记入"经营活动产生的现金流量""投资活动产生的现金流量""筹资活动产生的现金流量"有关项目，借记表明现金流入，贷记表明现金流出。

③ 将调整分录过入工作底稿中的相应部分。

④ 核对调整分录，借贷合计应当相等，资产负债表项目期初数加减调整分录中的借贷金额以后，应当等于期末数。

⑤ 根据工作底稿编制正式的现金流量表。

2. T 形账户法

采用 T 形账户法，就是以 T 形账户为手段，以利润表和资产负债表数据为基础，对每一项目进行分析并编制出调整分录，从而编制现金流量表。

采用 T 形账户法编制现金流量表的程序如下。

① 为所有的非现金项目（包括资产负债表项目和利润表项目）分别开设 T 形账户，并将各自的期末期初变动数过入各账户。

② 开设一个大的"现金及现金等价物"T 形账户，每边分为经营活动、投资活动和筹

资活动三个部分，左边记现金流入，右边记现金流出。与其他账户一样，过入期末期初变动数。

③ 以利润表项目为基础，结合资产负债表分析每个非现金项目的增减变动，并据此编制调整分录。

④ 将调整分录过入各 T 形账户，并进行核对。该账户借贷相抵后的余额与原先过入的期末期初变动数应当一致。

⑤ 根据大的"现金及现金等价物"T 形账户编制正式的现金流量表。

工作 4 所有者权益变动表

所有者权益变动表是反映企业本期（年度或中期）内至截至期末所有者权益变动情况的报表。其中，所有者权益变动表应当全面反映一定时期所有者权益的变动情况。

一、所有者权益变动表的内容与结构

在所有者权益变动表中，企业应当反映下列信息。

① 净利润。

② 直接记入所有者权益的利得和损失项目及其总额。

③ 会计政策变更和差错更正的累计影响金额。

④ 所有者投入资本和向所有者分配利润的金额等。

⑤ 按照规定提取的盈余公积额。

⑥ 实收资本（或股本）、资本公积、盈余公积、未分配利润的期初余额和期末余额及其调节情况。

所有者权益变动表的格式如表 8-4 所示。

表 8-4 所有者权益变动表

编制单位：　　　　　　　　　　　　　　　　年度　　　　　　　　　　　　　　单位：元

项　目	本年金额							上年金额						
	实收资本（或股本）	资本公积	减：库存股	其他综合收益	盈余公积	未分配利润	所有者权益合计	实收资本（或股本）	资本公积	减：库存股	其他综合收益	盈余公积	未分配利润	所有者权益合计
一、上年年末余额														
加：会计政策变更														
前期差错更正														
二、本年年初余额														
三、本年增减变动金额（减少以"-"填列）														
（一）综合收益总额														
（二）所有者投入和减少资本														
1. 所有者投入资本														

项 目	本年金额							上年金额						
	实收资本（或股本）	资本公积	减：库存股	其他综合收益	盈余公积	未分配利润	所有者权益合计	实收资本（或股本）	资本公积	减：库存股	其他综合收益	盈余公积	未分配利润	所有者权益合计
2. 其他权益工具持有者投入资本														
3. 股份支付计入所有者权益的金额														
4. 其他														
（三）利润分配														
1. 提取盈余公积														
2. 对所有者（或股东）的分配														
3. 其他														
（四）所有者权益内部结转														
1. 资本公积转增资本（或股本）														
2. 盈余公积转增资本（或股本）														
3. 盈余公积弥补亏损														
4. 其他														
四、本年年末余额														

二、所有者权益变动表的编制方法

所有者权益变动表各项目均需填列"本年金额"和"上年金额"两栏。所有者权益表变动表"上年金额"栏内各项数字，应根据上年度所有者权益变动表"本年金额"内所列数字填列。上年度所有者权益变动表规定的各个项目的名称和内容同本年度不一致的，应对上年度所有者权益变动表各项目的名称和数字按照本年度的规定进行调整，填入所有者权益变动表的"上年金额"栏内。

所有者权益变动表"本年金额"栏内各项数字一般应根据"实收资本（或股本）""资本公积""盈余公积""利润分配""库存股""以前年度损益调整"账户的发生额分析填列。

工作5 财务报表编制实务

和美公司下属的一个子公司的有关资料如下。

（1）20×7年12月31日资产负债表简表如表8-5所示。

表 8-5 资产负债简表

20×7 年 12 月 31 日   单位：元

资　　产	期末余额	负债及所有者权益	期末余额
流动资产：		流动负债：	
货币资金	1 010 000	短期借款	1 500 000
交易性金融资产	100 000	应付账款	300 000
应收账款（货款）	475 000	应付职工薪酬	150 000
应收票据	10 000	其他应付款	220 000
其他应收款	100 000	一年内到期的非流动负债	300 000
存货	4 000 000		
合计	5 695 000	合计	2 470 000
长期股权投资	900 000		
固定资产	4 000 000	长期借款	1 030 000
		实收资本	5 000 000
长期待摊费用	492 500	资本公积	2 587 500
总计	11 087 500	总计	11 087 500

其中：交易性金融资产 100 000 元和应收票据的 10 000 元为现金等价物，坏账准备余额为 25 000 元，属于应收账款的坏账准备。

（2）20×8 年的交易和事项

① 购进 A 材料，货款 250 000 元，进项税额 40 000 元，运输费 5 000 元（其中进项税内扣 7%，计 350 元），货物已经验收入库；货款、进项税额和运费均已从银行支付 200 000 元，所欠余款 97 500 元暂欠（该公司材料按实际成本计价）。

② 用银行存款还前欠 B 单位货款 20 000 元。

③ 企业管理部门用现金购买办公用品 800 元。

④ 出售给 A 公司一批产品，计 1 500 000 元，销项税额 240 000 元，销项税额及货款均暂欠。

⑤ 支付半年房屋租金，计 60 000 元，以银行存款支付。

⑥ 购建固定资产设备一台，计价款 200 000 元，增值税 32 000 元，以银行存款支付，直接交付使用。

⑦ 从银行收到 A 公司汇来前欠部分货款和增值税计 1 740 000 元（增值税 240 000 元）。

⑧ 用银行存款 500 000 元，对外进行长期股权投资。

⑨ 报废固定资产设备一台，原价 100 000 元，已提折旧 70 000 元，现予以报废；残值收回 20 000 元，清理费用 5 000 元，均以银行存款支付。

⑩ 短期投资债券 100 000 元，现已到期，收回本金和利息计 120 000 元，存入银行。

⑪ 以银行存款向工商银行归还短期借款计 450 000 元。

⑫ 职工李阳出差联系材料供应工作，暂借现金 10 000 元。

⑬ 购入专项工程物资一批，计货款 50 000 元，增值税 8 000 元，付以银行存款 40 000 元，余款暂欠。

⑭ 经计算应列入本期损益的长期借款利息100 000元（到期一次还本付息）。

⑮ 职工张林出差联系发行债券工作，暂借差旅费现金3 000元。

⑯ 以银行存款支付广告费30 000元，职工医药费10 000元。

⑰ 接主管部门通知，临时借给某单位款项100 000元，以银行存款支付。

⑱ 职工李阳出差回来原借10 000元中报销差旅费4 000元；购买材料价款4 200元，增值税672元，已验收入库；找回现金1 128元。

⑲ 以银行存款归还应付货款150 000元。

⑳ 以银行转账方式支付给职工工资，转出工资200 000元。

㉑ 本期工资费用200 000元，其中：生产工人工资140 000元，车间管理人员工资10 000元，企业管理人员工资20 000元，在建工程负担30 000元。

㉒ 购买材料一批，计货款100 000元，增值税16 000元，已验收入库；货款未付，开出商业汇票一张。

㉓ 本期按工资总额的14%计提福利费。

㉔ 用银行存款支付电费15 000元，其中车间负担10 000元，管理部门负担5 000元。

㉕ 计提固定资产折旧120 000元，其中车间负担40 000元，管理部门负担80 000元。

㉖ 出售汽车一辆，原价80 000元，已提折旧30 000元，现价60 000元，收到三个月到期的银行承兑汇票一张。

㉗ 从银行收到某单位前欠应收账款70 000元；兑现应收票据一张10 000元。

㉘ 用银行存款归还短期借款270 000元，支付利息10 000元（已预提）。

㉙ 售出商品一批，计货款1 200 000元，销项增值税款204 000元，合计1 404 000元，已收回1 000 000元，存入银行；其余计404 000元，收到4个月期的商业汇票一张。

㉚ 计提短期借款利息10 000元。

㉛ 领用材料一批500 000元，其中生产产品领用420 000元，车间一般领用20 000元，管理部门领用30 000元，在建工程领用30 000元（假设不存在购进进项税额转出）。

㉜ 在建工程交纳固定资产投资方向调节税12 000元。

㉝ 从银行提取现金50 000元，准备发放奖金。

㉞ 用现金发放奖金50 000元（从工资中发放）。

㉟ 用银行存款支付小学赞助费20 000元（不在抵税范围）。

㊱ 用银行存款支付增值税300 000元。

㊲ 收到前期已作为坏账核销的应收账款5 000元，存入银行。

㊳ 期末将无法支付的欠某单位的货款5 000元，转入营业外收入。

㊴ 期末结转待摊费用，长期待摊费用50 000元，属管理费用。

㊵ 将未到期的一张商业汇票，到银行贴现，支付贴现息5 000元，实收387 000元，存入银行。

㊶ 计提本期应交教育费附加16 000元。

㊷ 上交20×6年的教育费附加160 000元，以银行存款支付。

㊸ 将本期制造费用141 400转入生产成本。

㊹ 将本期生产成本中完工入库成本721 000元，转入产成品。

㊺ 结转本期销售成本2 000 000元。

㊻ 结转本期各项收入、费用，求出利润总额。

㊼ 按会计利润的 25％计算所得税。

㊽ 用银行存款交纳所得税 86 600 元。

㊾ 用银行存款归还长期借款本金 300 000 元，利息 60 000 元。

㊿ 将本期净利润转入"利润分配"账户。

○51 经计算按净利润的 10％提取盈余公积。

○52 用银行存款归还包装物押金 100 000 元。

○53 经研究决定应付股利 120 000 元。

○54 期末以 300 000 的价格购入一处仓库用于出租，价款以银行存款支付。

该公司期末不需计提资产减值准备。

要求：编制该公司 20×8 年末的资产负债表、利润表、所有者权益变动表和现金流量表。

分析：

（1）根据业务类型所取得的原始凭证填制记账凭证。下面用会计分录来替代具体的记账凭证。

　① 借：原材料——A 材料　　　　　　　　　　　　　　　　　255 000
　　　　　应交税费——应交增值税（进项税额）　　　　　　　　40 000
　　　　贷：银行存款　　　　　　　　　　　　　　　　　　　　　　200 000
　　　　　　应付账款　　　　　　　　　　　　　　　　　　　　　　95 000

　② 借：应付账款——B 单位　　　　　　　　　　　　　　　　　20 000
　　　　贷：银行存款　　　　　　　　　　　　　　　　　　　　　　20 000

　③ 借：管理费用　　　　　　　　　　　　　　　　　　　　　　800
　　　　贷：库存现金　　　　　　　　　　　　　　　　　　　　　　800

　④ 借：应收账款——A 公司　　　　　　　　　　　　　　　　1 740 000
　　　　贷：主营业务收入　　　　　　　　　　　　　　　　　　　1 500 000
　　　　　　应交税费——应交增值税（销项税额）　　　　　　　　240 000

　⑤ 借：制造费用　　　　　　　　　　　　　　　　　　　　　60 000
　　　　贷：银行存款　　　　　　　　　　　　　　　　　　　　　60 000

　⑥ 借：固定资产　　　　　　　　　　　　　　　　　　　　　200 000
　　　　　应交税费——应交增值税（进项税额）　　　　　　　　32 000
　　　　贷：银行存款　　　　　　　　　　　　　　　　　　　　　232 000

　⑦ 借：银行存款　　　　　　　　　　　　　　　　　　　　1 740 000
　　　　　应收账款——A 公司　　　　　　　　　　　　　　　　1 740 000

　⑧ 借：长期股权投资——投资成本　　　　　　　　　　　　　500 000
　　　　贷：银行存款　　　　　　　　　　　　　　　　　　　　　500 000

　⑨ 借：固定资产清理　　　　　　　　　　　　　　　　　　　30 000
　　　　　累计折旧　　　　　　　　　　　　　　　　　　　　　70 000
　　　　贷：固定资产　　　　　　　　　　　　　　　　　　　　　100 000
　　　借：银行存款　　　　　　　　　　　　　　　　　　　　　20 000

	贷：固定资产清理	20 000
	借：固定资产清理	5 000
	贷：银行存款	5 000
	借：营业外支出——处置固定资产净损失	15 000
	贷：固定资产清理	15 000
⑩	借：银行存款	120 000
	贷：交易性金融资产	100 000
	投资收益	20 000
⑪	借：短期借款	450 000
	贷：银行存款	450 000
⑫	借：其他应收款——李阳	10 000
	贷：库存现金	10 000
⑬	借：工程物资	50 000
	应交税费——应交增值税（进项税额）	8 000
	贷：银行存款	40 000
	应付账款	18 000
⑭	借：财务费用	100 000
	贷：长期借款——应计利息	100 000
⑮	借：其他应收款——张林	3 000
	贷：库存现金	3 000
⑯	借：销售费用	30 000
	应付职工薪酬——职工福利	10 000
	贷：银行存款	40 000
⑰	借：其他应收款——某单位	100 000
	贷：银行存款	100 000
⑱	借：库存现金	1 128
	管理费用	4 000
	原材料	4 200
	应交税费——应交增值税（进项税额）	672
	贷：其他应收款——李阳	10 000
⑲	借：应付账款	150 000
	贷：银行存款	150 000
⑳	借：应付职工薪酬——工资	200 000
	贷：银行存款	200 000
㉑	借：生产成本	140 000
	制造费用	10 000
	管理费用	20 000
	在建工程	30 000
	贷：应付职工薪酬——工资	200 000

ITEM 8

㉒ 借：原材料 100 000

　　　应交税费——应交增值税（进项税额） 16 000

　　贷：应付票据 116 000

㉓ 借：生产成本 19 600

　　　制造费用 1 400

　　　管理费用 2 800

　　　在建工程 4 200

　　贷：应付职工薪酬——职工福利 28 000

㉔ 借：制造费用 10 000

　　　管理费用 5 000

　　贷：银行存款 15 000

㉕ 借：制造费用 40 000

　　　管理费用 80 000

　　贷：累计折旧 120 000

㉖ 借：固定资产清理 50 000

　　　累计折旧 30 000

　　贷：固定资产 80 000

　　借：应收票据（现金等价物） 60 000

　　贷：固定资产清理 60 000

　　借：固定资产清理 10 000

　　贷：营业外收入——处置固定资产净收益 10 000

㉗ 借：银行存款 80 000

　　贷：应收账款 70 000

　　　　应收票据（现金等价物） 10 000

㉘ 借：短期借款 270 000

　　　应付利息 10 000

　　贷：银行存款 280 000

㉙ 借：银行存款 1 000 000

　　　应收票据 392 000

　　贷：主营业务收入 1 200 000

　　　　应交税费——应交增值税（销项税额） 192 000

㉚ 借：财务费用 10 000

　　贷：应付利息 10 000

㉛ 借：生产成本 420 000

　　　制造费用 20 000

　　　管理费用 30 000

　　　在建工程 30 000

　　贷：原材料 500 000

㉜ 借：在建工程 12 000

㉝借：应交税费——应交固定资产投资方向调节税   12 000
㉝借：库存现金   50 000
   贷：银行存款   50 000
㉞借：应付职工薪酬——工资   50 000
   贷：库存现金   50 000
㉟借：营业外支出——捐赠支出   20 000
   贷：银行存款   20 000
㊱借：应交税费——应交增值税   300 000
   贷：银行存款   300 000
㊲借：应收账款   5 000
   贷：坏账准备   5 000
㊳借：银行存款   5 000
   贷：应收账款   5 000
㊴借：管理费用   50 000
   贷：长期待摊费用   50 000
㊵借：财务费用   5 000
   银行存款   387 000
   贷：应收票据   392 000
㊶借：税金及附加   16 000
   贷：应交税费——应交教育费附加   16 000
㊷借：应交税费——应交教育费附加   16 000
   贷：银行存款   16 000
㊸借：生产成本   141 400
   贷：制造费用   141 400
㊹借：库存商品   721 000
   贷：生产成本   721 000
㊺借：主营业务成本   2 000 000
   贷：库存商品   2 000 000
㊻借：主营业务收入   2 700 000
   投资收益   20 000
   营业外收入   15 000
   贷：本年利润   2 735 000
㊼借：本年利润   2 388 600
   贷：主营业务成本   2 000 000
   销售费用   30 000
   税金及附加   16 000
   管理费用   192 600
   财务费用   115 000
   营业外支出   35 000

㊽ 借：所得税费用   86 600

    贷：应交税费——应交所得税   86 600

㊾ 借：本年利润   86 600

    贷：所得税费用   86 600

㊿ 借：长期借款——本金   300 000

      长期借款——应计利息   60 000

    贷：银行存款   360 000

51 借：本年利润   259 800

    贷：利润分配——未分配利润   259 800

52 借：利润分配——提取盈余公积   25 980

    贷：盈余公积——一般盈余公积   25 980

53 借：其他应付款   100 000

    贷：银行存款   100 000

54 借：利润分配——应付股利   120 000

    贷：应付股利   120 000

55 借：投资性房地产   300 000

    贷：银行存款   300 000

（2）登记相关账户（略）

（3）编制报表（见表8-6～表8-10）

表8-6 资产负债表

编制单位：和美公司   20×8年12月31日   单位：元

资　产	期末余额	年初余额	负债和所有者权益	期末余额	年初余额
流动资产：			流动负债：		
货币资金	879 728	1 010 000	短期借款	1080 000	1 800 000
交易性	—	100 000	应付票据	116 000	
应收票据	60000	10 000	应付账款	248 000	300000
应收账款	405 000	475 000	预收账款		—
预付款项		—	应付职工薪酬	168 000	150 000
应收利息			应付股利	120 000	
其他应收款	203 000	100 000	应交税费	4 7328	—
存货	2580 200	4 000 000	其他应付款	120 000	220 000
持有待售的非流动资产或持有待售的处置组中的资产		—	应付利息		
一年内到期的非流动资产			一年内到期的非流动负债		
其他流动资产		—	其他流动负债—		
流动资产合计	4 127 928	5 695 000	流动负债合计	1 899 328	2 470 000
非流动资产：			非流动负债：		
以摊余成本计量的金融资产			长期借款	770 000	1 030 000

续表

资　产	期末余额	年初余额	负债和所有者权益	期末余额	年初余额
以公允价值计量且其变动计入其他综合收益的金融资产			应付债券		—
长期应收款			长期应付款		—
长期股权投资	140 000	900 000	专项应付款		—
可供出售金融资产		—	预计负债		
持有至到期投资			其他非流动负债		
投资性房地产	300 000	—	递延所得税负债		
固定资产	4 000 000	4 000 000	非流动负债合计	770 000	1 030 000
工程物资	50 000	—	负债合计数	2 669 328	3 500 000
在建工程	76 200	—	所有者权益：		
固定资产清理		—	实收资本（或股本）	5000 000	5 000 000
生产性生物资产		—	减：已归还投资		
油气资产		—	实收资本（或股本）净额	5000 000	5000000
无形资产		—	资本公积	2 587 500	2 587 500
长期待摊费用	442 500	492 500	减：库存股		
递延所得税资产		—	盈余公积	25 980	
其他非流动资产		—	未分配利润	113 820	—
非流动资产合计	6 268 700	5 392 000	所有者权益合计	7 727 300	7587 500
资产总计	10 396 628	11 087 500	负债和所有者权益总计	10 396 628	11 087 500

表 8 - 7　利润表简表

编制单位：和美公司　　　　　　　　20×8 年度　　　　　　　　单位：元

项目	本期金额	本年累计金额
一、营业收入		2 700 000
减：营业成本		2 000 000
税金及附加		16 000
销售费用		30 000
管理费用		192 600
财务费用		115 000
资产减值损失		—
加：公允价值变动收益（损失以"—"号填列）		—
投资收益（损失以"—"号填列）		20 000
二、营业利润（亏损以"—"号填列）		366400
加：营业外收入		15 000
减：营业外支出		35 000
三、利润总额（亏损以"—"号填列）		346400
减：所得税费用		86 600

续表

项目	本期金额	本年累计金额
四、净利润（净亏损以"—"号填列）		259 800
五、每股收益		
（一）基本每股收益		待估
（二）稀释每股收益		待估

表 8 - 8　利润分配表

编制单位：和美公司　　　　　　　　　　20×8年度　　　　　　　　　　单位：元

项　　　目	行次	本期数	本年累计
一、净利润	1		259 800
加：年初未分配利润	2		—
其他转入	4		—
二、可供分配的利润	8		259 800
减：提取法定盈余公积	9		25 980
提取职工奖励及福利基金	11		—
提取储备基金	12		—
提取企业发展基金	13		—
利润归还投资	14		—
三、可供投资者分配的利润	16		233 820
减：应付优先股股利	17		—
提取任意盈余公积	18		—
应付普通股股利	19		120 000
转作资本（或股本）的普通股股利	20		—
四、未分配利润	25		11 3820

小　　结

　　财务报表的编制工作对于企业来说意义重大。在编制过程中要严格遵守编制要求，为企业及会计信息需求者提供有价值的会计信息。对于资产负债表的格式分为报告式和账户式、财务报告式三种格式，我们国家采取账户式；利润表分为单步式、多步式，我们国家采取多步式。

职业能力训练

一、资产负债表的编制

华天有限公司 20×7 年 8 月 31 日有关总账账户和明细账账户的余额如表 8-9 所示。

表 8-9 华天有限公司有关总账账户和明细账账户余额

单位：元

账户	借或贷	余额	负债和所有者权益账户	借或贷	余额
现金	借	1 500	短期借款	贷	250 000
银行存款	借	800 000	应付票据	贷	25 500
其他货币资金	借	90 000	应付账款	贷	71 000
交易性金融资产	借	115 000	——丙企业	贷	91 000
应收票据	借	20 000	——丁企业	借	20 000
应收账款	借	75 000	预收账款	贷	14 700
——甲公司	借	80 000	——C公司	贷	14 700
——乙公司	贷	5 000	其他应付款	贷	12 000
坏账准备	贷	2 000	应交税费	贷	28 000
预付账款	借	36 100	长期借款	贷	506 000
——A公司	借	31 000	应付债券	贷	563 700
——B公司	借	5 100	其中一年到期的应付债券	贷	23 000
其他应收款	借	8 500	实收资本	贷	4 040 000
原材料	借	816 600	盈余公积	贷	158 100
生产成本	借	265 400	利润分配	贷	1 900
库存商品	借	193 200	——未分配利润	贷	1 900
材料成本差异	贷	42 200	本年利润	贷	36 700
固定资产	借	2 888 000			
累计折旧	贷	4 900			
在建工程	借	447 400			
资产合计		5 707 600	负债及所有者权益合计		5 707 600

要求：请代华天有限公司完成以下8月31日资产负债表的编制（见表8-10）。

表 8-10 资产负债表（简表）

20×7年8月31日

制表单位：华天有限公司

单位：元

资产	年初数	年末数	负债所有者权益	年初数	年末数
流动资产：			流动负债：		
货币资金		(1)	短期借款		250 000
交易性金融资产		115 000	应付票据		25 500
应收票据		20 000	应付账款		(9)
应收账款		(2)	预收款项		(10)
预付款项		(3)	应交税费		28 000
其他应收款		8 500	其他应付款		12 000
存货		(4)	一年内到期的非流动负债		23 000
流动资产合计		(5)	流动负债合计		(11)

续表

资产	年初数	年末数	负债所有者权益	年初数	年末数
非流动资产:			非流动负债:		
固定资产		(6)	长期借款		506 000
在建工程		447 400	应付债券		(12)
非流动资产合计		(7)	非流动负债合计		1 046 700
			负债合计		(13)
			所有者权益:		
			实收资本		4 040 000
			盈余公积		158 100
			未分配利润		(14)
			所有者权益合计		(15)
资产总计		(8)	负债及所有者权益总计		5 732 600

二、利润表的编制

华天有限公司所得税税率为 25%，该公司 20×7 年 11 月份的利润表如表 8-11 所示。

表 8-11　利润表（简表）

编制单位：华天有限公司　　　　　　　　20×7 年 11 月　　　　　　　　单位：元

项目	本期金额	本年累计金额
一、营业收入	略	1 289 600
减：营业成本		885 400
税金及附加		21 700
销售费用		18 500
管理费用		40 900
财务费用		2 000
资产减值准备		3 500
二、营业利润（损失以"-"号填列）		317 600
加：营业外收入		1 400
减：营业外支出		3 000
三、利润总额（损失以"-"号填列）		316 000
减：所得税费用		79 000
四、净利润（亏损以"-"号填列）		237 000

华天有限公司 12 月份发生以下经济业务。

① 对外销售甲商品 1 000 件，单价 135 元，增值税税率为 16%，收到对方开来的一张金额为 157 950 元的商业汇票。

② 经批准处理财产清查中的账外设备一台，估计原价 10 000 元，七成新。

③ 计算分配本月应付职工工资共计 45 000 元。其中管理部门 30 000 元，专设销售机构人员工资 15 000 元。

④ 计提本月办公用固定资产折旧 1 200 元。

⑤ 结转已销售的 1 000 件甲商品的销售成本 87 000 元。

⑥ 将本月实现的损益结转至"本年利润"账户。

要求：根据上述资料，完成华天有限公司 20×7 年利润表的编制。

参考文献

［1］中华人民共和国财政部．企业会计制度［M］．北京：经济科学出版社，2011．

［2］中华人民共和国财政部．企业会计准则［M］．2版．北京：经济科学出版社，2012．

［3］全国会计从业资格考试辅导教材编写组．会计基础［M］．北京：经济科学出版社，2017．

［4］注册会计师全国统一考试辅导教材．会计［M］．2版．北京：中国财政经济出版社，2011．

［5］崔智敏，陈爱玲．会计学基础［M］．2版．北京：中国人民大学出版社，2012．

［6］唐国平．会计学原理［M］．大连：东北财经大学出版社，2010．

［7］吕孝侠．会计学原理［M］．2版．北京：机械工业出版社，2014．

［8］史继坤．会计学原理［M］．长沙：湖南大学出版社，2011．

［9］刘道德．会计学基础实训技能与方法［M］．2版．北京：中国经济出版社，2012．

［10］荆娴，杨阳，徐荣华，等．基础会计［M］．2版．北京：清华大学出版社，2015．

［11］陈国辉，迟旭升．基础会计［M］．5版．大连：东北财经大学出版社，2016．